Vivre heureux en couple

JACQUES ET CLAIRE POUJOL

Vivre heureux en couple

empreinte
temps présent.

COLLECTION LE COUPLE

www.editions-empreinte.com

48 rue de Lille
75007 PARIS

ISBN : 978-2-906405-35-6
Couverture et mise en page : CAC / David PASSERON
Photocomposition et impression : IMEAF - 26160 La Bégude de Mazenc
Dépôt légal 3e trimestre 2009 • N° d'impression 90609

Vivre ensemble. Quel idéal ! Mais quel paradoxe !
Dans la réalité de tous les jours la question
que la plupart
d'entre nous se posent périodiquement, c'est
plutôt :
« Comment survivre ensemble ? »

Car l'entente, la compréhension, la tolérance
ne sont pas données au départ.
C'est une conquête de chaque instant,
un pari à gagner sur les forces
qui tendent à désintégrer les couples et les
familles.

L'étonnant, ce n'est pas que tant de couples
songent au divorce.
Ce qui est remarquable,
c'est qu'un grand nombre réussissent la
performance
de poursuivre la route ensemble.

Virginia Satir
Thérapeute de couples

Vivre heureux en couple

V*ivre heureux en couple*, aimer quelqu'un et en être aimé, d'un amour qui se renouvelle et s'approfondit tout au long de la vie, vivre ensemble de nouvelles découvertes, partager les joies et les peines, espérer (et expérimenter) l'épanouissement quotidien d'une vie à deux… Est-ce possible ? Est-ce facile ?
Nous répondons : c'est possible, oui ! mais facile, non ! Et si ***vivre heureux en couple*** est problématique, c'est surtout à cause *des conflits* entre les conjoints. C'est pourquoi nous avons choisi ce sous-titre : ***comprendre et gérer les conflits de la vie quotidienne.***

Vivre heureux en couple est parfois difficile, malgré et peut-être même à cause de tout ce que cette expression laisse espérer. Si la plupart des époux savent gérer leurs heurts de chaque jour, certains n'y arrivent pas. Ces heurts se répètent et s'amplifient, deviennent plus violents et contribuent à déstabiliser l'union, quelquefois jusqu'à la rupture.

Un fait apparaît brutalement : la vie à deux, qui est l'affaire la plus importante de notre existence, celle dont nous attendons le plus de satisfactions, celle dont dépend en partie l'équilibre de nos enfants, se révèle pour certains une source de déception voire d'amertume.

Ce qui nous a motivés à écrire sur ce thème, c'est la souffrance de personnes, chrétiennes ou incroyantes, que nous avons rencontrées dans notre pratique de Conseillers conjugaux et familiaux, et qui nous ont confié : J'ai mal à mon couple ».

Elles s'étaient mariées parce qu'elles étaient amoureuses, et pour vivre heureuses, mais le bonheur espéré n'est pas venu, ou bien il a duré peu de temps puis a laissé la place à la désillusion.

Notre ouvrage n'est donc pas une réflexion théologique ou théorique sur le mariage, mais une approche volontairement *praticienne*, *pratique*, *pragmatique*, des difficultés qu'un

homme et une femme peuvent rencontrer dans leur vie quotidienne ensemble.
Dans une **première partie** nous montrerons plusieurs **caractéristiques** des mésententes conjugales, à savoir que celles-ci sont *normales*, *inévitables* et qu'elles présentent, outre leurs *aspects négatifs* bien connus, des *aspects positifs* parfois ignorés. Nous dirons brièvement comment elles *débutent* et *évoluent*.
Cette première partie est délibérément succincte. Pour une étude plus complète, nous invitons nos lecteurs à lire notre ouvrage *Les conflits : origines, évolutions, dépassements*, qui développe davantage les caractéristiques des conflits.
Ensuite nous chercherons à identifier *l'origine* de ces conflits. En effet, comme on nous l'apprend à l'école, un problème bien compris est déjà à moitié résolu ! Un conflit ressemble à un *iceberg* : un septième seulement de l'iceberg est visible, les six septièmes restants sont immergés dans l'eau et invisibles. Cela signifie que les causes évidentes, visibles, apparentes, d'un désaccord entre deux personnes ne sont pas, comme on pourrait le croire, les plus importantes.
En réalité, les causes essentielles d'une tension entre conjoints sont cachées, profondes, invisibles, parfois inconscientes. Nous consacrerons donc la **seconde partie** à décrire les **causes les plus apparentes** des conflits conjugaux et la **troisième partie** à en décrire les **origines cachées** et profondes.
Une fois que nous aurons identifié les causes des mésententes conjugales, nous aurons fait l'essentiel ! Il ne nous restera plus, dans la **quatrième partie**, qu'à réfléchir sur les différentes manières de les **gérer positivement**.

PREMIÈRE PARTIE

LES CARACTÉRISTIQUES DES CONFLITS DE COUPLE

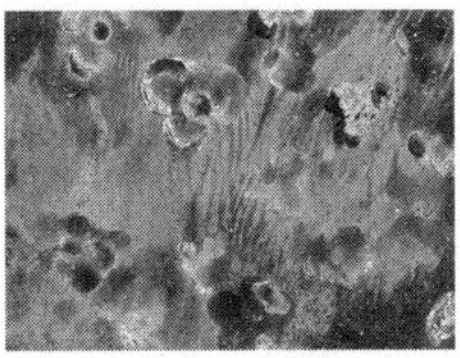

CHAPITRE I

LES CONFLITS CONJUGAUX SONT INÉVITABLES

Depuis que le monde est monde, les couples se sont toujours disputés !
Mais au fait, qu'est-ce qu'un conflit ?
C'est une opposition de positions. Ce mot vient du latin *conflictus* : heurt, choc. Ce heurt est en lui-même neutre ; il peut devenir un *mal-heurt* ou un *bon-heurt*, un malheur ou un bonheur !
La vie quotidienne occasionne de nombreuses frictions, pas forcément violentes, à propos des droits, des peurs ou des désirs des conjoints. Ceux-ci s'en accommodent assez bien. Mais si elles s'accumulent, se répètent sans être acceptées et réglées, c'est alors qu'elles deviennent véritablement conflictuelles.
D'autre part, on confond parfois *crise conjugale* et *conflit conjugal*.
Certes, la perturbation provoquée par une crise peut être confondue avec un conflit : l'équilibre existant est rompu et ce déséquilibre est ressenti soit comme angoissant, démoralisant, menaçant, soit comme un signe d'espoir, de vie nouvelle. Courte ou longue, lente ou soudaine, la crise est une transition entre un ancien état de stabilité relative et la recherche d'un nouvel équilibre.
Des époux traversant une crise ne sont pas forcément en état d'affrontement, car un couple est une entité dynamique, vivante, il change sans cesse.

I. LES CONFLITS DE COUPLE SONT NATURELS, ILS SONT UNE RELATION SOCIALE

Le sociologue Max Weber définit la *relation sociale* comme « le

comportement réciproque de plusieurs individus qui règlent leur conduite les uns sur les autres et s'orientent en conséquence[1] ». Ce comportement peut s'exprimer sous la forme de l'entente et de l'amour, ou au contraire du désaccord et de la haine.
Toute relation sociale, et donc aussi la relation conjugale, est porteuse d'un *double potentiel d'amour et de haine*. Bien qu'indispensable à mon développement, de par son existence même, l'autre oppose un frein à la mienne et je ressens cela comme une frustration.
Considérer les conflits conjugaux comme une relation sociale va déterminer notre attitude vis-à-vis d'eux. Nous ne les regarderons pas comme des phénomènes anormaux, des anomalies, des déraillements exceptionnels, une tare à éliminer définitivement. Nous les envisagerons au contraire comme *un phénomène inhérent à tout groupe y compris le couple, une composante naturelle et normale des relations.*

II. LES CONFLITS CONJUGAUX SONT DONC INÉVITABLES

Si certains foyers connaissent l'harmonie, chez d'autres c'est plutôt « l'enfer », selon l'expression de Sartre.
Tous les partenaires souhaiteraient une coexistence pacifique, mais elle se révèle problématique. On vit difficilement seul, mais il est par ailleurs difficile de vivre à deux. Chacun a besoin que l'autre l'accepte, mais inévitablement surgissent des désaccords, à cause des différences.
Quel que soit le degré d'amour, de respect, de compatibilité, de rapprochement entre un homme et une femme, il y aura toujours des instants où leurs droits, leurs actes, leurs besoins, leurs sentiments, s'affronteront. Il est impossible et même, il n'est pas souhaitable, que deux êtres pensent, ressentent ou agissent continuellement de façon identique.
Souvenons-nous que les deux pôles structurants d'un être humain comme d'un couple sont : *l'amour* et le *conflit*.
On est tenté de croire que, par sa nature même, le couple serait

le lieu de la confiance, de l'entente, un havre de paix au milieu d'une société conflictuelle. Que deux êtres qui se sont mis ensemble parce qu'ils s'aimaient, aient des désaccords, semble inacceptable. Parce qu'ils pensent qu'ils ne devraient pas en avoir, ils les nient. Ils ont intérêt plutôt à les reconnaître, à accepter le fait que *leur couple est soumis aux mêmes problèmes relationnels que tout autre groupe*. Ils ne doivent pas vivre dans l'utopie, car cela comporte des dangers.

III. RÊVER D'UNE ENTENTE CONTINUELLE EST UNE UTOPIE

Que l'on ne puisse pas dire sans contredire, faire sans défaire l'œuvre de l'autre apparaît à certains comme un tragique malentendu. C'est pourquoi ils se prennent à rêver d'un couple débarrassé de tout ce qui ressemble de près ou de loin à une divergence et qui serait donc « heureux ». Ils rêvent d'une unanimité parfaite, sans faille, des intentions et des opinions.
Or l'intention de Dieu pour le mariage est que deux êtres différents vivent ensemble, non en se fondant dans une unité indifférenciée, mais en gardant leur personnalité distincte. En français, l'idée de mariage amène des idées de lien, de nœud (se mettre la *corde* au cou, être unis par les *liens* du mariage, *nouer* une idylle, etc.) Alors qu'en hébreu biblique on coupe, on *tranche une alliance* avec quelqu'un (*karat berit*). Dieu vise donc une salutaire *différenciation* pour l'épanouissement de chacun.
Nous n'aimons pas les affrontements, nous aimerions ne pas en avoir, mais c'est un rêve impossible, une illusion. Nous devons supporter cette réalité, l'affronter. L'unanimité, l'absence d'oppositions est une utopie idéaliste, qui témoigne d'une méconnaissance angoissée des faits, de la *réalité*. Refuser de croire à la réalité des conflits, c'est aussi une attitude pathologique, un mode archaïque de défense contre l'interrogation fondamentale de la vie, contre la sollicitation qu'elle implique d'une perpétuelle évolution, et contre la question essentielle que constitue la mort.

« Cet idéalisme est aussi une manière inconsciente et involontaire de se défendre contre le fait d'être perpétuellement interrogé par *l'autre*, qui est en somme celui qui nous interpelle sur notre propre vie et notre propre mort.[2] »
A travers nos différends, mon partenaire me révèle comment il me voit, comment je suis réellement. Si je refuse la réalité du désaccord, c'est parce qu'il toucherait l'image positive de moi-même ou de mes parents que je me suis construite avec tant de peine durant mon enfance. Il arrive aussi que je fuie l'affrontement que je perçois comme une compétition avec l'autre : je ne veux pas perdre.

IV. CETTE UTOPIE A DES CONSÉQUENCES NÉGATIVES

Refuser d'affronter l'autre, c'est mépriser le fait même qu'il existe : « Il n'en vaut pas la peine, je ne perdrai pas mon temps avec lui. » Je deviens en quelque sorte absent, je fais défaut à mon conjoint. Jugeant qu'il n'est digne d'aucun refus, d'aucune contradiction, je le place dans un terrible isolement, je méprise le fait qu'il est *autre* que moi, qu'il *existe* en tant que personne. J'en fais un mort vivant.
Une vie commune toujours harmonieuse serait peut-être lisse en apparence, mais impersonnelle et donc mortifère. Elle serait source d'ennui. Ce serait comme des vacances qui n'en finiraient pas : à la longue on s'en lasse. Ou comme un cimetière, trop calme, et pour cause ! Si l'on multiplie les garde-fous, les règles, en vue d'éviter les désaccords, on cesse d'être libres, la créativité diminue. Lorsque des partenaires refusent la réalité de leurs différends, leur vie commune est monotone, statique et non dynamique.
A des époux qui se vantaient devant un ami de n'avoir jamais connu aucun nuage, ce dernier rétorqua : « Eh bien, quel désert ce doit être ! »
De plus le désir d'unanimité est, paradoxalement, conflictuel. Vouloir éliminer les tensions en suscite d'autres. En fait *les plus*

graves différends viennent *d'un refus du désaccord*. On se dispute *au nom de l'entente que l'on veut imposer* à l'autre ! Enfin, la recherche de l'unanimité risque d'aboutir au despotisme, qui est l'expression du désir de puissance et de domination sur l'autre. Ceux qui aspirent après une vie à deux sans discorde en concluent logiquement que la solution réside dans l'unanimité de pensée : il n'y aura ainsi pas de motif d'opposition, donc aucune occasion de conflictualité.
Ils rejoignent le philosophe Hobbes qui estimait[3] que, comme les convictions individuelles peuvent conduire à l'opposition, il faut tout faire pour qu'elles n'aient pas la possibilité de s'exprimer. Selon lui, seule l'opinion du souverain est légitime.
Dans un couple, cela voudrait dire que seule l'opinion d'un des partenaires est juste : « De par ma position, c'est moi qui sais le mieux ce qui est bon pour toi, donc je décide et toi tu obéis. » Et voilà comment naissent les petits tyrans !
Cela nous rappelle cette phrase de Rousseau dans le Contrat social : « Celui qui voudra rompre cette unanimité, on le *forcera* à être libre »[4], c'est-à-dire à obéir à la volonté générale.

V. RECONNAISSONS NOS CONFLITS CONJUGAUX

Un couple *ne peut pas ne pas connaître de conflits.*
Ce constat semble pessimiste dans un premier temps, mais ce n'est qu'au prix de ce réalisme que l'on est en mesure de les accepter lorsqu'ils surviennent, de se déculpabiliser tout en se responsabilisant pour apprendre à bien les résoudre afin d'évoluer ensemble. La « paix du ménage » est alors reconnue comme ce qu'elle est, un espace de liberté où des personnalités différentes ont la possibilité de s'exprimer et de s'épanouir.
Puisque les conflits sont une composante des relations interpersonnelles, il convient de les intégrer dans notre vie de couple. Ils ont d'ailleurs beaucoup plus d'aspects positifs que négatifs, comme nous le verrons maintenant.

[1] Max Weber, *Economie et société*, Paris, Plon, 1971, Tome 1, p. 24-26
[2] Marc Oraison, *Les conflits de l'existence, s'affronter et s'entendre*, Centurion, 1970, p. 114.
[3] Hobbes, *Léviathan*, Paris, Sirey, chapitre 13.
[4] J. J. Rousseau, *Le contrat social*, Livre 1, Chapitre VII, Bordas.

CHAPITRE 2

LES ASPECTS POSITIFS ET NÉGATIFS DES CONFLITS DE COUPLE

C'est seulement si l'on pense qu'un couple, pour bien fonctionner, doit être exempt de conflits, que l'on va décréter que ceux-ci sont mauvais et anormaux. Mais considérer qu'un couple sans mésententes apparentes est « normal » est une appréciation purement subjective !

Il est important dans ce livre sur les conflits de décider si nous les considérons comme naturels, inhérents à toute relation entre deux personnes, ou comme un élément négatif, nocif, à éliminer à tout prix. L'optique change en effet du tout au tout !

Pensons à certains ménages qui déclarent fièrement ne jamais se disputer. On est tenté de s'exclamer : que c'est beau ! Mais à y regarder de plus près, cette « harmonie » dissimule peut-être le fait que l'un des partenaires a perdu, en tout ou en partie, sa personnalité et s'est soumis aux désirs et aux caprices de l'autre. C'est souvent le cas des épouses qui tirent leur identité du rôle social de leur mari. Leur vie a tendance à être terne, ennuyeuse. Est-elle « normale » ? A notre avis, cela s'apparente plutôt à une relation dominant-dominé.

N'est-elle pas plus passionnante, la vie de ces foyers où chaque époux s'affirme comme différent et garde sa personnalité (cela ne veut pas dire qu'il exprime son mauvais caractère !), ce qui ne manque pas d'occasionner quelques divergences qu'ils s'efforcent de gérer ensemble ?

En réalité, les conflits de couple ne sont ni tout bons ni tout mauvais ; dans leur dynamisme ils sont ambivalents car ils lancent un *défi* aux partenaires : auront-ils les ressources nécessaires pour surmonter la crise, évoluer et atteindre un nouvel équilibre ou bien sombreront-ils dans la passivité (on n'a plus rien à se dire parce qu'on refuse, par peur, d'affronter l'autre), l'incohérence, la violence, ou la séparation ? Et cette violence est tellement sous-jacente dans toute tension que c'est là que réside le risque. Une mésentente conjugale, en tant que relation sociale, représente un moment de vérité, une *vérification de l'état de cette relation*. Elle peut la renforcer ou l'affaiblir, inciter l'homme et la femme à se rapprocher ou à s'éloigner, la rancune au cœur, blessés émotionnellement et animés d'une hostilité difficilement surmontable dans l'avenir.

Un affrontement dans le couple contient d'une part le germe de la destruction, de la violence et de la douleur, mais d'autre part le germe d'une plus profonde unité et d'une meilleure compréhension mutuelle. Comme toute énergie qui se libère, à partir de l'atome, de l'essence ou de la dynamite, il a un aspect négatif et un aspect positif. S'il est mal géré, il est destructeur. Mais s'il est bien compris et bien géré, il va permettre une avancée positive dans la relation, de même que l'essence peut faire exploser une maison ou faire avancer une voiture.

I. LES ASPECTS NÉGATIFS DES CONFLITS DE COUPLE MAL GÉRÉS

Ces aspects négatifs sont évidents et bien connus.

A. POUR LES PARTENAIRES EUX-MÊMES

Tout affrontement *fatigue*, car il faut beaucoup d'efforts pour dominer l'autre et sortir vainqueur. L'énergie dépensée est telle que l'on n'a plus de force pour quoi que ce soit d'autre. Des expressions familières traduisent ces malaises relationnels : « Je ne le digère pas... », « je vais éclater », « je suis fou de rage », « il me ronge », etc. La culpabilité apparaît. Ces tensions, si elles sont refoulées, peuvent même se transformer en haine de soi, dépression ou désir de suicide.

Dans un conflit, les partenaires s'engagent en profondeur, jusque dans l'intimité de l'être. Selon son issue, l'orientation de toute leur vie risque d'en être modifiée. Ils sont frappés dans leur substance, leur identité, les fondements de leur équilibre vital sont modifiés. Les problèmes de couple, lorsqu'ils sont graves, ont un aspect tragique, celui d'une épreuve existentielle au même titre que la maladie ou le deuil.

B. POUR LA RELATION ENTRE L'HOMME ET LA FEMME

Une querelle conjugale *isole*. Chacun devient indifférent à l'autre, se ferme sur soi, sur son ressentiment ; on a peur, on est méfiant. La communication est analysée négativement et déformée. Les partenaires deviennent sensibles à des détails, ils prêtent à l'autre des projets obscurs et mauvais. Les scènes de ménage laissent des traces qui alourdissent le climat relationnel, et *diminuent la motivation à renouer les liens.*

Le conflit finit parfois par *diviser*. Etant par principe le refus de tout accommodement, il exclut une solution conciliatrice et ouvre la porte à la rupture. La recherche d'un arrangement et la volonté de s'affronter sont évidemment contradictoires. Le conflit introduit une cassure dans l'ordre et l'harmonie existants et dans une relation qui était peut-être riche de potentialités.

C. LA VIOLENCE GUETTE DERRIÈRE TOUTE DISPUTE CONJUGALE

Elle en est le *risque majeur*. Dans certains cas elle n'est pas manifestée, mais on sait que le recours à des paroles ou à des actes violents est toujours possible et que l'on peut au moins en menacer l'autre. De virtuelle elle peut devenir effective si l'on s'engage selon le rapport de forces dominant-dominé ; c'est alors qu'on entre dans une escalade menant à la force brutale. On est pourtant conscient que l'on réagit de manière démesurée et sans rapport avec ce qui a motivé le désaccord. Mais il est

difficile de s'arrêter, une ébauche de violence appelant un surcroît de brutalité. Certaines femmes « avouent » être maltraitées par leur compagnon.
On distingue la *violence directe*, qui se manifeste de façon ouverte au cours d'une altercation, que ce soit par les paroles exprimées, par le timbre de la voix ou par la gestuelle (expression de la figure, mouvements et attitudes, gestes menaçants voire coups...) et la *violence indirecte*, qui ne s'extériorise pas ouvertement, mais est latente et insidieuse. Elle se manifeste par l'oppression, l'intimidation, la persuasion, la contrainte, le chantage, l'influence et la manipulation.
Il y a toutes sortes de transitions entre les deux attitudes suivantes : soit la violence est la dernière ressource à laquelle on fait appel, parfois à contrecœur, soit on l'utilise tout de suite pour mettre fin à une tension le plus rapidement possible, sans prendre le temps de négocier.
Le premier pas vers la violence est assez souvent le *refus du dialogue*. Il y a un rapport direct entre l'incapacité de s'exprimer oralement et les comportements violents. Ceux-ci apparaissent lorsque les partenaires sont dans l'impossibilité de traduire verbalement leurs frustrations et leurs désirs, par exemple lors d'une forte décharge émotionnelle.

II. LES ASPECTS POSITIFS DES CONFLITS DE COUPLE

On a longtemps pensé que si un couple avait peu de disputes sinon aucune, les évitait systématiquement ou les réglait par abus d'autorité, c'était bon signe. Il était admis que discuter, argumenter, s'opposer, était répréhensible. L'affirmation des psychologues et des sociologues selon laquelle les conflits sont une partie intégrante des relations et comportent des aspects bénéfiques est relativement récente.
Selon Saint-Exupéry, nous vivons « non des choses, mais du sens des choses ». Apprenons donc à trouver le sens de nos désaccords.

A. NOS HEURTS QUOTIDIENS SONT UN SIGNE QUE NOTRE COUPLE EST VIVANT

Le signe distinctif du phénomène vivant *c'est la lutte* : « La lutte est la loi, la structure de l'être », a dit Jean Lacroix[1]. De même que la vie n'est pas un *état* mais une *lutte*, de même une relation de couple n'est pas *statique* mais *dynamique*. Les mésententes que l'homme et la femme doivent résoudre jour après jour prouvent que leur union est une réalité vivante.

B. LES OPPOSITIONS CONSTRUISENT L'IDENTITÉ DE CHACUN

Chacun de nous *s'identifie* en se *différenciant*. C'est parce que quelqu'un nous résiste que nous réalisons notre existence, et la sienne. Pour *avoir conscience d'être*, il faut *un autre à qui s'opposer*. L'autre nous révèle à nous-mêmes. Toute opposition nous permet à la fois de nous reconnaître dans l'autre car il est un être humain *comme nous*, et de nous identifier aussi comme *absolument différent*, distinct.

On comprend qu'une conception qui tendrait à évacuer du couple tout affrontement engendrerait une ambiance psychiquement malsaine. Un ménage dans lequel les deux partenaires souhaitent être d'accord, penser identiquement, font taire toute velléité de discussion et tendent à un consensus total, ce ménage-là connaît en fait une atmosphère insupportable.

La personnalité de chacun tend alors à se dissoudre dans une espèce de fusion, de dépersonnalisation. Ce consensus est vécu comme un refuge car j'évite ainsi la rencontre-heurt avec l'autre, et l'inconfortable remise en question de moi-même par le dialogue. Dialoguer implique que je renonce à croire que je possède toute la vérité. Si j'estime que mon opinion, mes paroles sont la vérité parfaite et révélée, le dialogue est impossible. Je ne fais que dominer et manipuler l'autre.

Les conflits *favorisent la maturation* des partenaires. Un couple qui évite tout affrontement vit une existence mutilée de ses pos-

sibilités, une vie certes « sans histoires », sans problèmes, mais aussi « sans histoire », c'est-à-dire sans évolution dynamique. Comme l'a dit le psychiatre Spitz[2], « une existence sans conflit est une existence d'avare ».
Si les querelles conjugales sont bien gérées, elles conduisent chacun à se responsabiliser, à remettre salutairement en question ses valeurs et ses motivations.

C. LES DIFFÉRENDS AU SEIN DU COUPLE OBLIGENT À RECONNAÎTRE L'EXISTENCE DE L'AUTRE

Affronter signifie qu'en face de moi il y a un autre *front*, c'est-à-dire une autre *intelligence* : le heurt, un peu brutal parfois, est une rencontre avec un de mes semblables. Je suis une personne qui communique avec une autre personne.
Le philosophe Martin Buber a parlé de ce dialogue en termes de *Je-Tu* et non de *Je-cela*[3]. L'autre est un *Tu*, non un *cela*, un objet. Buber souligne que c'est le *Tu*, l'autre, qui constitue le *Je* comme Personne.
Mon partenaire, en face de moi, est l'Autre qui m'interpelle et m'échappe tout à la fois. Quoi que je fasse, la certitude de son existence est une réalité incontournable. Par sa seule présence, il est soit une chance, soit une menace pour ma tranquillité.
En effet, comme il est un miroir, il me renvoie une image de moi-même qui me déplaît peut-être car je me vois autrement. Alors j'ai envie de l'éliminer de mon chemin, de casser le miroir plutôt que d'examiner l'image qu'il me donne de moi. L'autre me parle et ses paroles ont un sens, une cohérence.
Je dois choisir : après m'être heurté à lui, soit je ferme mes yeux, mes oreilles et mon cœur pour ne plus le voir ni l'entendre, soit j'admets qu'il est là, et que sa présence est voulue par Dieu pour notre progression à tous les deux.
Le philosophe Levinas a cette formule : « Autrui m'importe »[4], qui est à mettre en relation avec une phrase bien différente souvent proférée dans les couples en crise : « Lui (elle), je m'en f... ! »

Reconnaître l'existence de mon partenaire, c'est accepter des possibilités de désaccord avec moi. Il est et sera toujours différent de moi, je ne suis pas le centre du monde et mon point de vue n'est pas le seul valable.
Une dissension dans mon couple est donc utile en ce qu'elle m'oblige à être attentif à l'autre, à le regarder et l'écouter. Il n'est pas fait de pâte à modeler, malléable à volonté. D'ailleurs, si je veux le transformer, n'est-ce pas parce que j'aimerais qu'il me renvoie une meilleure image de moi-même ? Mon partenaire est un être humain, un don de Dieu pour marquer dans ma vie des limites à mon pouvoir et à ma liberté et pour favoriser ma maturation.

D. LES MÉSENTENTES DE COUPLE RÉVÈLENT CE QUI RESTERAIT CACHÉ SANS CELA

1. Elles révèlent l'autre

Certains de ses problèmes font surface, peuvent être discutés et résolus. Il y a une rupture bénéfique qui débloque certaines situations inextricables. Le conflit est un *langage* qui va manifester la nature de l'autre et me permettre de mieux le connaître. Une personnalité, c'est un immense domaine, mouvant, insaisissable, complexe, qui se cache et ne se révèle que de temps à autre.
Une attitude agressive peut aussi constituer un *appel*. Si mon partenaire se sent insignifiant, estime qu'il est une non-personne, il va commencer une dispute pour prouver qu'il existe. En m'affrontant, il me dit inconsciemment : « Regarde-moi ! Ecoute-moi ! Je compte ! Je voudrais que tu me reconnaisses comme une personne ».
Je devrais apprendre à décrypter les « orages » au sein de mon couple, car ils ont un sens. L'autre cherche à me communiquer quelque chose. Peut-être certains de ses besoins ne sont-ils pas assez compris ? Le dialogue est donc très important : c'est la parole (*logos*) grâce à laquelle chacun franchit la distance (*dia*) qui le sépare de l'autre.

2. Elles me révèlent à moi-même mes côtés cachés

Si je les évite, c'est que je sais qu'elles dévoilent qui je suis réellement, qu'elles disent la vérité sur moi-même. Elles révèlent ma pensée intérieure, les émotions que je refoule et que j'enfouis profondément.

Carl Rogers appelle *congruence*[5] la coïncidence entre les sentiments que nous éprouvons et ceux que nous exprimons. Cette congruence est rare entre partenaires, parce que ceux-ci craignent la désunion, le rejet, la rupture de la relation. Alors ils prennent garde à faire taire leur langage intérieur, s'en tenant à leur langage extérieur. Mais c'est précisément parce qu'ils évitent les affrontements qu'ils ne sont pas en mesure de vivre des relations authentiques, congruentes.

Ils cachent et refoulent leurs émotions et opinions véritables, ils masquent leurs problèmes, empêchant, par des moyens artificiels, l'explosion de leur ressentiment. La communication est bloquée et faussée : ce n'est pas leur moi authentique qui parle, mais *un moi de surface* qui bavarde de sujets insignifiants où tout risque de mésentente est exclu. Leurs souffrances n'ont nullement disparu et risquent de s'envenimer.

E. LES CONFLITS SONT DES FACTEURS D'ÉQUILIBRE ET DE CHANGEMENT DANS LE COUPLE

Pourquoi un couple serait-il uniquement caractérisé par l'ordre ? La vie commune est faite aussi bien de mouvements que d'ordre, de divergences que d'accord, d'antagonismes que d'union et il n'y a aucune raison de privilégier l'un de ces aspects. Sans affrontements, l'équilibre d'un couple serait statique. Ce sont les forces opposées qui le rendent dynamique, entretiennent sa vie, maintiennent sa cohésion, approfondissent le partage.

Le philosophe Héraclite affirmait déjà que l'harmonie procède d'une lutte entre les contraires, c'est l'accord de tensions inverses : « Ce qui est taillé en sens contraire s'assemble ; de ce qui diffère naît la plus belle harmonie ; *tout devient par discorde.* »[6] Il est l'auteur de la célèbre formule : « *Polémos* (le conflit) *est le père de toutes choses.* »[7]

Par ailleurs les désaccords favorisent le changement. Un couple, parce qu'il est composé de deux êtres vivants, a besoin de bouger, de changer, d'avancer. Ce qui favorise ces évolutions, c'est la contradiction, la contestation, qui induisent l'innovation. En effet une relation sans opposition, sans question, tombe dans la sclérose.

Les heurts entre partenaires offrent l'occasion de *faire lucidement le point sur leur relation* : est-elle saine ou malsaine, chaleureuse ou indifférente, satisfaisante ou frustrante, profonde ou superficielle ? Ils constituent une chance d'améliorer la relation parce que, après un échange mutuel d'opinions, chacun identifiera mieux les besoins et comprendra davantage les idées de l'autre.

C'est, paradoxalement, *une preuve d'amour* que de s'engager dans une discussion, même animée, car c'est risquer de se laisser transformer par les arguments de l'autre. Une franche explication vaut mieux qu'un silence de mort qui cache de l'indifférence et la conviction pessimiste que la communication est inutile. L'opposition prouve au moins qu'une relation existe. Le psychiatre Spitz note que « les conflits se produisent à cause de 'l'être en relation' et non à cause de l'absence de relation[8] ».

Une jeune femme disait être malheureuse dans son ménage. On lui demanda si elle se disputait souvent avec son compagnon. Elle répondit : « Malheureusement, nous ne nous disputons jamais. Nous n'avons absolument rien à nous dire. »

Nous venons de dire que les tensions peuvent produire des modifications dans le couple ; mais il y a de nombreuses *résistances à l'innovation.* La grande majorité des gens préfère maintenir l'ordre établi parce que les habitudes sont rassurantes. Changer, c'est aller vers l'inconnu. Alors nous nous opposons fortement à toute nouveauté car notre sécurité affective est en jeu. Nous refusons de laisser la relation évoluer. Nous restons sur nos acquis, même s'ils sont faibles et décevants, par peur de

l'inconnu. Devant toute nouveauté la tentation première est toujours le repli sur ce que l'on connaît déjà bien.
Mais c'est comme vouloir immobiliser un morceau de musique à un moment donné, sur un accord que l'on croit parfait. Un couple, c'est comme une symphonie en train de se jouer et *l'immobiliser, c'est l'arrêter*. On résiste au changement parce que l'on a décrété que l'habituel, le régulier, le normal, est bon et que l'inhabituel est mauvais.
Après avoir vu que les différends conjugaux sont inévitables et qu'ils ont des aspects positifs et négatifs, nous nous intéresserons à présent à leur place dans le temps du couple.

[1] Jean Lacroix, *L'échec*, P.U.F., 1965, p. 41.
[2] René Spitz, *Le non et le oui - La genèse de la communication humaine*, 1962.
[3] Martin Buber, *La vie en dialogue*, Aubier Montaigne, 1959.
[4] Emmanuel Levinas, *Totalité et infini*, La Haye, 1971.
[5] Carl Rogers et G. Kinget, *Psychothérapie et relations humaines*, Presses Universitaires de Louvain, 1966.
[6] *La pensée d'Héraclite d'Ephèse*, fragment 8, Aubier, 1959.
[7] Idem, fragment 53.
[8] Cf. note 2.

CHAPITRE 3

L'ÉVOLUTION DU CONFLIT CONJUGAL

Un conflit est vivant, il est porteur d'une *dynamique* comme en témoigne le vocabulaire qui y a trait : il couve, naît, éclate, explose, s'éteint, etc. Il connaît un début, un développement et une fin. Lorsque celle-ci est négative, elle se traduit par la mort de la relation dans un ou plusieurs domaines : affectif, sexuel, etc.
Un conflit de couple traverse des phases *bénignes* et des phases *d'aggravation*. Souvent plus virulent dans ses débuts, il présente ensuite une alternance d'orages et de répits. S'il dure longtemps, il perd de son intensité. Mais un élément nouveau peut toujours le relancer comme se raniment les braises d'un feu. D'autre part il peut entraîner d'autres tensions, faire tache d'huile.

I. TOUT COMMENCE PAR LA DÉSILLUSION

Ce désenchantement à des degrés plus ou moins importants, qui empoisonne et affaiblit l'amour consiste dans plusieurs éléments :

A. LA DÉCOUVERTE DES DÉFAUTS DE L'AUTRE

L'amour n'est aveugle qu'un temps. Que dire, alors, que faire, quand mon partenaire est obtus, incompréhensif, peu désireux ou incapable de répondre à mon besoin de tendresse et de sécurité ? Une possibilité est de devenir exigeant, une autre est de battre en retraite, tout en gardant pour moi mon hostilité. Aucune de ces solutions n'est créative.

Avant le mariage, il n'est pas rare que les amoureux s'aperçoivent de petits défauts chez l'autre, mais ceux-ci sont habituellement minimisés. La vie quotidienne fait ressortir les traits de caractère d'un individu et on finit par découvrir des attitudes, de véritables défauts qui se révèlent choquants.
Au début, l'amour transcende les frustrations. Retrouver constamment les chaussures de l'être aimé au beau milieu du salon rappelle sa présence. Mais avec le temps la femme passera de : « Pourrais-tu ranger tes affaires, mon chéri, s'il te plaît ! » à : « Tu laisses toujours traîner tes affaires ! », et enfin à : « Range tes chaussures, sinon je t'étrangle ! » Ce processus risque fort d'aboutir à : « Je ne supporte plus ton laisser-aller, séparons-nous. » La princesse est déçue de son prince charmant, son rêve est brisé.

B. LE SENTIMENT QUE L'AUTRE NE ME COMPREND PAS

Mon conjoint me comprend en fonction de sa propre personnalité, de son vécu. Il a toujours l'impression d'être objectif et rationnel alors qu'en fait, spontanément et inconsciemment, il *interprète* mon comportement. Heureusement, avec le temps et une connaissance toujours grandissante de moi-même, normalement la perception qu'il a de moi colle de plus en plus à la réalité. Il n'empêche que j'ai largement eu le temps de me sentir incompris...
Ma réaction la plus courante est de me décourager ou de me mettre en colère, d'adresser des reproches ou de me mettre en retrait, plutôt que de chercher à rectifier ses opinions inexactes.

C. L'AUTRE M'HUMILIE

Il me raille, me méprise, j'ai l'impression de ne pas être considéré alors que c'est un des mes besoins fondamentaux. Il se permet avec moi des paroles ou des attitudes qu'il ne se permettrait nulle part ailleurs...

D. MES ATTENTES LÉGITIMES SONT FRUSTRÉES

La désillusion naît de ce que l'autre ne répond pas comme je le souhaite aux espérances que je porte en moi. J'ai toujours tendance, d'une part à sacraliser la vie à deux, d'autre part à idéaliser la personne sur qui se sont portés tous mes espoirs. Je finis donc soit par en vouloir ouvertement à l'autre et à l'accuser, soit par refuser d'admettre que j'ai quelque chose contre lui, ce qui porte toujours à conséquence.

E. JE ME VOIS TRANSFORMÉ EN OBJET

Je ne suis plus qu'un simple instrument de plaisir égoïste ou de domination. Je ne suis plus *sujet*, mais *objet*.

F. JE ME DEMANDE SI JE NE ME SUIS PAS TROMPÉ

Je ressens un doute de plus en plus lancinant quant à la justesse du choix de mon partenaire et à la possibilité d'être heureux avec lui.

II. LES RÉACTIONS A LA DÉSILLUSION

A ces déceptions, chacun réagit selon ses modes habituels de défense :

A. L'ACCEPTATION

Si j'accepte l'autre tel qu'il est, je minimise la déception, l'incident, je lui trouve des excuses ; je prête même attention à d'autres attitudes qui viennent compenser ce sentiment. C'est là une réaction dictée par l'amour.

B. LA FAUSSE ACCEPTATION

Au premier abord, cette façon de réagir revêt la même apparence : je nie mon désappointement, je refoule ma frustration, je fais semblant de ne rien voir, je ne montre rien. Malheureusement une tension accumulée et refoulée finit par se décharger, contre moi-même ou bien à propos d'un incident même futile. La tension prend finalement des proportions inattendues. C'est le phénomène du sentiment élastique[1].

C. LA FUITE

Il est aussi possible, consciemment ou non, de refuser d'être déçu. Je m'isole, je me replie sur moi, je cherche en fait à me protéger moi-même. Cet état n'a parfois qu'un caractère passager, mais il risque aussi de se prolonger. Dans ce cas, on aboutit à diverses formes d'oubli, que ce soit dans l'alcool, l'excès de travail, les maladies psychosomatiques, la dépression, etc.

Une femme souffrait de dépression dont personne n'arrivait à trouver la cause. Son enfance avait été heureuse, elle n'avait ni problèmes de couple ni difficultés avec son entourage. Sa seule insatisfaction était la maison que son mari avait choisie : elle ne l'aimait pas. Cependant, elle n'en voulait aucunement à son époux. Elle répétait à qui voulait l'entendre qu'il possédait un jugement sûr, qu'il se montrait attentionné et gentil, et qu'elle lui faisait pleinement confiance.

C'est son mari qui finit par prendre conscience de la situation : incapable d'exprimer son insatisfaction, elle l'avait enterrée et refusait d'avouer qu'elle lui en voulait. Le problème fondamental ne résidait pas dans le fait que le mari avait acheté une maison qui ne plaisait pas à sa femme, même si cela représentait un facteur important. C'étaient les bases de leur relation qui avaient commencé à montrer des signes de faiblesse : il n'y avait ni compréhension ni communication profondes. Elle avait refoulé ses sentiments et, comme cela se produit dans ces cas-là, ils avaient resurgi sous forme de dépression.

D. LA RECHERCHE ACTIVE DE COMPENSATION

Si je suis moins passif, je reporte mon affection sur les enfants, je recherche un succès professionnel ou sentimental ; cela va parfois jusqu'à l'organisation d'une double vie.

E. LA RUPTURE DU DIALOGUE

Je cohabite dans le silence avec mon partenaire pendant des semaines ou des mois.

III. L'ACCUSATION DE L'AUTRE

C'est la réaction *la plus courante*. Des partenaires ont toujours du mal à se reconnaître en crise. Quand ils y parviennent, c'est aussitôt pour en imputer la faute à l'un des deux ! Pourtant dans toute relation, chacune des deux personnes impliquées est *responsable pour sa part* de la réussite ou de l'échec de cette relation. Mais dans un couple, l'homme et la femme ont du mal à percevoir leur rôle et leur responsabilité, parce que c'est un domaine très chargé sur le plan affectif, où même le plus clairvoyant perd ses capacités d'analyse.

Le constat du désaccord aboutit souvent aux accusations réciproques : c'est *l'autre* qui est responsable de l'échec du couple. Chacun pense, de bonne foi, *qu'il ne fait que réagir* au comportement de l'autre, *sans le déterminer*. C'est un cercle vicieux, un jeu qui se poursuit à l'infini et apparaît lors des séances avec un conseiller conjugal.

Ce conseiller est recherché comme un arbitre, on attend de lui qu'il persuade l'autre de ses torts : « Moi, je ne fais que réagir à son attitude, je suis plein(e) de bonne volonté, c'est l'autre qui doit changer. » C'est oublier que toute relation étant interactive, c'est en se remettant soi-même en question que l'on pourra espérer que l'autre évolue.

Il y a aussi ceux qui, avec une contrition factice, prennent tous les torts sur eux pour justifier une nouvelle relation extra-conjugale.

IV. LA «GUERRE» CONJUGALE

C'est un état durable, différent du simple désaccord en ce qu'on n'est plus en mesure de s'en sortir sans aide extérieure. Elle est marquée par :

A. L'EXASPÉRATION PERMANENTE

Des périodes de calme apparent alternent avec des phases d'explosion. Tout chez l'autre devient irritant, les attitudes, les manies, les tics, les paroles, le rire, la voix. C'est l'inverse de la *cristallisation amoureuse* qui, selon Stendhal, pare l'être aimé, lors des premières rencontres, de toutes les qualités. On ne parvient plus à camoufler l'agressivité, même en présence de tiers. On affirme être indifférent à l'autre mais en fait on s'acharne à l'épier, à ruiner l'unité du couple.

B. LA SÉPARATION ÉMOTIONNELLE

Si l'on n'y prend pas garde, les échanges s'empoisonnent rapidement, la communication se dégrade et revêt alors des formes destructrices : silence, critiques, humiliations, négation de la personne, disputes continuelles.

Il n'y a pas encore séparation effective, mais au niveau affectif le couple en tant qu'unité vivante est détruit. Les forces de mort, de destruction du couple (*Thanatos*) se sont substituées au désir de vie, de construction du couple (*Eros*). Ayant acquis une bonne connaissance de l'autre, on sait le frapper aux points douloureux. L'objectif premier est de se concurrencer, se nuire et s'entre-déchirer, quitte à utiliser les enfants comme otages, confidents ou instruments.

En règle générale hommes et femmes sont *sensibles à la critique sur des points différents*. Il est facile d'abîmer l'image qu'une femme a d'elle-même en s'attaquant à son apparence

physique, vestimentaire, ou à la manière dont elle s'occupe de ses enfants.
Un homme sera plus sensible à des remarques visant ses capacités professionnelles, ou à ce qui se rapporte à sa virilité, comme l'éjaculation précoce, l'impuissance sexuelle.
Une femme est habituellement très sensible aux remarques de son mari. Un homme déteste généralement qu'on lui montre ses erreurs, particulièrement en public. Une simple remarque sera perçue par lui comme une attaque ou un défi et engendrera automatiquement une réaction de défense.
Un individu sain ne recherche pas systématiquement les disputes. Un homme les fuit peut-être tout particulièrement parce qu'il pressent que sa femme ne s'en tiendra probablement pas à l'objet de la querelle et que son esprit logique ne parviendra pas à suivre.
Se faire critiquer, en public ou non, voir sa demande méprisée ou rejetée, être contraint à faire ce que l'on ne voudrait pas faire, être utilisé comme moyen de satisfaction égoïste, sont autant d'exemples, et la liste n'est pas exhaustive, de négation de la personne.

C. LA DÉVIATION DE LA COMMUNICATION

Ne remplissant plus sa fonction positive de communion et d'amour, la communication subsiste cependant sous forme de messages soit courts et banaux, se limitant à l'essentiel, soit abondants : scènes de ménage, flot de paroles destructrices, disputes pour un oui ou un non. Souvent elle se réduit de plus en plus jusqu'à aboutir à un silence tendu ayant l'apparence de la paix (armée). Les altercations continuelles sont caractérisées par la défense contre la culpabilité personnelle (je me justifie puisque je suis la victime innocente), par la culpabilisation de l'autre et le besoin de punir : c'est à cause de l'autre que je rate ma vie, je dois donc le punir.
Voici ce qui se passe lorsque l'homme et la femme *communiquent mal* :

- Leur communication, loin d'accroître la connaissance de l'autre et de ses attentes, n'a qu'une fonction offensive ou défensive, qui ne fait progresser en rien l'ajustement des perceptions.
- Le langage et les gestes ne correspondent pas : des choses agressives sont dites avec le sourire, des choses banales de façon agressive.
- Au lieu d'être dynamisants, gratifiants et recherchés, les échanges sont fatigants, inefficaces, donc on les fuit.
- Chaque problème de couple en réveille d'autres ; on sort de son sujet pour finalement aller jusqu'à remettre en question même la relation amoureuse.
- Au lieu de se parler l'un à l'autre en étant l'un avec l'autre, les partenaires se parlent sans être l'un avec l'autre. Ils cherchent à convaincre, esquiver ou manipuler.
- Loin d'être accepté tel qu'il est, l'autre est considéré comme une source de frustration, récusé en tant que conjoint.
- La communication se réduit à des paroles ou même à l'écrit (petits mots), on passe par les enfants pour échanger. La communication non verbale (regards, caresses, gestes de tendresse) est négligée.

D. UN SENTIMENT D'ALIÉNATION

C'est la *perte de la dignité* de celui qui se voit contraint à un comportement. Un homme et une femme qui ne s'aiment plus doivent cependant continuer à vivre ensemble. La vie à deux est alors perçue comme une prison. Cette aliénation peut se traduire par des symptômes mentaux ou somatiques qui révèlent les difficultés éprouvées.
Inversement certains chercheurs[2] ont établi que le meilleur test objectif du bonheur dans le couple et de la vie familiale épanouissante est la bonne santé mentale des partenaires et l'absence de troubles psychologiques acquis chez les enfants.

V. LES FACTEURS AGGRAVANT LES CONFLITS CONJUGAUX

Certains conjoints se délectent de se quereller : cela leur donne un sujet de conversation et pimente leur vie monotone. Une relation pacifique les ennuie.
Ou bien ils ont peur de perdre, d'être humiliés, parce qu'ils tiennent à préserver l'image qu'ils ont d'eux. Cette peur réveille leurs peurs inconscientes.
Par ailleurs, ce qui attise souvent une dispute, c'est le fait de penser que deux désirs s'excluant mutuellement ne peuvent être satisfaits simultanément, donc que l'un des deux partenaires doit faire triompher ses vues. Ce type d'argumentation « J'ai raison, l'autre a tort » entraîne l'utilisation d'une méthode très négative, la critique. Au lieu de chercher des idées originales, nouvelles, créatives, d'apprécier les points positifs de l'opinion de l'autre, je le condamne sans appel, je le critique pour prouver qu'il a tort, que ce qu'il dit est incohérent et n'a pas de valeur.

[1] Sur les sentiments élastiques, voir notre *Manuel de relation d'aide*, chapitre 8.
[2] Sheldon et Hooper, cités par Mucchielli, *Psychologie de la vie conjugale*, E.S.F. p. 90.

DEUXIÈME PARTIE

LES CAUSES ÉVIDENTES, APPARENTES, DES CONFLITS DE COUPLE ET LEURS REMÈDES

Rappelons l'image que nous avions donnée dans l'introduction :

Si nous comparons les causes des conflits de couple à un iceberg, la partie visible de celui-ci (un septième de la masse totale) représente les causes apparentes, évidentes. C'est le sujet de cette deuxième partie. C'est dans la troisième partie que nous chercherons à découvrir les causes moins évidentes, cachées, profondes, des conflits de couple.

CHAPITRE 4

ON MÉCONNAÎT LE FAIT QUE LES CONJOINTS SONT DIFFÉRENTS

De manière générale, l'homme et la femme ont une psychologie bien différenciée. De plus, dans tout couple, les deux partenaires sont dissemblables, leurs attentes ne sont pas identiques, et les frustrations surgissent lorsque leurs besoins ne sont pas satisfaits.

I. LA PSYCHOLOGIE DE L'HOMME ET CELLE DE LA FEMME SONT DIFFÉRENTES

Cette vérité explique une grande part des malentendus dans le couple.
Ces différences entre les sexes commencent dès la relation mère-enfant. Elles sont visibles à plusieurs niveaux : dans la sexualité, l'intelligence, l'affectivité, la volonté, l'activité, la personnalité.

A. LA CRÉATION DES RÔLES MASCULIN ET FÉMININ S'EFFECTUE DÈS LA RELATION PRÉCOCE MÈRE-ENFANT

La célèbre anthropologue Margaret Mead a rappelé une loi naturelle implacable qui est à l'origine de tout : c'est la femme qui enfante. Les rôles masculin et féminin trouvent leur origine dans ce premier contexte. Selon elle[1], la première expérience de *la petite fille* est celle d'un contact intime avec sa propre nature. Elle apprend à dire : « Je suis ».
Le petit garçon, en revanche, apprend qu'il doit commencer par se différencier de l'être qui lui est le plus proche, sa mère, sous

peine de ne jamais exister. Les filles apprennent simplement qu'elles *sont*, et les garçons qu'ils doivent *devenir*.
Puis Margaret Mead explique que le petit garçon doit sortir de lui-même, pénétrer dans le monde extérieur sans garantie de succès. Il se développe dans *l'incertitude*.
Alors que la fillette commence dans la *certitude*, dans la simple identification à la mère et atteint l'apogée de cette certitude en enfantant à son tour.

B. LES DIFFÉRENCES ENTRE L'HOMME ET LA FEMME

1. La sexualité

■ A la puberté, la sexualité du **garçon** se manifeste aussitôt par une *tension liée au besoin sexuel*.
L'homme est symbolisé en médecine par un cercle avec une flèche orientée vers la droite. Il est en effet comme une flèche, orientée vers l'extérieur. L'homme *possède* un organe sexuel, qui le domine : son pénis peut le « laisser tomber », refuser de lui obéir à l'instant crucial. La sexualité masculine est une *activité*.
■ **La jeune fille**, elle, à la puberté, ressent surtout *un besoin diffus de tendresse*.
Le symbole de la femme en médecine est un miroir, avec une poignée en forme de croix. Elle aime, et comme un miroir, réfléchit l'amour qu'elle a reçu.
La femme *est* ses organes sexuels, ils font partie d'elle, elle ne fait qu'un avec eux. Ils ne la trahissent jamais. La sexualité féminine est un *état,* et elle est très liée à l'affectivité et à la sensibilité.

2. L'intelligence

■ L'intelligence **masculine** est plus orientée vers la matière inanimée, de là vient sa plus grande aisance spatiale, abstraite et analytique. Il a tendance à réduire l'intelligence à une de ses formes : la raison. Il aime les argumentations logiques plus que l'intuition.

■ L'intelligence **féminine**, souvent qualifiée d'*intuitive* est liée à sa capacité plus grande de saisir et de comprendre *la vie, le vivant*.

La femme a une intelligence pénétrée de sensibilité et d'une capacité remarquable de comprendre *globalement* les relations, les êtres et les situations. Elle se comprend et comprend les autres *par l'intérieur*. Là ou un homme dira : « Voilà ce que je pense », la femme dira : « Voilà ce que je sens ».

Son intelligence est *concrète* : pour comprendre le discours de quelqu'un, elle suit moins le raisonnement qu'elle n'observe la personne qui parle.

L'harmonie conjugale est liée à l'heureuse cohabitation de la raison masculine et de l'intuition féminine. Mais les blocages surviennent lorsque la femme, plus portée à saisir le réel dans sa totalité concrète, refuse d'admettre l'argumentation logique de l'homme.

3. La sensibilité

Hommes et femmes éprouvent les mêmes sentiments, mais n'utilisent pas le même langage émotionnel, les mêmes codes, pour les manifester. C'est *l'un des problèmes essentiels* dans les couples.

■ La sensibilité de **l'homme** nécessite un taux élevé d'intensité de stimulation pour être affectée. Lorsqu'il souffre, il a davantage besoin d'être *compris* par sa femme que d'être consolé.

Son impassibilité apparente est sa défense, qui lui permet de paraître invulnérable. Ces mesures protectrices, ces défenses, ont l'inconvénient de le couper de son intériorité, de son ressenti. Lorsqu'il va mal, il déclare : « Ce n'est rien, ça va passer. » Il s'agite, plonge dans l'hyperactivité pour oublier ses soucis.

■ La sensibilité de **la femme** est tout autre. Une femme pleure sans honte, elle ressent une riche palette de sentiments. On a dit que la femme est une « spécialiste socio-émotionnelle » : elle fait

preuve d'un intérêt marqué, prioritaire, pour les personnes et pour les sentiments.
Face à son conjoint, la femme hésite parfois à raconter tout ce qu'elle éprouve. Lorsqu'elle souffre, elle a moins besoin d'être comprise que d'être *consolée* par celui qu'elle aime, de se blottir dans ses bras.

4. La volonté

■ C'est la vie qui est le but de la **volonté féminine** ; elle n'a pas besoin d'être convaincue pour vouloir, elle a besoin d'aimer, car l'affection est à la source même de sa volonté.
Sa volonté est une volonté d'*intimité*, d'*influence* et d'*intériorité*.
■ **L'homme**, lui, a besoin pour vouloir que *trois conditions* soient réunies : il doit d'abord croire à la valeur de son acte. Ensuite il doit comparer ses capacités avec les exigences de la réalisation. Enfin, il doit n'avoir qu'un seul but.
Une fois ces trois conditions remplies, l'homme s'engage à fond dans la réalisation de la tâche.
La volonté de l'homme est une volonté d'*action*, d'*autorité* et d'*extériorité*.
La femme ne comprend pas toujours que son mari a besoin d'une grande stabilité psychique pour parvenir à « vouloir ». Par ailleurs, l'homme, une fois qu'il a décidé, change peu aisément d'avis. Exiger d'un homme une nouvelle décision immédiate, c'est le mettre mal à l'aise, le désorienter.
Le secret de l'harmonie, c'est lorsqu'une femme anime, encourage, stimule la volonté de son mari alors que la stabilité de celui-ci consolide discrètement la volonté féminine en lui laissant toute sa souplesse pénétrante.

5. L'activité

■ **L'activité masculine** se libère *en doses massives*, que ce soit physiquement ou intellectuellement. Les caractéristiques d'un homme en activité sont l'isolement, la concentration, la lenteur, l'unicité du but, le durcissement et la domination.

Dès qu'un homme se met en activité, il se replie sur lui-même et exige la tranquillité. «Chaque chose en son temps», telle est sa devise.
Lorsqu'il est malade ou à la retraite, l'homme se retrouve brutalement désœuvré. La transition d'une activité intense à un état de relâchement total peut être si brusque que certains ne s'adaptent pas. La mortalité masculine élevée peu après le départ en retraite en est une conséquence.

■ **L'activité féminine** est surtout mue par le sentimental et le physiologique. Riche en sentiments, elle éprouve le besoin d'aimer, d'aider, de conseiller, de stimuler. Si la vie lui permet de déployer ses profondes capacités d'amour, elle ressent un accroissement vital qui l'épanouit. Elle aime travailler en intimité avec les êtres humains.
Une femme en activité se caractérise par un besoin permanent d'agir, une ouverture à son environnement, la rapidité de sa mise en action et une grande capacité d'adaptation. Elle reste difficilement en repos.

6. La personnalité et l'individualité

■ Une des caractéristiques de la personnalité de **l'homme** c'est que pour atteindre le maximum de force, il tend son effort vers une seule direction. Il a donc un temps pour agir, un autre pour penser, un pour vouloir, un pour aimer. L'homme livre avec difficulté sa vie intérieure. Pour se confier, il doit se faire violence : il est *égocentrique*, c'est-à-dire centré sur son égo.

■ Alors que l'homme met tour à tour en action sa volonté, son affectivité ou sa pensée, la **femme**, elle, est toute entière en ce qu'elle réalise, elle s'accomplit dans un don de tout elle-même. Elle met ses sentiments, et son amour, dans son activité, son intelligence ou sa volonté. Contrairement à l'homme, elle aime vivre en intimité avec ceux qui l'entourent : elle est *altéro-centrique*, orientée vers autrui. La tendance masculine au repliement sur soi et la tendance féminine à l'expansion vitale sont les manifestations de *l'égocentrisme de l'homme* et de *l'altéro-centrisme de la femme*. Les deux époux doivent

comprendre que leurs natures sont distinctes et faire preuve de tolérance s'ils veulent vivre en harmonie.
Le philosophe Jean Guitton[2] résume ainsi les différences entre les psychologies féminine et masculine : selon lui, l'homme est davantage *Acte*. Son psychisme est orienté vers l'action, vers la conquête et l'aménagement, vers la domination de la société et de la matière. Cela suppose chez lui une faculté qui lui permette à chaque instant de décomposer et de recomposer l'objet.
Alors que l'homme est essentiellement *Acte*, la femme est essentiellement *Nature*. Son intelligence ne procède pas comme celle d'un homme. Au lieu de décomposer et de recomposer l'objet, elle se place d'emblée en un point central et vital, dans le rapport concret que l'objet entretient avec la vie.
En conclusion, rappelons que depuis toujours on a mis en avant les différences entre l'homme et la femme.
Mais le secret de l'harmonie conjugale réside peut-être dans le fait que les hommes développent le pôle féminin (la sensibilité) qui existe aussi en eux, et que les femmes développent aussi leur pôle masculin (la force). Etre un homme, ce n'est pas seulement être fort, mais aussi être vulnérable. Etre une femme, ce n'est pas seulement être vulnérable, c'est aussi être forte. C'est pourquoi nous parlerons à présent d'un concept mis en évidence par Jung.

C. L'ANIMUS ET L'ANIMA

Pour Jung, deux archétypes caractérisent particulièrement la conception de l'inconscient : l'Animus, qui est le pôle masculin chez la femme, et l'Anima, qui est le pôle féminin chez l'homme.
Comme nous venons de le voir, la *masculinité*, qui est active, pénétrante, perçante, fécondante, agressive, rationnelle, pensante, dure, appartient à la psyché *consciente* de l'homme, alors que ses qualités *féminines* sont *inconscientes*.
De même *la féminité*, qui est souple, pénétrée, fécondée, irrationnelle, intuitive, sentimentale, tendre, douce, accueillante, appartient à la psyché *consciente* de la femme, alors que ses qualités *masculines* sont *inconscientes*.

Un homme a donc des qualités *masculines conscientes* et des qualités *féminines inconscientes* (son Anima). C'est la *mère* qui la première pétrit son Anima chez son fils.
Une femme a des qualités *féminines conscientes*, et des qualités *masculines inconscientes* (son Animus). La formation de l'Animus dépend du *père*, de la sensation qu'éprouve la fille envers le père, symbole de la puissance et de l'art de s'imposer.
L'Animus et l'Anima appartiennent au non-révélé, ils sont notre face dissimulée, la vie privée de notre esprit. Ils sont masqués par le rôle social, la *persona*, selon le terme de Jung, c'est-à-dire l'image de soi que nous donnons aux autres.
Notre société favorise le refoulement de l'Anima chez l'homme : un homme ne doit pas pleurer, il n'a pas d'intuition, n'est pas sentimental, est très rationnel...
Heureusement, si un homme fait un « travail sur soi » psychologique et cesse de refouler son Anima, s'il intègre et accepte son pôle féminin en lui, l'Anima va peu à peu émerger : il devient plus intuitif, moins rationnel, se permet d'éprouver des sentiments, retrouve les qualités féminines en lui.
Notons que Jésus a intégré parfaitement dans sa personnalité son pôle masculin et son pôle féminin, à l'image d'ailleurs de Dieu qui est Père avec un « cœur » de mère.
Quant à la femme, l'Animus est sa partie extravertie, créative, le pôle de la raison et de la pensée. Si la femme fait un « travail sur soi » psychologique, intègre son Animus inconscient, alors elle devient une femme autonome, créative, calmement active, capable de raisonner, sans agressivité.
En conclusion, le travail sur soi, que ce soit pour un homme ou pour une femme, amène à devenir un être total et équilibré. Cela signifie rétablir les liens profonds entre la masculinité et la féminité qui se trouvent en tout homme et en toute femme.
C'est être complet en soi-même. Dans le couple, notre conjoint n'est alors plus le « complément de ce qui nous manque », puisque nous sommes complets, mais un « supplément ». *C'est le secret d'un couple harmonieux : deux êtres complets.*

II. DANS CHAQUE COUPLE LES CONJOINTS SONT DIFFÉRENTS

Ils diffèrent par leur *niveau intellectuel,* leur *philosophie de la vie*, leur *hérédité*, leur *milieu social*, etc.
De plus, les *expériences passées*, les *différences d'âges* et de *culture* sont particulièrement conflictuelles.

Joseph, ayant vécu dans un cadre familial élargi avec grands-parents, oncles et cousins et qui avait l'habitude de combler ses besoins affectifs au sein de sa parenté d'origine, a maintenant du mal à vivre une relation intense exclusive avec son épouse, et pense trahir les nombreux membres de sa famille s'il coupe les ponts avec eux. Sa femme, qui s'attendait à des rapports de couple étroits et exclusifs, se sent frustrée.

III. CHACUN A DES ATTENTES DIFFÉRENTES

« Dieu créa l'homme et la femme[3]» (littéralement : Dieu les créa mâle et femelle).
Dissemblables dans leur nature, l'homme et la femme ont des besoins différents qui, s'ils ne sont pas assez satisfaits dans le lien conjugal, risquent d'occasionner des frustrations et des tensions.
Selon ce que l'on appelle *le système des attentes*, chacun, dans le couple, *attend* que *l'autre ait certaines conduites* à son égard, *joue des rôles définis* et n'ait pas *certaines autres conduites,* ne joue pas *certains autres rôles insupportables*.
Ce système n'est pas avoué, sans doute pas même conscient. Il implique que chacun puisse répondre, au moins dans une certaine mesure (à environ 65 %), aux attentes de l'autre. Jésus ne dit-il pas : « Ce que vous voulez que les autres fassent pour vous, faites-le de même pour eux » ?
L'homme et la femme, en s'unissant, ont ainsi en tête un « contrat de relation » non écrit où ils définissent ce qu'ils recherchent et les obligations qu'ils se donnent l'un vis-à-vis de l'autre.

Ce contrat est une entité dynamique devant évoluer et être constamment révisé par les partenaires. On voit déjà l'origine de possibles difficultés :

- Si un partenaire n'est pas en mesure *d'entendre les attentes* de l'autre.
- Si un conjoint ne sait pas *ce que l'autre attend de lui*, parce qu'il ne le lui a pas dit.
- *Si le contrat n'a pas été révisé*. Les besoins de chacun évoluent. Si l'on n'est pas attentif au changement des besoins de l'autre, celui-ci risque d'être déçu.
- *Si le contrat est révisé unilatéralement*. Ainsi une femme dont les enfants ont quitté la maison annonce à son mari qu'elle va retravailler et que désormais il devra participer aux soins du ménage. Elle lui fait part de ses projets de manière trop vague, ils ne prennent pas le temps de discuter de ce qu'implique comme changements cette nouvelle situation. Au bout de quelque temps le mari est frustré parce que sa femme lui paraît moins présente, plus fatiguée.

Selon des recherches statistiques, *le fait de répondre (mutuellement)* le plus possible *aux attentes de l'autre est* en nette *corrélation avec le bonheur conjugal.*

Dans nos séminaires pour les couples, le travail en petits groupes fait toujours apparaître les mêmes attentes :

A. LES ASPIRATIONS COMMUNES À L'HOMME ET À LA FEMME

- sentir que l'on tient la première place dans le cœur de l'autre, qui doit nous en fournir des preuves fréquentes
- être sûr que l'on peut s'appuyer sur lui, être compris et accepté par lui
- avoir le sentiment qu'on lui est indispensable, qu'on est sa raison de vivre, le but de sa vie

B. LES ASPIRATIONS SPÉCIFIQUEMENT MASCULINES[4]

Un homme a souvent besoin d'être reconstruit, encouragé. Il aimerait que sa femme restaure son identité de manière subtile, avec sincérité et affection, sans toutefois que cela lui rappelle sa mère. Il n'a aucune envie de passer pour un petit garçon (surtout quand il se conduit comme tel !).

Beaucoup d'hommes se posent des questions quant à leur *virilité*. Ce doute se manifeste de façons très diverses.

Chez certains, ce *sentiment d'infériorité* prend parfois la forme d'un impérieux besoin de réussir. Alfred Adler pensait que le sentiment d'infériorité est la motivation la plus forte qui existe, que le besoin de puissance est à la base de toute réussite importante.

L'homme veut en général que son rôle de *responsable* soit reconnu. Un homme attend de sa compagne qu'elle soit sensible, amoureuse, douce, prévenante. Ce *besoin d'affection* est chez lui une nécessité impérieuse.

C. LES ASPIRATIONS SPÉCIFIQUEMENT FÉMININES[5]

Le besoin de *sécurité* et d'*amour* est particulièrement fort chez la femme. Elle aime quand son mari *s'affirme*, a confiance en lui-même.

Quand une femme demande à l'homme de sa vie s'il l'aime, elle ne cherche pas à être informée, mais à être *rassurée.*

L'état intérieur de la femme a tendance à beaucoup varier, et elle perd rapidement le sens de son identité. « Les émotions d'une femme montent et descendent comme une vague sur la mer.[6] »

La *rassurer* fréquemment de diverses manières l'aide à garder ce sens de sa personne. Une femme passe toujours par des moments où elle se sent peu sûre d'elle.

Souvent, elle ne recherche pas tant des solutions que de la *compréhension*. Le temps des solutions viendra, mais quand une femme a un problème, ce qu'elle désire en premier lieu, c'est d'être *écoutée*. Que son conjoint l'entende avec un œil sur le journal ou sur la télévision, ou avec un air absent, ne suffit pas. Elle a un réel besoin de partager.

D. DE LA COOPÉRATION À L'ISOLEMENT

Lorsque, dans un foyer, chacun cherche à entendre les besoins de l'autre, que le « contrat de relation » est respecté, les partenaires vivent sur le mode de la *coopération*.

Mais si celle-ci faiblit, si l'un des deux estime que ses besoins ne sont pas assez pris en compte, il va montrer agressivement sa frustration et vouloir se signaler, en négligeant les besoins de l'autre : c'est la *riposte*.

Progressivement, l'un des deux, le vainqueur, le dominant, oblige l'autre à combler prioritairement ses besoins à lui. Du désir *vers* l'autre, on est passé au désir *sur* l'autre. C'est la phase de la *domination*. Le conjoint dominé se voit forcé de veiller au bien-être de celui qui le domine alors que le sien propre est négligé. C'est donc un fonctionnement sadomasochiste, qui dure parfois des années. Parmi les couples qui vieillissent ensemble, les trois quarts fonctionnent dans ce système !

Le partenaire dominé peut, s'il en a la force, dire « non » à celui qui le domine. Le plus souvent, il conclut qu'il n'y a plus d'espoir d'évolution positive, se referme sur lui-même ; c'est la phase de *l'isolement.*

Si rien n'intervient, le conflit en reste sur cette note-là. La relation n'étant plus gratifiante, porteuse de vie, la plupart des couples à ce moment-là connaissent la tentation de la séparation.

Notons pourtant que, même parvenus à cette étape, il n'est pas trop tard pour réagir et décider de revenir à la coopération. Il est cependant plus facile de réagir dès la phase de la riposte.

Nous conclurons ce chapitre 4 en disant que les différences entre l'homme et la femme peuvent être autre chose qu'une source de conflits : elles sont susceptibles d'enrichir le couple !

Nous dirons du couple ce que Léonard de Vinci disait de la voûte : « C'est une force bâtie sur deux faiblesses opposées. »
Si les conjoints reconnaissent qu'ils ne sont pas identiques, cela élimine nombre de frustrations, évite les malentendus et développe la communication. Ils ne s'épuisent plus à tenter de faire changer l'autre, mais ils s'enrichissent de leurs différences, ce qui les détend et favorise l'amour au sein de leur union.

[1] Margaret Mead, *L'un et l'autre sexe. Le rôle de l'homme et de la femme dans la société*, Denoël, 1966.
[2] Jean Guitton, *Essai sur l'amour humain*, Aubier-Montaigne, 1948.
[3] Genèse 1.27.
[4] Anne-Marie Rocheblave-Spenlé, *Les rôles masculins et féminins*, Editions Universitaires, 1970, p. 86 et ss.
[5] Idem.
[6] John Gray, *Les hommes viennent de Mars, les femmes de Vénus*, J'ai lu, 1997, p. 135.

CHAPITRE 5

UNE MAUVAISE COMMUNICATION

Lacan disait que les humains sont des êtres doués de parole, des « parlêtres ».

Une bonne communication ne saurait, à elle seule, éviter l'apparition de grosses tempêtes dans un couple, mais elle peut empêcher que des nuages éclatent en orages dévastateurs. Elle permet aussi aux frustrations profondes de se dire et d'être entendues.

Elle n'est pas un but en soi, mais elle a pour objectif la *communion*. Elle est davantage du domaine du savoir-être que du savoir-faire, même si bien sûr elle se traduit par des attitudes concrètes.

Malheureusement dans de nombreux ménages la communication est déficiente.

I. CERTAINES ATTITUDES DETRUISENT L'HARMONIE CONJUGALE

Il existe des comportements qui, s'ils se répètent quotidiennement, empoisonnent la vie commune.[1]

A. CULPABILISER

Le but est de rendre l'autre responsable de notre malaise, de notre souffrance ou d'une situation. On joue la « coulpe dans le couple ». Le partenaire va alors avoir tendance à se sentir fautif : « Tu as voulu que j'arrête de travailler pour élever notre fille, et maintenant tu me reproches d'être à ta charge... »

« Si tu ne m'avais pas incité à gagner davantage d'argent, je n'aurais pas fait d'infarctus. »

B. ORDONNER, DIRIGER, COMMANDER

« Cesse de ressasser cette histoire ! »
« Tu devrais téléphoner à ta mère un peu plus souvent. »
Ces phrases dictent à l'autre la conduite qu'il doit adopter. Il aura envie de se rebeller, de se défendre. Il pensera que vous n'avez aucune confiance en ses capacités.

C. MENACER, AVERTIR, EFFRAYER

« Tu ferais mieux de me faire tout de suite des excuses, sinon tu le regretteras plus tard. »
Ces menaces, explicites ou implicites, directes ou indirectes, contribuent à maintenir le conjoint dans la dépendance et limitent sa liberté de choix. Elles l'incitent à ne pas se plier à vos injonctions, simplement pour vérifier si les conséquences négatives que vous avez annoncées se réalisent.

D. DÉVALORISER, RIDICULISER, FAIRE HONTE

« Toi et ta manie du rangement, pas étonnant que ton fils se rebelle ! »
« Tu es tellement à cheval sur l'exactitude ! J'ai l'impression d'être marié à l'horloge parlante. »
« Tu n'es qu'un enfant gâté, tu devrais avoir honte ! »
De telles paroles blessent profondément l'amour-propre du partenaire, qui se sent alors humilié. Il réagira par la riposte : « Tu n'es pas la perfection non plus ! » ou cherchera des excuses : « Je ne suis pas si maniaque. Il faut bien que la maison soit en ordre. »

E. EXPLIQUER, PERSUADER PAR LA LOGIQUE, ARGUMENTER

« Je vais t'expliquer en quoi consiste ton erreur. »
« Je suis certaine d'avoir raison, d'ailleurs je l'ai lu dans un livre de Françoise Dolto. »
Jouer au « professeur » risque d'inciter « l'élève » à se mettre sur la défensive, à s'irriter : « Tu crois que je ne le sais pas ? »

F. DEVINER LES PENSÉES DE L'AUTRE

« Je suis sûre que tu aimes une autre femme, c'est pour cela que tu rentres toujours en retard du travail. »
« Tu vas encore te mettre en colère quand tu apprendras que j'ai rayé la carrosserie de la voiture. »

G. INTERPRÉTER, ANALYSER, DIAGNOSTIQUER

« Ton problème, je le vois bien, c'est que tu manques de confiance en toi. »
Cette interprétation des motifs, des paroles ou des actes de votre partenaire, l'informe que vous avez établi votre diagnostic et que vous l'avez percé à jour. Vous vous placez au-dessus de lui. Il va se bloquer, et ne partagera plus rien avec vous.
Ainsi une mauvaise communication se caractérise par quatre attitudes facilement repérables ; c'est de la répétition de celles-ci que naissent les difficultés relationnelles :

- Commander au partenaire
- Le menacer
- Le dévaloriser
- Le culpabiliser

Ces comportements parlent *sur l'autre* et non *à* l'autre. Ils concernent souvent le *passé* ou le *futur*, rarement le *présent*.

II. APPRENDRE A DEMANDER, DONNER, RECEVOIR, REFUSER

Tous les échanges humains s'articulent autour de ces quatre verbes. Quand nous nous sentons suffisamment en sécurité pour oser *demander*, *donner*, *recevoir* et *refuser*, notre couple fonctionne bien. Mais souvent nous sommes des infirmes de la communication, nous ignorons comment conjuguer ces quatre verbes si simples.

A. SOUVENT JE NE SAIS PAS *DEMANDER*

En effet demander clairement en m'affirmant, c'est prendre le risque d'un refus net, et donc d'être frustré dans ma demande.
■ Si je suis plutôt du genre passif, j'*attends*, j'*anticipe un refus* (« Ce n'est même pas la peine que je lui demande de sortir ce soir, je sais ce qu'elle va me répondre... »), j'envie, je *souhaite* et j'espère, sans rien demander (« Ah, j'aimerais qu'il comprenne que cette année j'ai envie de passer le 31 Décembre ailleurs que chez ses parents...»).
■ Si je suis plutôt du genre actif, j'*exige* (« Tu as l'air triste, tu dois me dire ce qui ne va pas »), je *culpabilise* l'autre (« Si tu m'aidais à déplacer ce meuble, je ne me ferais pas mal au dos »), je *revendique* (« J'en ai marre de m'occuper des gosses tous les soirs, si tu ne me sors pas un peu au cinéma, je vais craquer, c'est sûr »), je *demande de manière indirecte* (« Tu as vu les voisins, ils ont changé de voiture cette année, eux ! »).
Si j'ose clairement demander, proposer, solliciter, inviter, en utilisant des phrases comme « j'aimerais..., je voudrais... », mon couple fonctionnera mieux.

B. SOUVENT JE NE SAIS PAS *DONNER*

Car donner, c'est prendre le risque que mon partenaire refuse de recevoir, et assumer son refus.
■ Si je suis plutôt du genre passif, je *prive* l'autre (« Ne compte

pas sur moi pour que je t'accompagne à ton match de foot »), je *rends* (« Elle a pensé à ma fête, je vais penser à la sienne »), je me *sacrifie* (« J'ai horreur de passer mon samedi à courir les magasins, mais puisque ça te fait plaisir »).

■ Si je suis plutôt du genre actif, j'*impose* (« Je suis sûre que tu me remercieras un jour de t'avoir acheté cette méthode pour apprendre l'anglais »), je donne à l'autre *ce que je voudrais moi-même recevoir* (« J'ai pris deux billets pour le concert de musique, ça fait si longtemps que j'en avais envie »), je *marchande* (« Je vais t'aider à ranger le salon ; pendant ce temps-là si tu pouvais remettre un bouton à ma chemise... »).

Notre vie à deux sera plus heureuse si je sais donner à mon conjoint librement, sans contrepartie évidente, sans calcul, que ce soit un cadeau, de l'écoute, de l'attention, du temps, de la tendresse.

C. SOUVENT JE NE SAIS PAS *RECEVOIR*

En effet recevoir, c'est courir le risque de changer face à l'autre par ce que je reçois de lui.

■ Si je suis plutôt du genre *passif,* je *subis* («Tu crois vraiment que c'est le moment de m'embrasser ? »), je *minimise* le don (« Tu trouves que ma nouvelle robe est jolie ? Pourtant ce n'est qu'une solde »), je *ne me sens pas digne* (« Jamais je ne me pardonnerai les mots blessants que j'ai eus pour lui hier soir. Et lui qui m'offre des fleurs ce matin ! »).

■ Si je suis plutôt du genre *actif*, je *m'empare* du bien d'autrui et je le *vole*, je le *prends* sans attendre qu'on me le donne (« Elle n'a pas l'air d'être disposée à faire l'amour maintenant, tant pis, après tout je suis son mari, non ? »).

La communion avec mon partenaire se resserrera si j'apprends à recevoir de lui avec simplicité et reconnaissance ses compliments, son admiration et ses marques de tendresse.

D. SOUVENT JE NE SAIS PAS *REFUSER*

Car refuser, c'est assumer les blessures que mon refus peut provoquer chez l'autre.
■ Si je suis plutôt du genre *passif*, je *fuis* (« J'ai horreur des films policiers, mais je ne peux pas te laisser aller seul au cinéma »), je *fais semblant d'accepter* (« Ah, tu as invité tous tes collègues à manger ce soir ? Bien sûr que je t'aiderai à préparer le repas, bien que j'aie une horrible migraine »), j'*élude* la demande ou je *me dérobe*, mais en me sentant coupable (« Je n'ose pas dire à ma femme que j'ai la phobie du sang. Alors je vais devoir inventer une excuse plausible pour ne pas l'accompagner jusque dans la salle d'accouchement comme elle me l'a demandé »).
■ Si je suis plutôt du genre *actif*, je *rejette* et je *repousse* la demande de l'autre (« Pas question que nous ayons un autre enfant. Et ne m'en reparle plus jamais ! »), j'*humilie* et je *dénigre* («Tu n'as pas honte de me demander de te consoler, comme si tu avais trois ans ? Ta meilleure amie a déménagé, et alors ce n'est pas la mer à boire ! »).
Il est bon d'apprendre à dire non à certaines demandes de l'autre. Cela concerne surtout les femmes, à qui l'on enseigne depuis des siècles à être soumises sans poser de questions.

Pour bien conjuguer le verbe communiquer, apprenons à :
demander sans réticence ni peur,
refuser sans nous culpabiliser,
donner sans regret ni contrainte,
recevoir sans nous sentir redevables.

III. QUATRE CONDITIONS POUR BIEN COMMUNIQUER

A. LE DÉSIR DE COMMUNIQUER

Nous devons *désirer* nous dire à l'autre, nous révéler, nous ouvrir, dire nos attentes, nos sentiments, nos besoins, nos désirs.

Apprenons à passer du *tu* au *je*, du *tu ne fais pas*, au *j'ai envie, j'ai besoin de…*, de l'accusation de l'autre à la demande d'aide.

B. LA CLAIRVOYANCE

C'est la capacité de comprendre l'autre, de l'écouter, de nous décentrer de nous vers lui, d'entrer dans sa carte, de communiquer de manière *active* et non pas *réactive*.

C. LA CONFIANCE

Cela signifie abandonner progressivement nos systèmes d'autodéfense et nos peurs (ce furent les premières paroles d'Adam après la Chute : « J'ai eu *peur*, et je me suis caché »).
La confiance nous permet de *demander* à l'autre des signes de reconnaissance[2] positifs, et de *refuser* ceux que nous percevons comme négatifs. Elle nous permet d'*accepter* de l'autre ces signes de reconnaissance, qui sont aussi nécessaires pour notre vie que des vitamines, et de lui en *donner* également.

D. LE PARDON

Nous avons déjà abordé dans un autre ouvrage la question du pardon des offenses graves[3].
Cependant, au cours de plusieurs décennies de vie commune, vous avez des centaines d'occasions de pardonner à votre mari ou à votre femme des égratignures ou des vexations moins graves. Lorsqu'il ou elle vous blesse, votre tendance naturelle est de vous enfermer dans la colère, la rancune, l'amertume, le désir de revanche ou l'apitoiement sur vous-même.
Mais pour la bonne santé de votre couple, vous *devez* et vous *pouvez* (Dieu ne vous demanderait pas une chose si elle était impossible !) pardonner, jusqu'à quatre cent quatre-vingt-dix fois… : « Soyez bons les uns envers les autres, compatissants, *vous pardonnant réciproquement* comme Dieu vous a pardonné en Christ.[4] »

Nous sommes convaincus que le pardon fait partie de *l'hygiène amoureuse* quotidienne de la vie à deux, autant que la brosse à dents !

IV. UN ASPECT TRÈS SPÉCIFIQUE DE LA COMMUNICATION DANS LE COUPLE

Ce qui est sous-jacent dans la communication et le dialogue au sein de votre couple, c'est votre attente, souvent inconsciente, d'*être aimé de l'autre*, de recevoir une marque, une preuve d'amour de l'autre envers vous. Vous êtes-vous rendu compte que le plus souvent, vous n'éprouvez ni les mêmes désirs d'amour, de reconnaissance, ni les mêmes émotions au même moment ?
Alors demander à l'autre (par un comportement plus ou moins adapté) : « Aime-moi ! », « dis-moi que je compte pour toi ! », « dis-moi que tu m'admires encore ! », passe souvent par une communication qui ne peut être qu'indirecte, voire manipulatrice. En effet, l'amour réclamé, commandé, est-ce encore de l'amour ? L'amour sur demande ne perd-il pas son authenticité, sa fraîcheur, son *romantisme* ?
N'oublions jamais qu'aimer l'autre, c'est d'abord *vouloir être aimé de lui*, c'est donc s'aimer soi-même. La communication peut très vite devenir un « *Tu dois m'aimer parce que je veux m'aimer* ».
C'est un des paradoxes du couple, et donc aussi un problème très spécifique de la communication entre conjoints.

V. LES HOMMES «MUETS»

Une des plaintes les plus fréquemment entendues par les conseillers conjugaux est la suivante : « Mon mari ne parle pas, n'exprime pas ses sentiments. »
Au début, lorsqu'un homme courtise une femme, il paraît ouvert et expansif, mais une fois marié, il se sent subitement prisonnier de celle-ci, et c'est alors qu'il s'enferme dans le mutisme.
Plusieurs raisons expliquent que certains hommes soient peu communicatifs.

■ D'abord, les petits garçons ont plus de difficultés que les fillettes à s'exprimer verbalement, ce qui diminue leur confiance en eux, et cette insécurité demeure parfois jusqu'à l'âge adulte.

■ Une deuxième raison au repliement affectif de certains hommes est le *syndrome d'Ulysse*.

Rappelons que dans l'Odyssée, Ulysse doit traverser le détroit de Messine dont les côtes rocheuses sont habitées par des sirènes aux chants merveilleux : des milliers de marins ont péri, attirés par le chant de ces sirènes.

Semblable à Ulysse, l'homme a peur que sa virilité soit détruite s'il se rapproche des femmes. Luttant contre son désir il se ligote fermement au mât de sa virilité. L'homme a peur de trop s'attacher à la femme et d'en devenir dépendant.

Qu'y a-t-il derrière cette peur ?

La première privation et la blessure la plus profonde du petit garçon est la séparation d'avec sa mère, qui marquera à tout jamais sa vie affective. Aucune mère ne peut en effet répondre parfaitement aux attentes de son fils, elle a un mari, d'autres enfants, un métier.

A l'âge adulte, suite à cette expérience décevante, l'homme d'une part voudrait retrouver auprès d'une femme l'affection maternelle perdue, et d'autre part a peur de cette intimité. Il va ressentir haine et crainte à l'égard de sa femme, la dévaloriser, lui être hostile ou indifférent. Il peut donc en arriver à se méfier instinctivement de sa compagne et surtout de son arme préférée : les larmes.

■ La *relation père/fils* influe également sur l'incapacité à s'extérioriser. Un homme dont le père jouait au patriarche aura tendance à dominer sa propre épouse. Un père apprend à son fils ce qu'est un mâle viril. Un père exigeant, distant, froid, réservé, absent (physiquement ou affectivement) enseigne inconsciemment à son fils qu'il doit être indépendant, et qu'il doit se préserver de toute relation affective.

En rejetant les tentatives de son fils de se rapprocher de lui et en refusant de lui manifester de la tendresse, le père lui apprend que « cela ne se fait pas » de manifester de l'amour.

C'est la raison pour laquelle un homme *est incapable d'aimer une femme* tant qu'il n'est pas *sûr d'avoir obtenu l'amour de son père*. Reproduisant la froideur de son père à son égard, il restera de marbre devant sa compagne quand elle le suppliera : « Parle-moi ! Aime-moi ! Serre-moi dans tes bras ! »

■ Une épouse peut faire beaucoup pour *aider son mari à s'extérioriser,* si elle parvient à devenir sa meilleure amie. En tout mari taciturne sommeille un homme communicatif qui n'attend que l'aide de sa femme pour sortir de sa prison de silence.

Elle s'efforcera d'abord de comprendre pourquoi il s'est construit une telle carapace de mutisme. Elle lui montrera l'exemple de la vulnérabilité et de la transparence. Si elle est franche sur ses faiblesses et ses besoins, cela peut inciter son compagnon à le devenir aussi. Elle ne monopolisera pas l'expression des sentiments dans le couple, ce qui voudrait dire qu'elle tient pour acquis que l'homme est incapable de parler.

Une femme peut apprendre à son conjoint à s'exprimer en lui posant des questions précises sur son passé, son enfance, en lui confiant un secret et en lui demandant de lui en confier un aussi, en le touchant physiquement ; en effet pour un homme (contrairement à la femme), une caresse est plus significative qu'un « Je t'aime ».

Il sera plus facile à une femme d'aider son partenaire si elle discerne à quel type de maris silencieux il appartient[5].

■ Le cas le plus fréquent est celui de *l'homme fort*, viril, maître de lui, indépendant, courageux. Le plus difficile sera de capter son attention. Dans un tel couple, les conjoints consacrent parfois moins de trente minutes par semaine à converser ! Une femme aura intérêt à lui expliquer franchement qu'elle a besoin de sa présence et de son affection, car il ne le devinera jamais tout seul.

■ Il y a aussi le *bourreau de travail*, pour qui le fait qu'un jour ne compte que vingt-quatre heures est une véritable tragédie ! La réussite professionnelle compte pour lui plus que son épouse et ses enfants.

■ Un autre type est *l'ours solitaire*, qui n'attend rien de personne, et se montre indifférent à tous, parfois depuis son enfance ; non seulement rien ne peut le faire sortir de sa coquille, mais on s'aperçoit vite que la coquille elle-même est vide. Une femme mariée à un tel homme peut s'en accommoder si elle a une vie très indépendante et n'a pas de grands besoins affectifs. Sinon, elle devra admettre, tôt ou tard, qu'il n'y a aucun espoir : le glaçon ne fondra jamais, autant le laisser geler tout seul.

■ Il y a enfin *le séducteur*, qui exprime des sentiments qu'il n'éprouve pas. C'est plus grave que d'éprouver des sentiments sans pouvoir les exprimer, comme la majorité des hommes. En fait, le charmeur est mort sur le plan affectif. Il sait manipuler les femmes, les séduire, mais il est très insécurisé : il doute de sa virilité et cherche sans cesse à se la prouver par ses conquêtes féminines. L'épouse d'un don Juan n'a qu'une solution : rester toujours un peu hors de sa portée, maintenir l'équilibre des pouvoirs, lui résister.

VI. LES JEUX PSYCHOLOGIQUES NÉGATIFS

Beaucoup de couples vivent des échanges qui blessent plus qu'ils ne construisent et qu'il apparaît pourtant bien difficile d'éviter ; chacun y retombe sans cesse et finit parfois même par s'y complaire.

Ces relations qui ne sont ni directes ni franches mais déguisées et de mauvaise foi ont été mises en évidence par Eric Berne, inventeur de l'analyse transactionnelle. Il les a appelées *stratagèmes* ou *jeux psychologiques négatifs*[6].

Ce sont des mécanismes (inconscients) de manipulation de l'autre, une suite de transactions (d'échanges) cachées progressant vers un but bien défini et prévisible et s'achevant soit par la dévalorisation de l'autre, soit par la dévalorisation de soi-même. Ces manipulations sont **toujours** nuisibles et pernicieuses.

Dans la vie quotidienne, on suspectera que l'on a pratiqué des jeux négatifs si :

- on a l'impression d'avoir passé *beaucoup de temps*

pour parvenir à un *résultat nul.* On est irrité.

- on ressent un *vague malaise,* on est *insatisfait* sans savoir à quoi cela tient.

- il nous semble qu'à la fin de l'échange il y a *un gagnant et un perdant* comme après une bataille. On croit s'être fait avoir ou alors on éprouve la joie malsaine d'avoir bien coincé l'autre.

A. LE TRIANGLE DRAMATIQUE

Une manière intéressante de décoder et reconnaître les stratagèmes est illustrée par le triangle dramatique S.V.P. mis au point par Karpman[7].

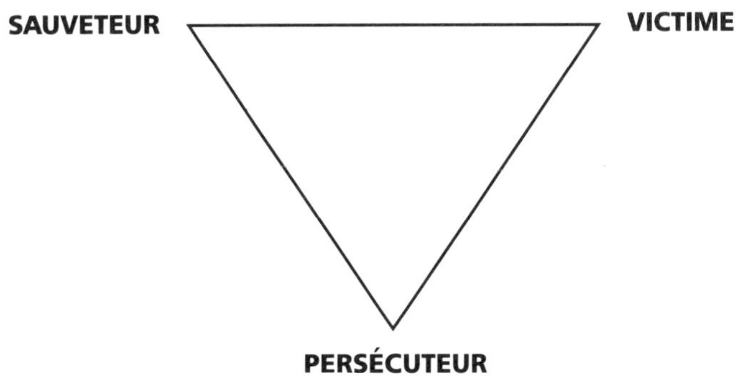

Karpman distingue trois comportements dramatiques qui entraînent des relations difficiles avec autrui : le *Sauveteur* qui aide l'autre sans que celui-ci ait rien demandé ou même contre son gré ; la *Victime* qui se fait plus faible qu'elle ne l'est (Victime *soumise*) ou qui raconte ses difficultés en revendiquant (Victime *rebelle*) ; le *Persécuteur* qui infériorise l'autre, repère ses faiblesses, l'incite aussi à se battre avec d'autres.

Au cours d'un échange entre partenaires, si on a adopté l'une ou l'autre de ces trois positions, on se retrouvera tôt ou tard et

obligatoirement dans les autres positions. De même qu'un train peut en cacher un autre, une position peut en cacher ou en annoncer une autre !
Si l'on rentre dans une relation par l'angle Sauveteur, on va ensuite se retrouver dans l'angle Persécuteur, après être passé par l'angle Victime. Les trois positions ont besoin les unes des autres pour exister : il n'y a pas de Sauveteur sans Victime à sauver des mains d'un Persécuteur, et vice-versa.
Il faut noter que celui qui est dans ce triangle dramatique veut que l'autre « joue » avec lui. Pour cela il lui attribue subtilement un rôle à l'avance. Une Victime demande à l'autre de « jouer » au Sauveteur ; ce dernier demande à l'autre de « jouer » à la Victime, etc.

B. QUELQUES EXEMPLES DE STRATAGÈMES

Il y en a une quantité innombrable dans la vie quotidienne d'un couple.

1. Lorsque je suis en position de Victime, je me plains

- *« Mon mari décide toujours ce qui est bon pour moi. »*

La femme s'est infantilisée en choisissant un homme protecteur, elle lui reproche maintenant ce qu'elle a justement cherché !

- *« Je suis généreux mais mon épouse est ingrate. »*

L'excès des gentillesses du mari fera que sa femme va étouffer sous sa générosité, et ne pas le payer de retour.

- *« Si elle m'aimait, elle devrait être plus affectueuse, moins indépendante… »*

Un homme qui a des attentes aussi idéalistes finit par devenir irritable et jaloux, ce qui fait fuir sa compagne.

- *« Mon épouse me critique sans cesse. »*

Un homme qui dit cela indique qu'il ne s'autorise pas, lui, à critiquer les autres.
Adopter la position de Victime entraîne beaucoup de fatigue et même de maladies. On ressent une incapacité à être heu-

reux, à recevoir, à coopérer ; on se sent seul, séparé des autres, on a peur des relations ; on se sent persécuté, sacrifié, on a une piètre estime de soi et on ne prend pas sa vie en main.

2. Lorsque je suis en position de Sauveteur, j'ai tendance à dire

■ « *Je me charge de tout !* »

Je joue à l'indispensable dont pourtant on se passerait bien.

■ « *J'essaie seulement de t'aider.* »

Mais en voulant imposer mon aide, je risque de devenir Persécuteur.

■ « *Laisse-moi le faire à ta place.* »

Je sais ce qui est bon pour toi.

Le « jeu » Sauveteur ne doit pas être confondu avec le fait d'aider l'autre. Quand je suis Sauveteur, je ne respecte pas la liberté de l'autre. Je pense pour lui, je décide pour lui, j'agis « pour son bien ! » selon ma propre pensée.

3. Si je suis dans la position du Persécuteur, je dis

■ « *Sans toi...* »

Sans lui, sans elle, je ferais tant de choses passionnantes.

■ « *Maintenant je te tiens.* »

Je coince l'autre en oubliant que je vais être coincé à mon tour et que j'amorce ainsi une guerre sans fin.

Alors que la position de Victime et de Sauveteur sont plus répandues chez les femmes, celle de Persécuteur est plus typiquement masculine.

Pour savoir si je suis dans un stratagème, je peux me poser cette question : *si ce que je tente en ce moment échouait, est-ce que j'en voudrais à mon conjoint ou est-ce que je m'en voudrais ?* Si la réponse est oui, je suis dans un stratagème.

C. LE DANGER DES STRATAGÈMES

Ces « jeux » dans le couple sont un type de relations *négatives*, non gratifiantes et destructrices à divers degrés et à différentes intensités, dans la mesure où il y a toujours nécessairement deux perdants.

Ils ont l'apparence d'échanges ordinaires mais sont en réalité des relations *faussées* et régulièrement conflictuelles : les scènes de ménage en sont l'aboutissement bien connu. Même si parfois « tout s'arrange sur l'oreiller », elles laissent un goût amer dans la bouche.

Il est donc bon de savoir les démasquer, les identifier et refuser de se laisser piéger. Dans de nombreux cas, *repérer le « jeu »* et refuser d'y entrer est l'option la plus simple. On demande fermement à l'autre : « Stop ! Je ne veux pas jouer à ce jeu-là ! » Il est plus facile de refuser d'entrer dans un « jeu » dès qu'on l'a repéré que d'en sortir une fois qu'on y est entré...

Bien connaître les principaux stratagèmes et ne pas s'y laisser entraîner ne suffit pas. Il convient de comprendre les avantages secrets, les *bénéfices secondaires* que chacun trouve à ces relations négatives et qui l'incitent à les rechercher : éprouver du plaisir à jouer les rôles que l'on aime et qui constituent notre identité personnelle (Sauveteur, Victime ou Persécuteur), maintenir une relation avec l'autre même si elle est négative, fuir les vrais problèmes du couple, etc.

Il est bon aussi de rechercher ailleurs que dans les « jeux » d'autres sources de signes de reconnaissance positifs. Si un conjoint « joue » souvent, il est sans doute *en manque de marques d'attention* de la part de l'autre.

VII. UNE CLÉ RELATIONNELLE : LES MESSAGES EN « JE »

Avez-vous remarqué ? Les dialogues entre conjoints commencent souvent par *tu* et sont orientées vers l'autre pour le *blâmer* et l'accuser. Elles disent en réalité : « Ce qui arrive est de ta faute ! » Ce sont des évaluations négatives de l'autre, et elles sont donc conflictuelles. Nous dirons que le *tu* tue ! Le conjoint se sentant critiqué, agressé, rabaissé et culpabilisé, ne peut que se défendre en culpabilisant et en agressant l'autre.

Pourquoi, alors que nous réalisons bien que ce style de communication est inadéquat et destructeur, l'utilisons-nous si souvent ? Parce qu'il nous évite de porter un regard lucide et critique sur nous-mêmes tout en rejetant la responsabilité sur l'autre. Nous cherchons un coupable, un responsable, au lieu d'identifier les besoins et les sentiments personnels qui sont frustrés en nous et d'en faire part.

Il est très possible cependant de décider d'adopter entre époux un mode de communication plus approprié en remplaçant ces paroles qui accusent l'autre par des *messages personnalisés.*

Commençant en général par *je* (ce qui indique que j'ose m'exprimer en tant que Sujet), ils facilitent les relations, créent un climat de vérité et d'honnêteté, donc réduisent les tensions. Ils vous permettent, sans que cela soit perçu comme une revendication négative :

■ **D'exprimer** vos émotions, vos idées, vos attentes, vos peurs, vos intentions, vous obligeant ainsi à les définir :

« Je suis vraiment énervée aujourd'hui. »

« J'apprécierais que tu passes plus de temps à jouer avec les enfants. »

« Je t'aime. »

■ **De refuser** une requête :

« *Je n'ai* vraiment *pas envie* d'aller manger chez ta tante dimanche. *J'ai besoin* d'une journée avec toi dans le calme. »

■ **De prévenir** une dispute, en faisant connaître vos besoins ou désirs. Votre mari, votre femme, ne lit pas dans vos pensées, exprimez-les ! : « J'aimerais savoir à quelle heure tu comptes ramener les enfants, j'ai des projets pour l'après-midi. »

« J'ai décidé de recommencer à travailler, je m'ennuie à la maison. »

L'apôtre Jacques dit : « Vous ne recevez pas parce que vous ne demandez pas. » Ceci s'applique aussi bien à la relation conjugale qu'à notre relation avec Dieu. « Demandez et vous recevrez » est un axiome de base de la communication !

■ **De reprocher** à votre conjoint quelque chose dans son attitude qui vous déplaît.

Décrivez d'abord ce qu'il a fait qui vous crée problème (1), ensuite ce en quoi son comportement vous a affecté (2), puis exposez les conséquences que cette conduite déplaisante entraîne pour vous (3), enfin spécifiez quel comportement vous attendez de lui (4).

Par exemple :

1) Quand je te pose une question et que tu ne me réponds pas
2) je me sens ignoré et sans importance
3) alors je me fâche.
4) J'aimerais que tu me répondes quand je te parle.

Ou encore :

1) Hier soir, tu m'as reprise devant tout le monde
2) et cela m'a blessée.
3) Je me suis sentie humiliée par la rudesse de tes propos.
4) Quand tu as une réflexion à m'adresser, pourrais-tu attendre que nous soyons seuls, s'il te plaît ?

Les messages personnalisés sont une application pratique de cette parole :

« Renoncez au mensonge et que chacun *parle selon la vérité* à son prochain.[8] »

Veillons cependant à ne pas déguiser une parole de blâme en la faisant débuter par *je* :

« Je ressens que tu es irresponsable » signifie en clair : « Tu es irresponsable. »

En conclusion, bien communiquer c'est la possibilité, la liberté pour chacun des époux de se dire, de se positionner, d'être entendu, reconnu, accepté et aimé.

[1] Thomas Gordon, *La méthode Gordon expérimentée et vécue*, Belfond.

[2] Les signes de reconnaissance sont expliqués dans notre *Manuel de relation d'aide*, chapitre 9.

[3] *Manuel de relation d'aide*, chapitre 19.

[4] Ephésiens 4.32.

[5] Gregory White Smith et Steven Naifeh, *Ces hommes qui ne communiquent pas,* Le Jour, 1987.

[6] Eric Berne, *Des jeux et des hommes*, Stock, 1975.

[7] Le triangle dramatique de Karpman est cité dans tous les livres sur l'analyse transactionnelle, par exemple dans Chalvin M-J. et D., *Vivre heureux en famille*, ESF, 1980.

[8] Ephésiens 4.25.

CHAPITRE 6

LES PROBLÈMES SEXUELS

Nous allons évoquer les problèmes sexuels auxquels les couples sont le plus fréquemment confrontés, et nous suggérerons quelques remèdes. Des ouvrages comme *La sexualité dans le couple*[1] peuvent être utiles.

Nous conseillons aussi, éventuellement, de consulter un médecin, un sexologue ou un psychothérapeute. Leur intervention se révèle en général efficace, puisque, selon le sexologue Réjean Tremblay[2], sur cent patients qui consultent, 65 constatent une amélioration importante, 25 une amélioration moyenne, et 10 ne voient aucun changement. Ces améliorations sont dues pour 65 % au travail sur soi qu'effectue le client (ou le couple), pour 25 % à la relation qui s'établit entre le thérapeute et le client (ou le couple), et seulement pour 10 % à la mise en application d'une technique spécifique.

I. LE PROBLÈME SEXUEL EST UN LANGAGE

C'est une règle : il n'y a *pas de sexualité satisfaisante* dans une *ambiance quotidienne défectueuse*. Tel un sismographe sensible, l'activité sexuelle enregistre la qualité du climat qui règne dans le couple.

Les tensions se reportent sur le plan sexuel parce que la sexualité est la seule de nos pulsions qui se situe au carrefour du biologique, du psychologique, du spirituel et du social. *On est dans sa sexualité comme on est dans sa vie*.

Le symptôme sexuel a dès lors valeur de *langage*. Il permet de dire à l'autre combien on est insatisfait de la vie à deux, de mettre en accusation la personnalité de l'autre, l'ennui qu'il procure, son comportement passif ou dominateur, son manque de tendresse, la présence non souhaitée d'une belle-mère, etc.

En bref le symptôme sexuel quel qu'il soit est l'expression de l'agressivité et du ressentiment. Si l'on n'est pas « proche », c'est que l'on « reproche » quelque chose au partenaire ou, souvent, à une autre personne qui nous fait (ou nous a fait) du tort.
Nous évoquerons à présent les troubles sexuels les plus fréquents.

II. LES PRATIQUES SEXUELLES IMPOSÉES OU REFUSÉES

Ce n'est souvent qu'après le mariage que les époux découvrent leurs conceptions différentes sur certaines pratiques sexuelles.
C'est le plus souvent l'homme qui voudrait imposer à sa compagne des pratiques sexuelles qu'elle réprouve ou qui la dégoûtent, ou lui interdire ce qui lui procurerait du plaisir. Ce qui pour lui est légitime et normal est ressenti par son épouse comme anormal, immoral ou même pervers.
Ils auront avantage à aborder franchement ces questions, et à s'engager à toujours se respecter mutuellement, sinon cela risque de créer entre eux une mésentente grave. Pour Freud, il y a *perversion* quand le partenaire n'est plus *Sujet*, mais *objet* de désir.

III. LA NON-CONSOMMATION DE L'UNION

Cette situation, plus fréquente qu'on ne le croit, a de nombreuses causes tenant au mari, à la femme ou aux deux.

- Par exemple *l'homme* est impuissant, il veut cacher son problème d'éjaculation précoce, il a peur du sexe féminin, il souffre d'une timidité maladive, de blocages psychologiques, de souvenirs de traumatismes sexuels.
- Pour la *femme*, la non-consommation de l'union est due dans les deux tiers des cas au vaginisme.
- Mais le mariage non consommé tient souvent aux *deux* conjoints. Le sexologue Willy Pasini dit : « Un tiers des mariages non consommés est déterminé par *la complémentarité des*

problèmes des deux partenaires qui ne se sont pas choisis par hasard. »
Certains ont reçu une *éducation très stricte*, où la sexualité était taboue et sont donc totalement ignorants des réalités sexuelles. Ou bien tous les deux ont subi dans leur passé des *abus sexuels* et se sont choisis en sentant intuitivement qu'ils éprouvaient le même dégoût pour la sexualité.
Pendant plusieurs mois ces jeunes mariés se contentent de pratiques substitutives, de caresses et de masturbation réciproque. La non-consommation du mariage au bout de quelques mois devrait néanmoins les amener à consulter.

IV. LA FRIGIDITÉ

Ne confondons pas la frigidité, qui est le *manque de désir*, avec *l'absence de plaisir* (l'anorgasmie) ou avec *l'impuissance* (troubles de l'érection). Elle peut avoir toujours existé, ou bien apparaître au cours de la vie.
Le désir sexuel est une force, une énergie liée à la recherche du plaisir. Il s'alimente à deux sources, une interne (le fantasme), l'autre externe (la personne qui va créer les stimulations sensorielles).
Selon Gilbert Tordjman[3], le désir est par essence *triangulaire*. Il nous situe toujours par rapport à l'objet convoité et par rapport au rival, imaginaire ou réel.
L'objet du désir, dit ce sexologue, perd sa valence érotique dès lors qu'il n'est plus transfiguré par la lutte implacable contre les mille avatars du rival. Possédé, maîtrisé, maté, il est réduit à ses propriétés objectives. D'où l'indifférence sexuelle des couples assoupis dans le ronronnement quotidien... On ne désire pas tant l'objet qu'on ne redoute de le voir possédé par autrui... Le désir dépend donc avant tout de l'imaginaire érotique. Celui-ci, véritable zone érogène psychique, s'articule électivement autour de fantasmes de manque et de rivalité.
L'homme frigide ne prend pas d'initiatives érotiques. Le manque de désir chez l'homme est un phénomène nouveau. Aujourd'hui

le fait de ne plus avoir à conquérir la femme peut lui ôter une partie de son désir.
Mais le manque de désir existe davantage chez les femmes.
La femme frigide est indifférente, voire hostile aux demandes sexuelles de son mari. Vingt pour cent des femmes subissent les relations sexuelles avec passivité. « Je ne suis pas portée sur la chose », disent-elles.
Les causes de la frigidité féminine sont entre autres la haine de son corps, le dégoût de la sexualité suite à des abus sexuels, des facteurs hormonaux, la grossièreté ou la violence du conjoint (le viol conjugal existe), un manque de dialogue au sein du couple, la ménopause, les suites d'I.V.G., d'accouchement...
Le manque de désir sexuel dans un couple crée un climat conflictuel. Certains continuent à cohabiter sans avoir de rapports sexuels, bien que restant unis par des liens affectifs.
La frigidité peut se soigner auprès d'un médecin sexologue ou d'un psychothérapeute. Selon l'origine du manque de désir, on mettra en place un traitement médical ou psychologique.

V. LE MANQUE DE PLAISIR

L'anorgasmie touche en grande majorité les femmes, un homme parvenant en général sans difficulté (s'il n'est pas impuissant) à l'orgasme. *Deux tiers des consultations* des femmes de vingt à quarante ans chez un sexologue ont pour objet la rareté ou l'absence d'orgasmes.
Les causes en sont souvent *l'insuffisance des préludes amoureux.* Lorsque les amants ne consacrent que dix minutes aux préludes, 40% des femmes atteignent l'orgasme. Alors que 60% d'entre elles y accèdent quand ces caresses préliminaires durent plus de vingt minutes.
Citons aussi les séquelles d'affections dans la zone génito-urinaire, l'éjaculation prématurée du mari qui provoque la colère de la femme, la méthode du coït interrompu qui laisse la femme frustrée et inquiète, l'inaptitude à s'abandonner aux sensations érotiques, le sentiment d'être observée par son mari, le fait de

s'interdire d'éprouver du plaisir par culpabilité, par suite d'une éducation trop stricte, etc.

VI. LES TROUBLES DE L'ÉRECTION

Cette incapacité à obtenir ou à maintenir une érection pour accomplir l'acte sexuel est le motif masculin le plus fréquent de consultation en sexologie. L'impuissance peut être totale ou partielle, chronique ou momentanée, et elle a des causes organiques variées (maladie, fatigue) ou psychologiques : la dépression, la culpabilité, la colère, des traumatismes sexuels dans le passé, la peur de l'échec ou une période de chômage.
Les traitements de l'impuissance sont médicaux ou psychologiques, selon les causes.

VII. L'ÉJACULATION PRÉMATURÉE

Ce trouble affecte réellement 44 % des hommes mariés depuis moins de deux ans, et seulement 26 % des hommes ayant entre cinq et dix ans de mariage. L'homme ressent une grande souffrance, une honte, un déshonneur, un échec pour sa virilité : il n'est pas un « vrai homme », capable de procurer des orgasmes à sa partenaire.
Willy Pasini distingue cinq types d'hommes souffrant de ce trouble[4] :

- Le *surexcité* est le plus fréquent (70 % des cas). C'est un grand anxieux. Le traitement consistera à se relaxer et augmenter sa maîtrise de soi.
- L'*émotif*, lui, ne perd la tête qu'au moment de la pénétration. La « Femme » est pour lui une terre mystérieuse et effrayante, l'objet d'attentes démesurées. Le thérapeute lui fournira des informations anatomiques sur les mystères du corps féminin.
- Le *craintif* considère le corps féminin comme négatif voire dangereux. Il préfère donc ne pas trop s'y attarder, une fée

pouvant cacher une sorcière. La relaxation est ici insuffisante, une psychothérapie est conseillée.

- L'*impuissant* craint toujours de ne pas pouvoir maintenir son érection et se dépêche de jouir avant qu'elle ne cesse.
- Le *vindicatif* éjacule volontairement trop vite pour punir son épouse, lorsqu'il a un grief grave contre elle. Là, c'est la mésentente conjugale qu'il convient de traiter.

VIII. LES RAPPORTS SEXUELS DOULOUREUX (OU IMPOSSIBLES : VAGINISME)

Vingt pour cent des femmes souffrent de douleurs (dyspareunies) lors de la pénétration vaginale ou lors des mouvements coïtaux. Souvent *c'est un symptôme ayant une signification*, un langage, un appel au secours, une plainte.
la femme focalise dans ces douleurs génitales toutes ses phobies, inquiétudes, difficultés psychologiques.
Si ces douleurs ne sont pas verbalisées et soignées auprès d'un thérapeute, elles risquent d'évoluer vers la disparition du désir ou du plaisir sexuels ou vers le *vaginisme* : les muscles entourant le vagin se contractent de façon spasmodique, rendant impossible toute pénétration. Ce trouble physique doit être traité au niveau *psychologique*, car le blocage se situe dans l'esprit de la femme.
La consultation d'un spécialiste permettra à celle-ci de verbaliser ce qui a déclenché les douleurs, d'apprendre à se relaxer, etc.

IX. LES PROBLÈMES SEXUELS LIÉS A LA CONTRACEPTION

Le contrôle des naissances ne devrait pas être le seul souci de la femme ; c'est à deux qu'il convient de réfléchir sur le nombre d'enfants désirés, et sur le choix de la méthode contraceptive. Les méthodes contraceptives fiables presque à 100 % ont des effets très positifs sur la vie sexuelle des conjoints, car ils sont sûrs qu'il n'y aura pas fécondation.

Il n'en est pas de même avec d'autres méthodes qui sont contraignantes, frustrantes ou très peu fiables, car les rapports sexuels sont alors dominés par la crainte d'une grossesse non désirée.

X. LES PROBLÈMES LIÉS A LA STÉRILITÉ

Dix pour cent des ménages ne peuvent avoir d'enfants, et quinze pour cent en ont moins que prévu parce qu'ils ont des difficultés à concevoir.
La stérilité est souvent vécue comme un échec et met à rude épreuve les partenaires, y compris dans leur sexualité. Dans le cas où l'épouse sent qu'elle n'est pas vraiment femme tant qu'elle n'est pas mère, cette frustration risque de lui barrer l'accès au plaisir et même d'affaiblir son désir.
Lorsque le mari ressent sa stérilité comme un manque de virilité, il peut perdre ses capacités érotiques et même se voir rejeté par sa compagne.
Si les conjoints suivent d'interminables et pénibles traitements dans l'espoir d'une grossesse, les rapports sexuels n'ont plus comme finalité le plaisir mutuel ; ils s'unissent avec l'unique obsession de parvenir à une fécondation.

XI. L'ADULTÈRE

« *Tu ne commettras pas l'adultère* » est l'un des Dix Commandements de Dieu (Exode 20.14).
L'adultère est l'un des plus graves problèmes que puisse rencontrer un couple. Il dissocie et sépare ce qui devrait rester indissociable et inséparable ; l'alliance que l'homme et la femme avaient passée entre eux est bafouée.
Quand deux personnes décident de se marier, elles ont en général l'intention de rester fidèles toute la vie, et le pensent sincèrement. Mais ce n'est pas le cas de tous, et chez certains une liaison n'arrive pas par hasard. Même en se mariant, ils ont déjà dans leur cœur un état d'esprit très particulier : ils *admettent secrètement comme possible l'éventualité d'une infidélité.*

Les conjoints chez qui ne préexiste pas cette mentalité seront moins tentés de passer à l'acte.
Jésus révèle la source de ce péché en Matthieu 15.19 : «C'est *du cœur* que viennent les mauvaises pensées, les meurtres, les *adultères*, les impudicités » et il ajoute en Matthieu 5.28 que « quiconque regarde une femme pour la convoiter a *déjà* commis un adultère avec elle dans son cœur. »

A. LES MOTIFS DE L'INFIDÉLITÉ

Ils sont nombreux.

■ **La frustration sexuelle** est souvent citée en premier, avec le désir de trouver mieux ailleurs.
■ L'aventure extra-conjugale peut aussi résulter d'une **usure du désir** sous l'anesthésie de l'habitude, ou d'un besoin profond d'espace personnel, parce qu'on se sent étouffer dans le couple.
■ Quant aux hommes infidèles, leur point commun est souvent des **horaires de travail** irréguliers et de fréquents **déplacements.**
De plus, **la société se moque** un peu des conjoints fidèles en amour. Il faut du courage aujourd'hui pour dire que l'on est fidèle, sans être taxé de pudibond ou de frustré.
■ Un homme, une femme, peuvent être tentés de voir s'ils sont encore **capables de séduire**. Si une occasion se présente, ils céderont à la tentation. Ce fut le cas du roi David qui, désœuvré, commit l'adultère avec Bath-Schéba, elle aussi étant « libre » puisque son mari Urie était parti à la guerre.

B. LES MOMENTS QUI PRÉDISPOSENT DAVANTAGE À UNE LIAISON

Ces moments sont pour le mari, la naissance d'un bébé, qui rend sa compagne moins encline aux rapports sexuels ; pour les deux, la quarantaine ou la cinquantaine, lorsque l'on veut se prouver que l'on est encore séduisant ; la perte d'un emploi, qui laisse du temps libre et crée le désir de se revaloriser dans un autre domaine ; le décès d'un parent ou d'un enfant, qui crée un intense besoin d'être réconforté(e) et le désir de se venger de la mort en vivant intensément le plaisir ; la maladie ou le handicap d'un des époux, qui entrave les rapports sexuels ; le divorce de ses parents.

C. LES PERSONNALITÉS AYANT TENDANCE À L'ADULTÈRE

Selon Gilbert Tordjman, si l'idée d'une relation extra-conjugale traverse un jour l'esprit de *tous* les gens mariés (même s'ils refusent de se l'avouer) certaines personnalités sont plus portées à y céder[5].

■ La femme et l'homme *narcissiques* recherchent dans l'amour adultérin un miroir qui les rassure quant à leurs capacités à plaire. Non comblés par l'amour de leur conjoint, leur besoin obsessionnel de se réassurer exige d'autres signes de reconnaissance.

■ La femme *bovaryste* est condamnée à rechercher des aventures dans le vain espoir que ses rêves rejoignent la réalité. Ses fantasmes romantiques ne s'accordent pas avec l'amour monotone et sans saveur que lui offre au quotidien son mari. Une liaison avec un amant l'excite pour un temps, mais ce n'est qu'une illusion.

■ Le *Don Juan* recherche dans une quête inlassable et pitoyable l'image maternelle divinisée. La femme *donjuanesque* recherche chez ses amants l'idéal inaccessible de l'image paternelle. Elle aime tendrement son mari et ses enfants, mais n'accède à l'orgasme que dans l'adultère, parce qu'il libère son désir incestueux.

■ L'homme et la femme *obsessionnels*, pourtant des modèles de probité, habitués à réprimer leurs fantasmes sexuels, s'engagent paradoxalement à corps perdu dans une liaison adultérine lorsque leurs défenses s'effondrent brutalement.

La psychothérapeute B. Eaker Weil dit avoir remarqué que

l'adultère est un problème qui se transmet de génération en génération[6]. Sur un millier de couples qu'elle a aidés, dans neuf cas sur dix, l'un au moins des partenaires infidèles avait eu un père ou une mère adultère.
Contrairement à ce que l'on croit, l'aventure extra-conjugale est souvent plus une *relation affective* qu'une passion sexuelle : on cherche à combler un *manque de tendresse*, manque qui date souvent de l'enfance, et que le conjoint n'a pas pu combler. Ceci explique l'adultère, mais ne le justifie évidemment en aucun cas.

D. COMMENT SE TERMINE UNE RELATION ILLÉGITIME ?

Souvent assez vite, parce qu'une double vie impose des contraintes émotionnelles et financières lourdes, qui viennent gâcher le « plaisir » de la liaison. La plupart du temps, celle-ci se termine par une confession au conjoint trompé (nous dirons plus loin pourquoi nous déconseillons la franchise) ou par la découverte par celui-ci de la liaison, car souvent l'infidèle *désire* la confrontation qui s'ensuit.
Inconsciemment, en effet, s'il a été infidèle, et s'il a laissé quelques indices faciles à découvrir, c'était pour forcer l'autre à prendre conscience de son vide affectif ou du manque de communication et de tendresse dans le couple.

E. LES CONSÉQUENCES D'UNE LIAISON COUPABLE

Elles sont généralement catastrophiques, allant parfois jusqu'à la séparation. Aucun conjoint adultère ne peut prétendre que son mariage n'en a pas souffert. Sur le plan sexuel, certains hommes n'arrivent plus à avoir une érection avec leur femme, sinon en fantasmant secrètement sur leur maîtresse. Certaines femmes, après avoir connu la passion avec un amant, répugnent à reprendre les relations sexuelles avec leur mari.
Les répercussions d'une aventure extra-conjugale dépendent

ensuite de la nature de celle-ci : si ce n'est qu'une passade sans lendemain, ce sera certes grave et très douloureux pour le couple, mais si celui-ci a des fondements solides, il a des chances de s'en remettre avec le temps (même s'il restera toujours des cicatrices). Par contre la liaison qui met le plus en péril l'avenir du ménage est celle qui satisfait à la fois les attentes affectives et les besoins sexuels du conjoint infidèle, et qui dure longtemps.
Que convient-il donc de faire ?
Evoquons d'abord

F. LE CONJOINT COUPABLE D'ADULTÈRE

■ *Avant que la liaison ne soit découverte,* le fautif assouvit ses fantasmes avec son amant(e), dans l'exaltation et sans beaucoup de culpabilité, tout en vivant une hypocrite sécurité au sein du foyer conjugal.
■ *Une fois que l'adultère est connu,* tout change. Le climat passe au drame : heurts, colères, dépression, chantages, tentatives de suicide, culpabilité, humiliations, alternent avec réconciliations, promesses de s'amender, demandes de pardon, etc. La suspicion empoisonne désormais la vie conjugale.
■ *Si le conjoint trompé ne s'est pas aperçu* de la liaison extra-conjugale, il est inutile et même déconseillé de tout lui confesser. Cela peut choquer quelques personnes désireuses de « vivre dans la transparence », mais l'expérience des conseillers conjugaux et des psychothérapeutes montre qu'un aveu n'arrange rien, et ne fait qu'envenimer les choses. Si l'infidèle voulait « vivre dans la transparence », il aurait dû le faire bien avant...
Découvrir que l'on a été trompé, même s'il ne s'agit que d'une brève aventure, détruit la confiance en l'autre et en soi, et sape les fondations du foyer le plus uni. Le fait d'avoir confessé une infidélité a ruiné de nombreux mariages, car désormais la *confiance*, base de l'union, avait disparu.
■ Par contre le coupable devrait se montrer sincèrement repentant, confesser sa faute à Dieu ainsi qu'à un conseiller

discret, recevoir le pardon de Dieu et bien sûr décider de rompre définitivement cette relation illégitime.
Cela n'est pas facile et personne n'est prêt à mettre fin à une liaison simplement parce que la Bible dit : « Tu ne commettras pas d'adultère » ! Le plus souvent, on ne parvient à rompre que lorsque le stress causé par la liaison (se cacher, mentir, mener une double vie, etc.) devient insupportable.
Il faut ensuite faire un sérieux travail psychologique et spirituel sur soi-même pour comprendre comment on en est arrivé là. On prendra soin également de s'éloigner des personnes ou des lieux trop liés à sa faute (sans hésiter à déménager s'il le faut). Jésus conseille : « Si ton œil droit est pour toi une occasion de chute, arrache-le et jette-le *loin de toi*. » On ne saurait trop dire combien cette parole de Jésus est adaptée dans ce cas-là.

■ Il doit s'engager à ne *jamais* parler à l'autre du péché qu'il a commis, même des années plus tard, sous prétexte que tout est maintenant fini, qu'il faut être transparent, etc. L'autre n'est pas une poubelle, il ne sert pas à déculpabiliser le coupable. Celui qui a fauté ne peut jamais espérer que son conjoint soit indulgent, même si c'est le plus « compréhensif des époux ». L'adultère est le problème du coupable.
Evoquons maintenant

G. LE CONJOINT TROMPÉ

■ Lorsqu'il apprend son malheur, il doit d'abord se donner la permission de laisser s'exprimer *la violence de ses émotions* (colère, jalousie, déception, tristesse, désespoir), sans les minimiser ni les sublimer, car elles sont normales.
Celui qui réalise qu'il a été trompé ressent une terrible souffrance, un coup de poignard au cœur. C'est l'un des traumatismes les plus éprouvants qui soit. C'est comme si l'autre retirait d'un coup le pansement que l'amour conjugal avait posé sur ses blessures existentielles. La trahison met à nu et réactive toutes ses douleurs passées, ses peurs profondes d'être délaissé, abandonné, trahi, sa terreur de ne plus être aimé.

■ Il doit ensuite s'efforcer de *réfléchir*, seul ou avec l'aide d'un conseiller, ne surtout pas mettre au courant les enfants, les parents, les beaux-parents, ni les amis.

■ Il ne devrait pas remettre d'emblée en question l'existence de son couple. L'adultère est un péché grave, mais qu'on peut pardonner, et une souffrance intense, mais que l'on peut surmonter. Il faut penser aux enfants, au bonheur conjugal que l'on a essayé de construire jusqu'ici, *éviter si possible le divorce*.

■ Si l'autre a fauté, on peut *se demander pourquoi*. Il ne trouvait peut-être pas chez lui ce qu'il a cherché ailleurs. Que le conjoint trompé, sans pour autant se sentir coupable (même s'il se reconnaît une part de responsabilité dans ce qui est arrivé), évite donc de se poser uniquement en victime, mais reprenne la situation en main en étant acteur de l'avenir de son couple.

■ Ne pas prononcer des paroles définitives que l'on regrettera plus tard (« Je ne t'ai jamais aimé(e) », « je n'aurais jamais dû t'épouser », « je ne te pardonnerai jamais », etc.).

■ *Evaluer la situation* : est-ce une aventure sans lendemain, une passade sans investissement affectif ou bien une liaison prolongée et très investie amoureusement ? *Ce point est essentiel.*

■ Rechercher les *causes* profondes de cette crise, avec l'aide d'un conseiller conjugal. Le choc créé par l'adultère peut conduire à une salutaire clarification des besoins cachés de chacun (de plus de tendresse, d'une sexualité plus épanouissante, etc.) et à un redémarrage du couple. Mais ceci exigera beaucoup de compréhension des deux côtés.

■ Le *pardon*, qui n'est pas à confondre avec l'oubli (Dieu nous ayant pourvus de mémoire, nous ne pouvons oublier) est le gage d'une réintégration, et il est *nécessaire*, même s'il est *très difficile* à accorder[7]. C'est la seule solution pour éviter que le ressentiment et la haine s'installent dans le foyer.

Mais celui qui a fauté doit comprendre qu'il a infligé une extrême souffrance à son conjoint, et que ce dernier aura besoin de beaucoup de temps pour lui témoigner à nouveau pleine confiance. « On peut pardonner une infidélité, mais on n'oublie jamais. » (Simone de Beauvoir)

XII. QUELQUES SUGGESTIONS POUR UNE VIE AMOUREUSE SATISFAISANTE

Souvenons-nous que *faire l'amour*, cela implique que *l'amour est à faire*, à construire. On ne peut bien « faire l'amour » au lit, que si on le construit aussi debout, instant après instant, dans un effort constant de communication, d'attention à l'autre et de tendresse. N'oublions pas non plus que *le premier organe sexuel* est… *le cerveau* ! Le désir et la jouissance, le dégoût ou la douleur dans l'acte sexuel, viennent principalement de *ce que nous pensons*.

Par ailleurs voici huit conseils de Gilbert Tordjman pour une vie sexuelle harmonieuse[8] :

- Partagez vos besoins et désirs sexuels, vos vulnérabilités et vos craintes.
- De temps en temps faites-vous la cour, accordez-vous une soirée romantique.
- Touchez-vous souvent, en dehors de tout contexte sexuel.
- N'attendez pas de chaque rapport amoureux qu'il vous fasse atteindre le septième ciel, mais retirez de chaque rencontre ce qu'elle vous apporte d'agréable (détente, plaisir d'être ensemble).
- Réservez à l'acte sexuel un temps privilégié dans la hiérarchie de vos urgences.
- Multipliez les changements (de lieu, de caresses, de positions…) et mettez en jeu vos cinq sens.
- Ne bannissez pas l'imaginaire érotique des jeux de l'amour. Soyez le meilleur support des fantasmes de tendresse et d'érotisme de l'autre.
- Ne faites pas l'amour pour obéir à des statistiques et entrer dans la normalité d'une bonne moyenne.

Si les problèmes sexuels sont importants pour l'harmonie d'un couple, les difficultés psychologiques des conjoints le sont également, ce sera le thème du chapitre suivant.

[1] *La sexualité dans le couple*, John et Janet Houghton, Empreinte Temps Présent, 1997.

[2] Réjean Tremblay, *Couple, sexualité et société*, Payot, 1993.

[3] Cité dans *Le couple et son désir*, Brassart, Dalens, Dietrich, Gellman et Meyer, éd. La Louvière, 1992, p. 27.

[4] Willy Pasini, *Le temps d'aimer*, Odile Jacob, 1997.

[5] Gilbert Tordjman, *Le couple, réalités et problèmes*, Hachette, 1981, p. 172.

[6] B. Eaker Weil et Ruth Winter, *L'adultère est un péché qu'on pardonne*, Le Jour, 1994.

[7] Des ouvrages utiles pour accomplir cette démarche : celui cité en note 6, et celui de Robin Casarjian, *Comment peut-on pardonner ?*, Le jour, 1995.

[8] Tordjman, *La sexualité au fil de la vie*, Hachette, 1990.

CHAPITRE 7

LES PROBLÈMES PSYCHOLOGIQUES DES CONJOINTS

Les difficultés psychologiques ne disparaissent pas comme par magie quand on se marie. Si c'était le cas, depuis le temps, ça se saurait !

En réalité, une fois mariés, les problèmes de l'homme s'ajoutent à ceux de la femme, ce qui crée parfois des étincelles, des éclairs, voire des orages...

Nous vous proposons un parcours pittoresque autour de quelques uns des problèmes psychologiques les plus courants dans une vie conjugale... normale.

I. LE PASSAGE DE LA COHABITATION AU MARIAGE

La presque totalité des couples vivent ensemble avant de se marier. La cohabitation peut servir de *refuge*, occasionnel ou temporaire, ou bien elle a valeur de test, *d'essai* prénuptial (« On va voir si on est faits pour vivre ensemble ») ; parfois elle est un véritable substitut au mariage[1]. Son but est de nouer un compagnonnage, de quitter ses parents, d'être un antidote à l'angoisse de la solitude.

L'union libre met l'accent sur les aspects idéalisés et romantiques de la relation, c'est une relation fusionnelle qui sert de soupape d'échappement à de nombreuses tensions, surtout avec ses parents.

Une partie des cohabitants décident de se marier, sur l'insistance des familles ou après la naissance d'un enfant qui officialise, par force, leur couple. « L'enfant se fait le maire de sa mère », ironise France Quéré.

Mais ce passage à la mairie est très problématique : de nombreux partenaires ayant vécu maritalement pendant plusieurs années se séparent sitôt qu'ils sont mariés ! F. Quéré dit que des cohabitations qui durent cinq ans ont plus de chances de se rompre que celles qui durent six mois, et elle ajoute[2] : « On ne se mariait plus pour éviter les divorces, mais en ne se mariant pas on augmente les séparations. »

Pourquoi l'officialisation d'une union libre entraîne-t-elle de telles conséquences ? Cela vient surtout de ce que le mariage exige une implication personnelle mais aussi dans la société, une compatibilité des époux dans tous les domaines de la vie. Il *ramène à la réalité* (l'amour rend aveugle, le mariage rend la vue, dit-on !), révèle les véritables personnalités en les confrontant aux choix décisifs concernant la profession, l'argent, le mode de vie, l'éducation des enfants, etc.

Par ailleurs la régularisation ne change en rien le quotidien des cohabitants, ce qui crée chez eux une profonde déception, surtout chez certains qui, traversant quelques orages dans leur couple, attendaient un *effet magique* du passage devant le maire. Il est vrai que le mariage peut difficilement leur apporter quelque chose, puisqu'ils vivaient déjà comme des gens mariés...

Et surtout, en se mariant, les concubins découvrent peu à peu le pas énorme qu'ils ont franchi et dont ils n'ont peut-être pas bien mesuré l'importance : ils sont passés d'un « Nous nous aimons ici et maintenant, 'on' verra bien si 'ça' marche à l'avenir... » à « Je promets de t'aimer pour la vie entière, jusqu'à ce que la mort nous sépare, pour le meilleur et pour le pire. »

Que voulait dire ce « on » et ce « ça », sinon qu'ils étaient des *spectateurs* du film de leur amour ? Une fois mariés, ils se découvrent engagés à devenir des *acteurs* de leur couple. Ils sont passés de l'indépendance à l'engagement, du doute à la foi, de l'individualisme à la soumission mutuelle, de l'ici et maintenant à la vie entière. C'est un *changement radical* ! Ils sont passés du *prêt* à l'autre au *don* à l'autre. Don qui, seul, crée la rupture et donne la base d'une création nouvelle : le couple.

Cet engagement à *aimer dans la durée*, dans le temps, peut-être pour les cinquante années à venir, la même personne, peut leur donner le vertige a posteriori. Ils se rendent compte du risque qu'ils viennent de prendre, de l'imprévisibilité de l'avenir, de la folie de leurs promesses. Ils « sont condamnés à des noces d'or et cela leur pèse comme du plomb », dit F. Quéré.

II. L'ASPIRATION OBSESSIONNELLE AU MARIAGE

Il arrive souvent qu'une jeune fille confonde l'amour avec l'aspiration au mariage. Se marier devient pour elle une véritable *idée fixe*. Elle voudrait échapper aux contraintes d'une célibataire, être considérée comme une adulte et non plus comme une enfant, s'assurer un avenir sentimentalement sûr et exempt de solitude, avoir des enfants et être ainsi une femme « complète ». D'ailleurs ses parents lui communiquent parfois subtilement leur propre inquiétude de voir qu'elle n'est pas encore « casée » : « Ta grand-mère aimerait tant voir ton mariage avant de mourir... »
Parfois elle a peur d'être laissée pour compte, montrée du doigt comme vieille fille. Se marier montrerait sa capacité de séduction. Elle est souvent plus obsédée par la portée sentimentale et symbolique de la journée des noces que par la vie à deux.
Seule, elle se sent incomplète, incapable de vivre sans la sécurité du mariage, dépendante pour son bonheur de la présence d'un autre. Pour elle, avoir une alliance au doigt est presque une question de vie ou de mort. Elle devrait se demander si elle est prête, le cas échéant, à accepter la vie de célibataire et à y prendre plaisir. Sinon, *elle n'est pas prête pour la vie à deux*. Son couple sera forcément fragile si elle ne se sent pas *complète en elle-même*, si elle ne peut rien *apporter* à son mari, mais seulement lui *prendre*.
Une jeune femme qui a été ainsi longtemps obnubilée par le mariage et qui vit à présent des difficultés dans son foyer, aurait avantage à affirmer sa personnalité, chercher la sécurité en elle-même et non en l'autre, mieux se connaître, identifier ses faiblesses et ses points forts. Une fois plus sûre d'elle, elle sera capable d'aimer aussi son mari pour lui-même.

III. LE MARIAGE DE TRÈS JEUNES GENS

Se marier jeune, même si c'est moins fréquent de nos jours, peut sembler passionnant et romantique ; hélas, le nombre des divorces est très élevé parmi les couples juvéniles, que le psychanalyste Tony Anatrella[3] nomme « les bébés-couples ».
Pourquoi s'unissent-ils si jeunes ?
Souvent c'est pour fuir une ambiance familiale jugée invivable ; ils voient leurs parents se séparer ou se disputer, et se marier leur semble un moyen de « réparer » l'échec de leurs parents et de réussir là où ils ont échoué. Un enfant, quel que soit son âge, *cherche toujours à être le thérapeute de ses parents.*
Ou bien, la relation amoureuse est leur *antidépresseur.* Elle leur permet, dans cette période tourmentée de la post-adolescence, d'éviter l'expérience du vide, de la solitude, du manque. Elle aurait donc, d'après cet auteur, *la même fonction que la drogue*[4]. Mais que serait, demandait le poète R. M. Rilke[5] « l'union de deux êtres encore imprécis, inachevés, dépendants ? »
Ou bien ils sont impatients de vivre ensemble, veulent tout et tout de suite, mais ils ne connaissent rien de la vie. Ils ignorent que le mariage fait naître des problèmes qu'ils devront surmonter. Ces jeunes mariés infantiles s'appellent souvent « mon bébé ». Ils passent sans transition de leur peluche préférée à leur conjoint.
Comme ils n'ont pas pris le temps de bien se connaître, les traits de caractère de l'autre qui leur semblaient attirants peuvent devenir vite irritants. Ne sachant pas communiquer, leurs querelles sont de type enfantin : c'est celui qui crie le plus fort qui gagne. La plus anodine des disputes se termine par des bouderies sans fin.
Cela est dû au fait que leur vie affective n'est *pas encore arrivée à maturité.* S'ils ont vingt ou vingt-deux ans, ils sont en train d'opérer un premier remaniement affectif de leur personnalité adolescente. Mais un second remaniement affectif se produira vers vingt-six ou vingt-huit ans. Et donc ce qu'ils sont dans la

vingtaine risque fort d'être tout à fait différent dans la trentaine. Le jeune homme qui, à vingt ans, est fort, discret et fiable, deviendra peut-être un adulte replié sur lui-même, égoïste et taciturne. La jeune fille insouciante et enjouée se révélera à vingt-huit ans totalement irresponsable et incapable de gérer un budget.

Les sondages montrent que les unions entre deux jeunes qui se sont fréquentés moins d'un an se rompent davantage que celles où les fréquentations, ayant duré plus d'un an, leur ont permis de bien se connaître et d'être sûrs de leur choix.

Par ailleurs, le fait de s'être épousés jeunes crée le vide autour d'eux : leurs amis encore célibataires n'osent plus les inviter, craignant de les déranger. Les couples jeunes ayant peu de revenus découvrent que la vie quotidienne est coûteuse. Des disputes s'élèvent au sujet du budget, des dépenses inconsidérées. Le manque d'argent peut même les contraindre à loger chez les beaux-parents avec les tensions, les frustrations, le manque d'intimité et la culpabilité que cela entraîne.

Sur le plan sexuel, les couples jeunes ne sont souvent pas très confirmés dans leur identité féminine ou masculine. Angoissés par leur inexpérience, 25% environ d'entre eux rencontrent des difficultés dans ce domaine. Le problème essentiel est de parvenir à mettre en place une contraception efficace.

En effet *une grossesse* survenant chez des conjoints immatures perturbe sérieusement leur vie quotidienne. Financièrement, leurs revenus, déjà faibles, seront encore réduits si la jeune femme cesse de travailler. Sur le plan affectif, ce sont deux « grands enfants » qui vont devoir s'occuper d'un autre enfant. Le jeune père supporte parfois mal de voir sa compagne monopolisée par les soins au bébé.

En conclusion, si on se marie très jeune, on forme un premier foyer qui permet de poursuivre une maturation qui ne s'est pas encore faite. Ce premier couple permet de se séparer de ses parents ; c'est une sorte de crise d'adolescence retardée qui ne s'était pas produite. Les jeunes apprennent à renoncer à la sécurité et à la protection parentales et deviennent capables d'une relation plus mature. Ces « bébés-couples » qui se séparent mettent en réalité en acte une *séparation psychique* d'avec *les images intériorisées de leurs parents*. Il leur sera plus difficile encore de se lancer à nouveau dans une deuxième aventure conjugale.

De nombreux couples très jeunes parviennent cependant à rester ensemble, s'ils apprennent à communiquer, échanger, se connaître eux-mêmes, comprendre l'autre, etc. Chacun doit apprendre à être bien, à se sentir « complet », quand l'autre est là, mais « complet » aussi quand l'autre n'est pas là.

IV. LA JALOUSIE

Le « plus grand de tous les maux » selon Stendhal, se résume en une crainte, fondée ou non, que l'être aimé nous abandonne au profit d'un autre. Une jalousie occasionnelle et limitée est normale, et elle est même une marque de l'amour. Mais elle devient pathologique quand elle est obsessionnelle. C'est alors un poison mortel, qui nuit à de nombreux couples.

Elle trouve sans doute son *origine* dans la tendre enfance : si on a mal supporté l'arrivée d'un petit frère ou d'une petite sœur, on peut vivre à l'âge adulte dans la crainte que l'amour dont nous sommes l'objet nous soit retiré et soit accordé à un autre.

L'origine de la jalousie est donc la *possessivité*, celle-ci étant l'extériorisation d'un sentiment d'insécurité : on est possessif quand on n'est pas sûr de soi, quand on ne s'aime pas soi-même, qu'on a peur d'être abandonné et qu'on a besoin d'être aimé par l'autre pour être convaincu de sa propre valeur.

Aimer un être de manière possessive n'est pas aimer véritablement ; c'est seulement le fait d'avoir besoin de cette personne.

En fait, plus un homme est possessif, moins sa femme est portée à l'aimer ; moins une femme est pathologiquement soupçonneuse, plus son mari est porté à l'aimer. On demande parfois une telle sécurité affective à l'autre, qu'on l'emprisonne pour qu'il ne s'échappe pas.

C'est le plus sûr moyen de le voir prendre ses distances, dans un

mouvement réflexe de survie psychique !
Dans un couple, parce que la confiance y règne, chacun devrait être laissé libre d'être lui, libre d'aller et venir, sinon c'est la sclérose. Il n'y a alors plus de *rencontre de l'autre* dans la différence, mais seulement *l'emprise sur l'autre* comme s'il était une partie de soi.
Il est très important que l'homme et la femme soient séparés, dans le sens d'une *séparation psychique*, d'une *reconnaissance de l'altérité* de chacun.
Le jaloux est *obsédé par la pensée de l'infidélité sexuelle* (réelle ou imaginée) de son partenaire. Il est soupçonneux, accusateur, colérique, jusqu'à s'en rendre malade. Il existe même des « jaloux rétrospectifs » qui sont tourmentés par les liaisons amoureuses antérieures du conjoint... La jalousie n'est pas du tout un critère de fidélité, bien au contraire ! Le jaloux l'est d'autant plus qu'il pense à ses propres infidélités, ou tentations d'infidélité. Sa sexualité se caractérise par l'excès, l'hostilité, le désir de revanche voire le sadisme.
Dans beaucoup de cas, il a conservé dans sa mémoire le souvenir d'un père ou d'une mère infidèle. Le mari jaloux confond donc son épouse avec sa mère infidèle, et la femme jalouse confond son mari avec son père infidèle.
Certaines personnes suscitent exprès l'inquiétude de leur partenaire, pensant ainsi raviver la passion amoureuse : elles sont insaisissables, cultivent leur jardin secret, répondent évasivement aux questions sur leur emploi du temps, etc. Mais ce petit jeu est dangereux.
Le jaloux est difficile à soigner car il ne désire pas vraiment guérir. Il perçoit les risques de sa « maladie », mais ne peut s'en guérir, tout comme un drogué ne peut se défaire de sa drogue. Rien ne sert de le raisonner, puisque ses tourments sont précisément irrationnels.
Si sa jalousie est vraiment obsessionnelle, il peut envisager *une psychothérapie* visant à en rechercher les facteurs sous-jacents et le personnage de son enfance auquel s'adresse en réalité ce sentiment. Le thérapeute l'aidera aussi à être moins possessif, en

subvenant à ses propres besoins d'amour et d'estime ; il l'aidera à développer sa confiance en lui, sa tolérance à la frustration, et à comprendre que son conjoint est libre, qu'il n'est pas sa chose, son jouet, son esclave, son pansement.

V. UN DES CONJOINTS SOUFFRE D'UNE DÉPENDANCE

De nombreuses personnes sont, parfois sans en être conscientes, sous l'emprise d'un *produit*, d'une *activité* ou d'une *personne*. Outre le tabagisme, l'alcoolisme (dont nous parlerons en détail), ou la toxicomanie qui sont clairement décelables, vous penserez à une éventuelle dépendance de votre partenaire dans les cas suivants : abus de tranquillisants, de nourriture, d'activités professionnelles, sportives, ecclésiales, intoxication à la télévision, à Internet, à l'ordinateur, etc.

Certains *critères* vous permettront de savoir si votre conjoint est dépendant ou ne l'est pas : cherchez à savoir si sa « drogue » lui procure le plaisir, la toute-puissance, l'atténuation de l'angoisse (surtout celle de la mort) et des tensions de l'existence. Demandez-vous si sa dépendance suit un processus : il croit la maîtriser, mais en réalité plus le temps passe, plus il en est esclave. Voyez s'il souffre lorsqu'il est « en manque », si sa dépendance a une allure d'obsession qui l'éloigne de toute autre activité ou relation, et s'il se reconnaît totalement incapable de pas y succomber.

La dépendance de l'un des époux est souvent mal supportée par l'autre.

Sur le plan *affectif*, il se sent abandonné, trahi, trompé, comme si l'autre commettait l'adultère avec l'objet de sa passion. Il passe des soirées ou des week-ends seul.

Mais ce sont les conséquences *psychologiques* qui sont les plus pénibles pour l'équilibre du couple : le non dépendant doit supporter les sautes d'humeur, l'état de manque, la somnolence, etc. de l'autre. Constatant que la discussion raisonnable et le dialogue sont inutiles, il essaie le chantage, les menaces de rupture, mais rien n'y fait, il se sent impuissant. Il connaît les risques et craint pour la santé de son conjoint, surtout pour le tabac, l'alcool et la drogue. Il l'aime et veut donc respecter sa liberté, mais il craint la survenue d'un cancer, d'une cirrhose ou d'une overdose.

Si votre conjoint est dépendant, y a-t-il un espoir d'amélioration ? La réponse est oui, mais un *oui très nuancé* : cette libération n'est ni garantie (tous n'y parviennent pas), ni facile, ni rapide. Pourquoi ? Parce que tous ces assujettissements sont des *symptômes d'un profond mal-être*. Si l'on se contente de faire disparaître les symptômes, le mal-être, lui, subsiste, et votre partenaire va simplement devenir esclave d'autre chose. Les psychologues disent que « le symptôme tourne ».

Encouragez-le donc à *cerner la nature de ce mal de vivre*, de cette insécurité intérieure et à consulter, dans les cas graves, un psychothérapeute. Cela vous évitera de prendre sur vous la responsabilité de le guérir.

Mais parfois un *dialogue* à cœur ouvert avec lui peut être suffisant. Par exemple, s'il est accro à la télévision, à l'ordinateur, à Internet, au téléphone, est-ce parce qu'il craint le silence, qu'il n'a plus rien à vous dire, qu'il s'ennuie avec vous ? Traverse-t-il des difficultés qu'il confie au téléphone à des amis parce qu'il a peur que vous ne le compreniez pas ou que vous le méprisiez ? Est-il un drogué du travail parce qu'il pense ainsi obtenir une promotion et donc vous faire plaisir ? Il est dommage que des malentendus venant de non-dits soient à l'origine d'assujettissements destructeurs.

S'il refuse tout dialogue qu'il considère comme une atteinte à sa liberté, il vous faudra alors une énorme dose de patience et de tolérance pour supporter cette situation sans rien pouvoir faire, jusqu'au jour où il décidera lui-même de changer.

Peut-être devrez-vous un jour lui lancer un ultimatum, si vous voulez préserver votre santé psychique.

Certaines erreurs sont en tout cas à éviter, comme l'agresser verbalement, le culpabiliser, ou tenter un sevrage de force, en jetant toutes ses cigarettes ou en déréglant son ordinateur !

VI. L'ALCOOLISME

Une femme dont le mari boit est souvent incapable de reconnaître qu'il est réellement malade. En moyenne elle attend *sept ans* avant d'admettre qu'il est éthylique, et encore deux ans avant de chercher de l'aide. Elle croit à tort qu'il finira par s'arrêter de boire tout seul. Mais la réalité est que neuf alcooliques sur dix boivent jusqu'à la mort.

Il y a une autre réalité déconcertante : bien que ce soit elle qui souffre le plus du comportement de son mari, c'est aussi elle qui le *protège* le plus.

Croyant bien faire, elle répare ses bêtises, et il continue ainsi à boire en toute tranquillité, sauf pendant quelques périodes de sobriété qui laissent planer un (faux) espoir de guérison. Mais il boit de plus en plus, et l'épouse, se croyant responsable, elle, de le guérir (c'est le signe qu'elle est codépendante, voir au point 8), culpabilise et déprime.

Elle a du mal à comprendre qu'elle devrait *le laisser subir les conséquences de son alcoolisme* et l'inciter, lui, à se soigner. Elle est alternativement Sauveteur, Victime et Persécuteur.

Neuf femmes sur dix restent avec leur mari, pas forcément par amour, mais par nécessité économique, par culpabilité ou par crainte de nouer une nouvelle relation, après tant d'années d'isolement émotionnel.

Lorsque c'est *la femme qui est alcoolique*, c'est souvent vers la quarantaine qu'elle le devient, du fait de l'oisiveté, de la solitude, d'une existence vide et morne. Le plus souvent, quand son mari se rend compte de la gravité de son éthylisme, il l'abandonne.

Nous invitons les lecteurs désirant en savoir plus sur l'aide à apporter à un alcoolique à consulter notre *Manuel de relation d'aide*.

« Pendant les trente-six premières années de notre mariage, mon mari a mené une vie très active. Il buvait sans excès, n'était jamais ivre, et par son intense activité physique éliminait les brumes de l'alcool. Puis, les huit années suivantes, une opération a provoqué des souffrances intenses conti-

nuelles et il a baissé totalement les bras. L'alcool a embrumé son esprit et son corps. J'ai fait une dépression. Je ressentais à la fois de la haine, du mépris, de la révolte, mais aussi l'espérance que les choses changent. J'ai beaucoup prié car il refusait de se faire soigner pour son éthylisme.
Récemment, il a dû se faire opérer en urgence d'une pancréatite aiguë qu'il s'est créée en buvant. Il ne doit plus prendre une seule goutte d'alcool... Jusqu'ici il n'a plus bu. Entre nous deux il y a un échange d'idées, des discussions sur son problème, alors qu'avant il refusait d'en parler. Il sait qu'il peut rechuter et à ce moment consentira à se faire aider par un spécialiste. Je sais et il sait que ce sera dur, mais nous sommes deux pour lutter... »

Ce témoignage montre qu'un buveur doit parfois en arriver à une situation extrême pour accepter de se faire soigner.

VII. UN DES CONJOINTS EST CODÉPENDANT

Le conjoint d'une personne souffrant de troubles psychiques ou d'une dépendance peut devenir codépendant, c'est-à-dire sacrifier sa vie, ses propres besoins, pour tenter de sortir cette personne de ses problèmes (sans y arriver d'ailleurs).
La codépendance est une conduite pathologique consistant à *se laisser affecter par le comportement d'autrui* au point d'être obsédé par *le désir de le transformer et de contrôler son comportement*. La seule façon de *cesser d'être codépendant*, c'est de commencer à *devenir indépendant*.
Quelqu'un peut être codépendant non seulement au sein du couple, mais en tout temps et partout, avec tout le monde. Il peut être obsédé par un besoin maladif de prendre en charge un adolescent délinquant ou toxicomane, une tante névrosée, une collègue divorcée, une voisine boulimique, une cousine anorexique, un patron déprimé, etc.
La codépendance est une tendance *très répandue chez les chrétiens.*

Pourquoi une personne codépendante crée-t-elle un climat conflictuel dans un couple ? Parce qu'elle fonctionne dans le triangle Sauveteur-Persécuteur-Victime et que ce triangle est destructeur. Le codépendant est obsédé par la première partie du commandement de Jésus « Tu aimeras ton prochain comme toi-même » au point d'en oublier de s'aimer lui-même. Il va donc lui être difficile de connaître l'harmonie conjugale s'il ne s'aime pas lui-même, s'il ne sait pas profiter des plaisirs de la vie et s'il se rend malade à se faire du souci pour les autres.
Melody Beattie, ex-alcoolique devenue psychothérapeute, donne les conseils suivants[6] :

- Prenez de la *distance* par rapport aux personnes qui vous causent un souci excessif.
- Cessez de *ré-agir* à ce que font ces personnes, et *agissez* pour vous-même.
- Ne cherchez plus à *les contrôler*, car ce faisant c'est *vous qui êtes contrôlé* par leurs problèmes.
- Ne cherchez pas la source du bien-être chez les autres, car elle se trouve en Dieu et en vous.
- Occupez-vous de vous-même, et laissez les autres se prendre en charge eux-mêmes. Ils sont responsables de leur vie.

VIII. UN DES CONJOINTS EST UNE PERSONNALITÉ DIFFICILE

Une personnalité est dite *difficile* lorsque certains traits de son caractère sont trop figés ou trop marqués, pas adaptés aux situations, et qu'ils génèrent de la souffrance pour elle-même ou pour autrui.
Quand on est au début de la vie commune, on ne s'alarme pas des légères tendances à la déprime, à l'obsession ou à l'anxiété de son mari ou de sa femme. On les supporte avec un léger agacement, en pensant que cela va passer. Mais les mois, les années passent et rien ne s'améliore. Un jour on se sent submergé par la problématique de l'autre, et l'on s'effondre, ne voyant plus d'issue positive possible.

Pour éviter à des couples d'en arriver là, nous résumons ici les caractéristiques des personnalités difficiles les plus courantes selon le DSM-IV[7], et la conduite à tenir avec ces personnes, donc éventuellement avec votre mari ou votre femme.
C'est une illusion de croire que ces pathologies disparaîtront toutes seules. C'en est une autre de croire que vous pourrez changer, guérir votre conjoint. Nul ne peut s'improviser psychothérapeute, et surtout pas d'un proche.
La première chose à faire, c'est *l'accepter tel qu'il est*. Il n'a pas choisi sa personnalité difficile : qui choisirait volontairement d'être paranoïaque ou anxieux ?
Cherchez aussi à *comprendre* les croyances erronées qui sous-tendent ses conduites et, à ses yeux, les légitiment.
Simultanément, apprenez à *vous protéger*, à poser vos limites le plus tôt possible.
Mais si en dépit de tout, votre vie commune devient intenable, une solution positive est d'essayer de **le persuader** (en douceur et avec diplomatie...) **de consulter** un **psychothérapeute** ou un **psychiatre**. Ce point est essentiel, et il est valable pour toutes les personnalités difficiles décrites ci-dessous.

1. Votre conjoint est dépressif

Il voit le côté sombre des situations, les risques possibles, surévalue l'aspect négatif et minimise l'aspect positif. Son humeur est habituellement triste, même en l'absence d'événements défavorables.
Il n'aime pas la vie et parfois préférerait ne jamais avoir existé. Il éprouve peu de plaisir, même dans les activités ou les situations généralement considérées comme agréables (loisirs, fêtes). Il se dévalorise, se sent inapte ou coupable, même si les autres l'apprécient.
Il a une vision négative de lui-même («Je ne suis pas à la hauteur»), du monde («La vie est dure et injuste») et du futur («Les choses vont mal tourner pour moi et pour mes proches»).
Si votre époux est de nature dépressive, rappelez-lui par des exemples concrets que son pessimisme a été démenti maintes

fois dans sa vie. Comme il n'en prendra pas lui-même l'initiative, entraînez-le dans des activités agréables, à sa mesure. Prouvez-lui que vous l'appréciez.
C'est l'un des troubles qui peut le plus bénéficier de l'aide d'une psychothérapie.
Ne lui dites surtout pas de « se secouer », cela ne sert à rien. Ne blâmez pas sa passivité et ne lui faites pas la morale : vous ne reprochez pas à un myope de voir flou… Ne vous laissez pas contaminer par sa morosité, gardez votre propre vie en restant gai et optimiste.

2. Votre conjoint est narcissique

S'admirer un peu est nécessaire, cela s'appelle l'estime de soi et procure de l'assurance. Mais le narcissique, lui, a le sentiment d'être exceptionnel, d'avoir un charme fou et de mériter plus que les autres. Très soucieux de son apparence physique, il ambitionne des succès éclatants dans le travail et auprès du sexe opposé.
Il cherche sans cesse à accaparer l'attention, à recevoir des compliments, s'attend à des privilèges et des passe-droits, est en colère lorsqu'on lui manque d'égards. Les règles s'appliquent aux gens ordinaires, pas à lui. Il exploite et manipule pour parvenir à ses buts.
Les émotions des autres le touchent peu, et il se montre jaloux de leur réussite. Il a donc peu d'amis.
Si vous vivez avec quelqu'un qui pense être la huitième merveille du monde, montrez-lui votre approbation uniquement quand celle-ci est sincère et méritée et expliquez-lui pourquoi les autres ne le trouvent pas si exceptionnel qu'il le pense. Si vous devez le critiquer, comme il est très susceptible, n'attaquez pas son être, mais uniquement un comportement précis.
Un partenaire centré uniquement sur lui-même est énervant, irritant, parfois insupportable. Donc, relaxez-vous. Après tout, vous l'avez épousé parce qu'il avait quelques qualités, non ?
Soyez attentif à ses tentatives de vous manipuler, que ce soit par la peur, la flatterie ou la culpabilité.

Ne vous attendez pas à la réciprocité, au donnant-donnant. Evitez l'erreur de penser : « Plus je serai gentil(le), plus il le sera ». Ça ne pas marche pas avec les narcissiques !

3. Votre conjoint est dépendant des autres

Dépendre un peu d'autrui est normal. Ecclésiaste 4.9-10 dit que « deux valent mieux qu'un… car s'ils tombent, l'un relève son compagnon ; mais malheur à celui qui est seul et qui tombe sans avoir un second pour le relever ! » Chacun de nous doit trouver l'équilibre entre la dépendance et l'autonomie.

Mais le dépendant, lui, a un besoin maladif d'être sans cesse soutenu et rassuré par les autres, et surtout par vous : il laisse les autres prendre les décisions pour lui ou n'en prend pas sans avoir leur accord, suit le mouvement plutôt que de proposer une activité, n'aime pas être seul ou faire les choses seul.

Sa grande peur est de *perdre le lien avec autrui.* Donc, par crainte de déplaire, il dit toujours oui, ressent de l'angoisse si on le désapprouve et si on le critique, accepte les corvées pour plaire à son entourage, est très perturbé par toute séparation. Il épouse en général un partenaire dominateur et possessif. Les femmes battues restent malgré tout avec leur mari violent ou alcoolique parce qu'elles sont incapables de vivre seules.

Si votre conjoint ne sait pas gérer sa vie tout seul, renforcez ses initiatives plutôt que ses réussites et aidez-le à banaliser ses échecs. Quand il vous demande conseil, avant de lui répondre, demandez-lui d'abord ce qu'il en pense, lui.

Incitez-le à *multiplier ses activités*, ses relations, il dépendra moins de vous seul.

Ne prenez surtout pas les décisions à sa place, même s'il vous le demande instamment, cela le rendrait de plus en plus tributaire de vous et augmenterait son sentiment d'incapacité. Lorsqu'enfin il ose prendre une initiative, ne le critiquez pas si celle-ci est un échec, mais encouragez-le pour avoir osé agir par lui-même. S'il doit devenir un peu plus indépendant, sachez que cela ne se fera que très progressivement, aussi armez-vous d'une patience infinie…

4. Votre conjoint est hyperstressé

Il lutte contre le temps, est impatient, soucieux d'aller toujours plus vite, et ne tolère pas la lenteur des autres. L'existence est une compétition, il a tendance à vouloir toujours gagner, même une discussion ou un match de tennis amical. Sa vie, c'est l'action : il travaille beaucoup, surcharge son agenda et déteste l'inactivité pendant les vacances ou le week-end.

C'est une tornade blanche qui court après le temps, qui ne supporte pas les files d'attente ou les embouteillages. Il avale plus qu'il ne mange, court plus qu'il ne marche, parle si vite qu'il en bégaie, et il termine même les phrases des autres à leur place. Il sacrifie parfois sa vie familiale à sa réussite professionnelle et provoque des conflits du fait de son autoritarisme et de son hostilité envers ce qu'il nomme « les lents et les mous ».

Si vous vivez avec un stressé, puisqu'il s'irrite d'attendre, soyez ponctuel, évitez les oublis, cela le gardera de bonne humeur. Affirmez-vous chaque fois qu'il tente de vous contrôler, refusez qu'il vous donne des délais trop courts pour accomplir une tâche, peu à peu il apprendra à vous respecter.

Faites-lui découvrir les plaisirs simples d'une partie de pétanque (sans compétition !), d'une demi-heure de farniente allongé au soleil dans l'herbe, d'une promenade dans la forêt.

Si vous devez débattre d'un sujet avec lui, souvenez-vous que pour lui débat égale compétition, il voudra donc « gagner », avoir le dernier mot. D'ailleurs tout est pour lui objet de rivalité : il veut faire la meilleure plaisanterie, skier mieux que les autres, être le plus bronzé. Ne le surstressez pas, il le fait déjà très bien lui-même, soyez plus sage que lui !

Le risque principal lorsqu'on vit avec un stressé qui a ce que les psychologues appellent un comportement de Type A, c'est qu'il meure prématurément de *problèmes coronariens* : les Types A ont deux fois plus de risques cardiaques que les Types B (les personnes très calmes). Faites-lui part de vos craintes pour sa santé, et incitez-le à suivre un programme de gestion du stress.

5. Votre conjoint est obsessionnel

Perfectionniste, il porte une attention exagérée aux détails, aux procédures, à la vérification et à l'ordre. *Têtu*, il insiste obstinément pour que les choses soient réalisées comme il l'entend. Il fait preuve de froideur émotionnelle dans ses relations. Très consciencieux et *scrupuleux*, il hésite avant de prendre des décisions, par peur de commettre une erreur.

Il est convaincu que « les choses doivent être faites parfaitement », que « l'improvisation et la spontanéité ne donnent rien de bon », que « tout irait mieux si on respectait les règles », et que « les gens n'étant pas fiables, il faut vérifier ce qu'ils font ».

Si vous vivez avec un obsessionnel, montrez-lui que vous appréciez son sens de l'ordre et la rigueur, car il est persuadé d'agir au nom du bien. Respectez le besoin qu'il a d'organiser et de prévoir. Il a horreur d'une tâche imprévue, nouvelle, ou à accomplir rapidement donc imparfaitement.

Quand il se montre vraiment trop pointilleux sur des détails, ne vous énervez pas, car il pense agir pour le bien, mais démontrez-lui par A plus B, avec autant de détails que lui, pourquoi sa méthode a plus d'inconvénients que d'avantages.

Montrez-vous fiable, tenez vos promesses, arrivez à l'heure, cela vous évitera d'être taxé d'irresponsable.

Tout contrôler, vérifier, viser la perfection, c'est exténuant ! Alors aidez-le à découvrir comme c'est bon de se détendre, de jouer, de faire du sport, de ne rien faire, entraînez-le en lui montrant l'exemple. Au fond, il ne demande que ça... mais il n'ose pas se le permettre.

Laissez-lui accomplir les tâches qui ennuient le commun des mortels mais qui le feront jubiler, comme gérer les comptes de votre ménage, régler vos factures, remplir les feuilles d'impôts. Là, ses défauts seront des qualités.

Ne vous laissez pas asservir à son ordre sacro-saint et *sachez dire stop à sa manie du rangement* : sans le vouloir, il peut devenir un vrai tyran. Réservez-vous un coin dans la maison où vous avez droit à *votre* désordre, votre bureau par exemple.

Ne l'embarrassez pas par trop de cadeaux, de témoignages d'affection et de reconnaissance. Ce n'est pas qu'il y soit insensible, mais il se sentira en dette et obligé de vous rendre la pareille, or il lui est très difficile d'exprimer des paroles ou des attitudes chaleureuses.

6. Votre conjoint est schizoïde (solitaire)

Précisons que la schizoïdie *n'est pas* la schizophrénie, qui est une psychose caractérisée par une désagrégation psychique, la perte du contact avec la réalité et le repli sur soi, et nécessite le recours à un psychiatre. Les deux mots ont cependant en commun la même racine grecque *schizo* : coupé du monde.

Le schizoïde choisit surtout des activités *solitaires*, et ne recherche pas la compagnie des autres. Il n'a donc que très peu d'amis et ne se lie pas aisément. Il paraît insensible aux éloges ou aux critiques d'autrui, impassible, détaché du monde, mystérieux, sur une autre planète. Même en société, il semble toujours « être ailleurs ».

Le comprendre est difficile, car il se livre peu. Sa conviction est qu'il n'est pas comme les autres, et que la vie sociale est source de complications. Les autres étant imprévisibles, indéchiffrables, donc fatigants, mieux vaut les éviter et rester isolé dans son coin. Il est autonome, aime rêver et travailler seul. On trouve parmi ces solitaires de nombreux informaticiens, écrivains, chercheurs, artistes ou créateurs.

Si vous partagez la vie d'un schizoïde, comprenez que la compagnie des autres le fatigue, et respectez son besoin de solitude : c'est son oxygène, ce qui le reconstitue.

Mettez-vous à l'écoute de son univers intérieur qui est souvent très riche, interrogez-le avec tact et discrétion, et avec un peu de patience vous découvrirez chez lui des trésors de sensibilité cachée et d'originalité.

Vous le trouvez trop silencieux ? Appréciez-le pour le calme, la concentration, le repos qu'il vous procure.

N'attendez pas de lui ce qu'il est incapable de vous donner, c'est-à-dire des démonstrations émotionnelles intenses. *Acceptez-le tel qu'il est*, c'est un des secrets de l'harmonie de votre couple.

S'il n'écoutait que sa tendance naturelle, le schizoïde finirait en ermite, totalement coupé de la société. Mais il est marié, alors acceptez le fait que c'est vous qui êtes responsable de la vie sociale de votre couple : emmenez-le de temps en temps chez des amis, faites-lui rencontrer des personnes s'intéressant aux mêmes domaines que lui. Peu à peu il prendra davantage goût aux relations sociales.
S'il entreprend une psychothérapie, il ne deviendra certainement pas un boute-en-train, mais apprendra du moins à s'affirmer et à communiquer plus aisément avec vous et avec les autres.

7. Votre conjoint est passif-agressif

Il résiste généralement aux exigences des autres, que ce soit au travail ou avec ses amis, et aussi aux vôtres. Il critique les figures d'autorité, discute les ordres, ne tolère pas d'être commandé. Mais cette résistance est passive et s'effectue de manière détournée, en faisant traîner les choses, en sabotant, en oubliant, en se plaignant d'être incompris. Il ergote sur des détails, insiste sur les problèmes à venir, s'enferme dans une attitude négativiste.
Si vous le contrariez, sans rien vous expliquer, il se met à bouder et s'enferme dans le silence. Ses croyances sont « qu'il mérite mieux que ce qu'il a », « que les autres veulent toujours le dominer ». Il a comme règle de ne jamais se laisser faire, et de résister de manière indirecte car « il risque trop à dire ce qu'il pense ». Une de ses devises est : « Si on ne me demande pas quelque chose gentiment, je m'arrange pour ne pas le faire », une autre : « Plus on me presse, plus je vais lentement ».
Cette attitude passive-agressive vient parfois du fait d'avoir eu *un père trop autoritaire* auquel il ne pouvait s'opposer par peur de ses réactions violentes. Par la suite, dans la vie adulte, toute figure d'autorité lui rappelle son père, et il va s'y opposer sournoisement, exprimer son agressivité de manière passive, afin de ne prendre aucun risque.
Si votre époux est passif-agressif, il est très *susceptible*, et sen-

sible à tout ce qui ressemble à un manque d'égards. Donc soyez toujours très aimable et compréhensif avec lui.
Demandez-lui son avis chaque fois que c'est possible, car il a horreur de devoir accepter une décision avec laquelle il n'est pas d'accord.
Incitez-le à vider les petits abcès de la vie quotidienne, à exprimer ouvertement son agressivité et ses opinions, au lieu de faire de l'opposition passive.
En tous cas, ne faites pas comme si vous n'aviez pas remarqué qu'il fait la tête. Considérez chaque bouderie, chaque mouvement d'humeur maussade comme *un message codé* qu'il vous envoie, et dites-lui : « Tu as l'air de m'en vouloir, qu'est-ce qui se passe ? »
Ne le critiquez pas comme un parent critique son enfant, ne lui faites pas la morale, cela lui rappellerait l'autorité de son père et il le prendrait très mal. Contentez-vous de décrire ce qui dans son comportement vous contrarie.
Enfin, ne vous laissez pas entraîner dans une escalade de représailles, de vengeance, de riposte. Votre vie conjugale deviendrait vite un enfer. Revenez au secret numéro un : incitez-le *à exprimer clairement ce qu'il a sur le cœur.*

8. Votre conjoint est anxieux

Il se fait du souci trop fréquemment ou de manière trop intense pour les risques quotidiens, que ce soit pour lui-même, pour vous ou pour ses proches. Il est trop tendu physiquement, et guette tout ce qui risque de mal se passer : il anticipe anxieusement les dangers potentiels. Il souffre en quelque sorte d'un réglage trop sensible de son système d'alarme.
Il est convaincu que le monde est dangereux, qu'il a raison d'être vigilant, d'anticiper les problèmes et de prévoir le pire. S'il n'a pas de souci, il s'en fabrique : et si un jour ma femme ne m'aimait plus ? Et si tous mes enfants étaient stériles et que je meure sans descendance ? Et si un avion s'écrasait sur ma maison ?
Cette anxiété généralisée peut lui causer des palpitations, des sueurs, une boule dans la gorge, des contractures musculaires,

des troubles du sommeil ou de l'irritabilité, des attaques de panique.
Montrez-lui que vous êtes aussi fiable et solide que l'Everest. S'il pense que l'univers risque à tout moment de tomber en panne, qu'il soit certain que la panne ne viendra en tous cas pas de vous.
Si ses appréhensions vous énervent parfois et que vous vous laissez aller à ironiser à ce sujet, ne le faites qu'avec gentillesse puis excusez-vous : c'est sa nature, et croyez bien qu'il préférerait ne pas être angoissé.
Par contre, il a des moyens d'agir en vue de diminuer son anxiété : incitez-le à consulter un spécialiste.
Ne le laissez pas vous rendre esclave de ses peurs. Si par exemple les circuits touristiques l'effraient, ne renoncez pas, pour le restant de vos jours, à votre rêve de visiter l'Egypte ou la Grèce. Pendant ce temps-là, votre douce moitié ira tranquillement chez des amis ou dans sa famille, ou... fera un stage de relaxation !
Evitez de jouer avec ses nerfs, vous le feriez paniquer à coup sûr. Ne lui dites pas que votre entreprise organise un stage obligatoire de saut à l'élastique...
Ne partagez pas avec lui vos inquiétudes personnelles, il a déjà du mal à gérer ses propres soucis, réels et imaginaires. Evitez d'évoquer devant lui tous les malheurs dont vous avez connaissance. Cela le renforce dans la conviction qu'il a bien raison de vivre dans l'angoisse, puisque le pire arrive réellement.

9. Votre conjoint est paranoïaque

Cela se manifeste principalement par deux attitudes, la *méfiance* et la *rigidité*.
■ Il est habituellement plus *méfiant* que confiant : toujours sur ses gardes, il soupçonne les autres de mauvaises intentions envers lui et ne désire pas se confier à eux, craignant que cela ne se retourne ensuite contre lui ; il met en doute leur loyauté, et pense que si on lui fait un compliment, c'est pour obtenir quelque chose de lui.
Il *interprète* toute parole ou attitude comme étant une tentati-

ve pour lui nuire. Il est souvent jaloux, et recherche activement des preuves de votre infidélité.
Il est prêt à des représailles s'il se sent offensé, ce qui lui arrive fréquemment pour des broutilles. Il supporte mal les plaisanteries, l'humour, car il croit en être la cible. Bref il voit le mal et des ennemis potentiels partout. Sa croyance de base est que le monde est plein de méchants qui l'obligent à rester sur ses gardes. Il se sent apaisé quand il découvre un ennemi réel, ce qui lui confirme qu'il avait bien raison de se méfier.
Ce qui est tragique, c'est qu'à force d'être méfiant et hostile envers les autres, il provoque effectivement leur inimitié.

■ Votre partenaire a une seconde caractéristique : sa *rigidité*. Il se montre rationnel et logique et résiste à tous vos arguments, persuadé d'avoir raison. De plus il a peut-être du mal à *manifester de la tendresse* ou des émotions positives. Il peut avoir une mauvaise image de lui-même, et par conséquent une humeur triste. Se sentant faible face aux autres, il pense être menacé par eux.

Si votre conjoint a des tendances paranoïaques, vous aurez sans doute du mal à l'inciter à voir un spécialiste. En effet, il faudrait d'abord pour cela qu'il accorde sa confiance à celui-ci ! Vous pouvez aussi l'aider de diverses façons. D'abord, *exprimez* toujours *clairement* vos motifs, vos intentions, vos critiques, de la manière la moins équivoque possible.
N'attaquez jamais sa personne, son image de lui-même, car il a déjà tendance à se dévaloriser. Mais si vous devez critiquer un de ses comportements, faites-le.
Ce ne sera pas facile car votre conjoint, d'une certaine façon, a tendance à vous faire devenir aussi paranoïaque que lui ! Si vous sentez que l'épuisement et la frustration sont en train de vous faire craquer, que vous êtes à bout, n'hésitez pas : allez voir un spécialiste qui vous apportera conseils, soutien et réconfort.

10. Votre conjoint est histrionique

Le terme *histrionique* (du latin *histrio* : acteur de théâtre) a depuis 1980 remplacé celui d'*hystérique*. On trouve deux

femmes pour un homme dans cette catégorie de personnalité.
Vous repérerez que votre *mari* est histrionique si son souci constant est d'être le point de mire de l'assistance, de séduire par des déclarations enflammées, s'il pique des crises de colère théâtrales suivies de pitreries, s'il donne l'impression d'être toujours en représentation, de « faire son cinéma ». Il y a des chances qu'il soit avocat, acteur, ou bien qu'il travaille dans la publicité, la communication, le syndicalisme ou la politique.
La *femme* histrionique joue un cinéma permanent et dramatise l'expression de ses émotions qui sont très changeantes. Son père était-il inaccessible, distant, et a-t-elle « appris » à jouer la comédie car c'était le seul moyen d'obtenir son attention ? C'est possible.
En tous cas elle cherche intensément à attirer les regards et l'affection de tous par une tenue discrètement provocante, des déclarations théâtrales, des appels à l'aide dramatisés. On a du mal à savoir si elle joue comme une actrice ou si c'est sa vraie nature. Sa conviction est qu'elle doit toujours charmer les autres afin qu'ils l'aident. En effet elle a une image assez dévalorisée d'elle-même et si les autres la remarquent, cela la rassure.
Voici quelques suggestions pour votre vie de couple.
Ne vous énervez pas, ne vous irritez pas lorsqu'elle en rajoute dans l'excessif et la dramatisation ; ce n'est pas un caprice, c'est *son caractère*. Elle est incapable de modifier son comportement inadapté et le répète sans cesse. Si vous la critiquez durement et la rejetez, elle risque de dramatiser encore plus. Donc laissez-lui faire une scène de temps en temps, mais fixez-en les limites.
Montrez votre appréciation et votre intérêt sincère chaque fois qu'elle *se comporte normalement* et tient un discours précis, basé sur les faits et centré sur la résolution concrète des problèmes.
Ne vous étonnez pas si un jour vous êtes à ses yeux le meilleur mari de la terre, et le lendemain le plus minable ayant jamais existé. Elle passe de l'admiration au mépris en une minute. Elle revit peut-être des situations de son enfance où, ne parvenant pas à attirer l'attention d'un père trop idéalisé, déçue, elle se

mettait à le haïr. Ou bien, incapable de supporter consciemment de vraies émotions profondes, elle met en place des sentiments de remplacement.

Ne vous moquez pas d'elle et de son « cinéma », mais appréciez au contraire la variété des scènes qu'elle est capable de vous jouer. C'est bien ce qui vous a séduit lorsque vous en êtes tombé amoureux, non ?

11. Votre conjoint est évitant

Deux traits le caractérisent : l'*hypersensibilité au rejet* et la *dévalorisation de soi.*

Sa grande peur est qu'on le *rejette*, qu'on se moque de lui, qu'on le critique, qu'on le tourne en ridicule. Par conséquent il ne se sent à l'aise qu'avec sa famille ou de vieux amis dont il n'a rien à craindre, refuse les invitations, reste dans un cadre professionnel routinier et pour rien au monde n'oserait demander une augmentation à son patron.

L'évitant *se dévalorise*, a une faible estime de soi et de ses capacités et il dévalue ses réussites. Par crainte d'échouer ou de décevoir les autres en n'étant pas à la hauteur, il se maintient dans un rôle effacé ou dans un poste inférieur à ses capacités.

Ses deux convictions sont : « Je suis inférieur » et « Au contact des autres, je pourrais être blessé ». Pour se faire accepter dans un groupe, il est prêt à tout : il est trop gentil, approuve tout ce que les autres disent, rit à leurs plaisanteries, rend toujours service.

Certains vivent même dans une grande solitude, trop timides pour avoir un quelconque contact avec les autres.

Proposez-lui des objectifs de difficulté très progressive, par exemple d'aller au cinéma ou à la piscine avec une personne qu'il connaît un peu.

Faites-lui sentir que son opinion vous importe vraiment, et qu'il a de la valeur, contrairement à ce qu'il croit. Montrez-lui que vous acceptez la contradiction, et que même si vous n'êtes pas d'accord avec qu'il dit, c'est important qu'il se soit exprimé.

Comme il est hypersensible à la critique, quand vous devez lui faire une remarque, rappelez-lui que trouver à redire à une de ses actions ne signifie pas que vous rejetez sa personne. Au contraire, assurez-le de la constance de votre soutien, et de votre *appréciation inconditionnelle* de son être. Evitez à tout prix d'ironiser, de faire de l'humour, ou de vous énerver, car vous risquez de le blesser cruellement.

[1] On peut lire à ce sujet : Robert Grimm, *Les couples non mariés*, Labor et Fides, 1985.
[2] France Quéré, *La famille*, Seuil, 1990, p. 219.
[3] Tony Anatrella, *Interminables adolescences*, Cerf-Cujas, 1988.
[4] Tony Anatrella, *Non à la société dépressive*, Flammarion, 1993.
[5] R. M. Rilke, *Lettres à un jeune poète, Œuvres en prose*, Seuil, 1966, p. 335.
[6] Melody Beattie, *Comment vaincre la codépendance ?*, Pocket, 1993.
[7] *DSM-IV, Manuel diagnostique et statistique des troubles mentaux*, traduit de l'américain par Guelfi, Pull et Boyer, Masson, 1996. Cette classification de l'Association de psychiatrie américaine, utilisée dans le monde entier, contient tous les critères diagnostiques des différents troubles de la personnalité. Nous nous sommes aussi référés au livre de deux psychiatres, François Lelord et Christophe André : *Comment gérer les personnalités difficiles*, Odile Jacob, 1996.

CHAPITRE 8

DIVORCES, REMARIAGES, FAMILLES RECOMPOSÉES

L'augmentation du nombre des séparations, des divorces et des remariages fait que les familles recomposées sont de plus en plus nombreuses.

Ces couples sont confrontés à des problèmes variés, dus à trois raisons principales :

■ Le conjoint divorcé (ou les deux) s'est remarié sans avoir fait vraiment le deuil de son ancien partenaire ni un « travail sur soi » suffisant concernant les causes de son divorce (point I).

■ Le(s) précédent(s) couple(s) subsiste(nt) longtemps sur le plan de *l'imaginaire* : la présence fantôme de l'ex-conjoint (ou des deux) rôde toujours dans le nouveau foyer (point II).

■ Un conjoint divorcé puis remarié reste le parent de ses enfants toute sa vie, et cela interfère dans la vie de la famille recomposée (point III). En effet chaque époux remarié doit gérer le mieux possible les relations avec :

■ *les enfants qu'il a de son (ou de ses) précédent mariage.* Les problèmes seront différents selon qu'il en a ou non la garde.

■ *ceux que son nouveau conjoint a de son (ou de ses) précédent mariage*, que celui-ci en ait ou non la garde.

■ *ceux qui sont nés de l'union actuelle.*

De plus, les nouveaux époux doivent faire en sorte que les relations entre tous ces enfants (les demi-frères, demi-sœurs, quasi-frères, quasi-sœurs) se passent au mieux.

I. LORSQU'UN DIVORCÉ REMARIÉ N'A PAS FAIT UN « TRAVAIL SUR SOI » SUFFISANT

A. LES CINQ ÉTAPES DU TRAVAIL DE DEUIL

Le divorce met fin à l'attachement intime de deux êtres qui s'étaient unis parce qu'ils s'aimaient et espéraient trouver le bonheur ensemble. En se séparant, ils ont perdu la présence et l'amour de l'autre, la sécurité, la satisfaction de besoins essentiels, affectifs et sexuels, ainsi qu'une certaine image d'eux-mêmes. Le divorce est une grande perte, il faut faire le deuil de ce que l'on a perdu. D'ailleurs sur l'échelle du stress, le deuil d'un époux est à 100, le divorce à 73.

Quelle que soit la manière dont le divorce a été demandé et prononcé, par consentement mutuel ou pour faute, un divorcé doit de toute façon toujours suivre un processus, une démarche intérieure nécessaire à la cicatrisation de la blessure provoquée par la perte de l'attachement. Plus celui-ci était fort, plus la souffrance est intense.

Faire ce travail sur soi, ce travail de deuil, c'est parvenir à l'*acceptation* de la séparation, après avoir éprouvé le *déni*, la *colère*, le *marchandage*, et la *dépression*. C'est un passage obligé pour être en mesure de bien vivre un nouvel attachement. Ce temps est nécessaire pour que la vie conjugale meure dans tous ses aspects psychologiques, affectifs, sexuels et spirituels. Après cette « mort », la personne divorcée peut alors renaître en tant que personne capable d'assumer sa nouvelle destinée.

Parce que personne n'aime la souffrance, la tentation est grande d'essayer d'éviter celle-ci, de faire l'économie de ce travail sur soi, par exemple en s'étourdissant d'activités, en refoulant la douleur, en abusant des tranquillisants, d'alcool ou de nourriture.

Le plus désastreux est de chercher à *se remarier* (ou à cohabiter) *précipitamment*. La rupture ayant été une fracture émotionnelle pénible, on se lance déraisonnablement dans une nouvelle liaison dont on espère réconfort et sécurité. Ou bien on veut ainsi plus ou moins consciemment effacer l'échec et afficher

à l'intention de la société sa capacité à réussir un nouveau couple.
Les relations formées tout de suite après une séparation ont moins de chance de durer, pour plusieurs raisons : on n'a pas pris assez de temps pour réfléchir ; on est très replié sur sa propre douleur, au point d'oublier de satisfaire les besoins de l'autre, et la relation est trop déséquilibrée pour durer (on reçoit sans donner) ; on se sert en fait de la nouvelle personne rencontrée pour combler ses besoins affectifs et sexuels immédiats, ou pour revaloriser son ego, retrouver confiance en soi.
C'est le cas par exemple de ceux qui ont quitté leur famille, las de subir l'autorité parentale et qui se marient en croyant s'en libérer. Mais le mariage se révèle une autre prison. Alors ils divorcent, à nouveau pour être libres et se retrouvent prisonniers de leur solitude. Ils se remarient, pour ne plus être seuls, etc. Ces personnes ne sont pas libres en elles-mêmes, elles ne sont pas autonomes et attendent tout d'une autre personne. Elles peuvent se remettre plusieurs fois en couple, sans jamais parvenir à la liberté et l'autonomie qui ne se trouvent qu'en soi-même et que Dieu donne.
Les cinq étapes de déni, colère, marchandage, dépression et acceptation ne sont pas nettement différenciées mais s'interpénètrent et on peut en traverser deux ou trois en même temps. Elles ne sont pas forcément vécues par chacun dans cet ordre chronologique, cependant elles se retrouvent toujours.
Enfin, le fait d'être passé par l'une des étapes n'implique pas que l'on n'y revient pas une ou plusieurs autres fois, avant de la dépasser définitivement. La croissance n'étant pas un processus linéaire, mais plutôt *en spirale*, il se peut que l'on doive passer plusieurs fois aux mêmes points à des niveaux différents, même une fois remarié.
Décrivons brièvement ces cinq étapes, que nous expliquons en détail dans notre livre *Le divorce, impasse ou dépassement*[1].
■ Traverser l'étape du *refus*, c'est accepter le fait que notre couple, autrefois uni, est à présent désuni, que notre mariage se solde par un échec, par le mot « fin ».

■ La *colère* se projette sur tout le monde, y compris sur Dieu, mais plus précisément sur l'ex-conjoint, désigné comme ennemi public numéro un, et sur « l'autre », celui ou celle avec qui il est parti. Il est normal de ressentir et d'exprimer cette colère, mais il faut pour dépasser cette étape renoncer à la rancune et à la vengeance. Il faudrait être prêt éventuellement à pardonner à son ancien conjoint et à « l'autre », si ces personnes demandent pardon.

Il n'est pas interdit d'ailleurs de prendre l'initiative et de demander soi-même pardon à son précédent conjoint puisqu'on est responsable, chacun pour sa part, de l'échec du couple ; cette démarche peut avoir des résultats étonnants et faciliter les relations ultérieures.

■ Le *marchandage* consiste à exiger des changements de la part des autres ou de la part de Dieu.

■ La *dépression* est l'étape de la douleur morale : abandon, solitude, humiliation, culpabilité d'avoir raté son couple, etc. Si la solitude et la dépression disparaissent en général après un remariage, la culpabilité d'avoir divorcé est un sentiment pénible qui peut persister pendant des dizaines d'années, même une fois remarié.

Le divorcé se sent coupable soit d'avoir pris l'initiative de rompre le contrat de mariage, d'avoir abandonné son conjoint, soit de n'avoir pas su le retenir ou vu venir la crise fatale. Il se sent très fautif des conséquences de la séparation sur ses enfants.

■ Après avoir dépassé le *refus*, la *colère*, le *marchandage* et la *dépression*, le divorcé peut parvenir à *l'acceptation* s'il prend la décision d'analyser les causes de son échec et de comprendre ses scénarios psychologiques.

B. ANALYSER LES CAUSES DE L'ÉCHEC DE SON COUPLE

Ce point est extrêmement important.

D'après les statistiques, de toutes façons, les chances de succès

d'un remariage semblent nettement meilleures que celles d'un premier mariage. Les remariés divorcent moins que les couples mariés pour la première fois. Cela s'explique peut-être par *l'abaissement du niveau des attentes* de la personne qui refait sa vie. Elle montre plus de tolérance dans les situations qui la contrarient. Elle est plus sage, plus prudente, parce qu'elle a déjà vécu les joies et les difficultés de la vie à deux. Elle sait mieux adopter les attitudes nécessaires pour éviter un nouvel échec.
Bien des gens qui créent un nouveau foyer le font après mûre réflexion ; sachant que la précipitation est mauvaise conseillère, ils savent tirer les leçons de leur précédent échec.

C. COMPRENDRE SES SCÉNARIOS ET LES REDÉCIDER

Il est faux de croire après un divorce que c'est l'ex-conjoint qui porte la plus grande partie de la faute, et que si on se remarie on construira donc automatiquement un foyer heureux. En fait on porte *en soi* des caractéristiques personnelles qui ont été dans la précédente union sources de conflits que l'on n'a pas su ou voulu régler, et qui ont conduit à la rupture.
Si on n'analyse pas l'échec en se disant : « Ça n'a pas marché, pourquoi ? », si on ne se remet pas sérieusement en cause, on reproduira dans son nouveau couple les mêmes mécanismes, on retombera dans les mêmes pièges, ceux que l'on s'est finalement tendus à soi-même, sans le savoir le plus souvent, parce que l'on est prisonnier de son scénario. Dans notre *Manuel de relation d'aide* nous expliquons en détail ce qu'est un scénario et comment s'en libérer.
Arrive-t-il qu'un divorcé reconstruise un autre couple sans avoir réfléchi suffisamment sur les causes de son échec ? Oui, le cas est hélas très fréquent. Se remettre en couple ou se remarier, contrairement aux apparences, n'est absolument pas une preuve que l'on a fait le deuil de la précédente union !
De même que l'on peut ne jamais faire son deuil après un décès, de même après un divorce, certaines personnes se bloquent,

s'arrêtent, à l'une des quatre premières étapes. Ou bien elles restent dans le déni, le marchandage ou la colère, ou bien elles persistent dans la douleur et la dépression, ressassant leurs souvenirs, leur culpabilité et leurs regrets. Dans ces conditions il n'est pas étonnant que leur second (voire troisième ou quatrième) remariage soit un fiasco. C'était hélas prévisible.

II. LE(S) PRÉCÉDENT(S) COUPLE(S) SUBSISTE(NT) LONGTEMPS SUR LE PLAN IMAGINAIRE

Il est important de comprendre qu'un couple s'inscrit dans trois plans : le plan *légal*, le plan *imaginaire* et le plan *parental*. L'ordonnance judiciaire du divorce, si elle rompt la relation *légale*, ne met fin ni au plan *imaginaire*, ni au plan *parental* de ce couple.

■ Le plan *légal* du couple est celui de la loi sociale. Un acte légal (le mariage) a uni un homme et une femme à la Mairie, un autre acte légal (le divorce) les a désunis devant le juge. Ce plan est le plus facile à défaire, même si c'est le plus spectaculaire, celui qui a le plus de conséquences pratiques.

■ Le plan *parental* du couple (quand il y a des enfants) est compris en partie dans le premier plan par des dispositions légales. Il doit se réajuster lors du divorce. Mais ce plan parental, s'il se réaménage, ne prend jamais fin. Les conjoints restent toute leur vie parents de leurs enfants, même s'ils sont divorcés. « Le couple parental est un lien indéniable, indissoluble, indéfectible, irréversible », dit Evelyne Sullerot[2]. Nous en parlerons au point III.

■ Le plan de *l'imaginaire* (de *l'image du couple* en nous) est le plus complexe, le plus inconscient, le plus profond, le plus difficile à rompre. Il comprend tout ce qui existait entre les époux : les sentiments, les rapports de pouvoir, la sexualité et ses images du désir, le langage et ses constructions, qu'elles soient positives ou négatives.
C'est ce plan imaginaire du couple qui va *mettre longtemps à s'atténuer.*

Cela se vérifie si l'on pense aux personnes qui divorcent sans avoir eu d'enfant : le plan légal n'existe plus, et le plan parental n'a jamais existé, sinon dans l'imaginaire (soit dit en passant, cela facilite en général le processus de séparation), mais elles devront néanmoins faire le deuil de leur couple, à cause du plan de l'imaginaire qui ne va pas disparaître en un mois ni en un an.
Cela se vérifie aussi si l'on considère les conflits persistants entre les ex-époux qui expriment de la sorte leur *incapacité inconsciente* d'être *psychologiquement séparés.*
D'une manière que l'on pourrait appeler sadomasochiste, ils perpétuent leur union à travers expertises, recherche forcenée de preuves contre l'autre, procès, allongement sans fin de la procédure et refus systématique d'arrangement, par exemple pour les questions matérielles de partage des biens, de pension alimentaire ou de tout ce qui concerne les enfants (qui en aura la garde, le droit de visite, leurs vacances), etc.
Chaque protagoniste tisonne le feu de la relation qui risquerait de s'éteindre. Toute rencontre, pour amener un enfant en visite ou le reprendre, ou devant le juge, devient ainsi une occasion de blessures réciproques qui protègent le souvenir et font « souffrir délicieusement ».
Sur le plan de l'imaginaire, deux divorcés qui se remarient sont en réalité...quatre ! En effet les fantômes des anciens conjoints, bien présents même s'ils sont absents, rôdent sans cesse dans le nouveau ménage.
Voici les principales **maladresses** qu'il convient absolument d'éviter si vous voulez mettre toutes les chances de réussite de votre côté :

■ dire continuellement du mal de votre ex-époux et parler sans cesse de votre précédent « enfer conjugal »

Vous pensez peut-être faire ainsi plaisir à votre nouveau conjoint ? Mais celui-ci risque de s'énerver d'entendre parler de quelqu'un qui ne l'intéresse pas ; il va craindre d'être un jour, lui aussi, tant haï après avoir été aimé, et risque même, ô ironie, de prendre la défense de celui ou celle que vous accablez de tant de reproches !

■ **évoquer le passé comme une époque heureuse hélas terminée**
« Tu ne peux pas t'imaginer, nous étions jeunes, amoureux… »

■ **faire des comparaisons**
« Philippe, lui, faisait ses dix kilomètres de jogging tous les samedis. »
« Myriam me portait le café au lit tous les matins, elle ! »
Les comparaisons sont à proscrire absolument, surtout dans le domaine ultrasensible des relations sexuelles.

■ **afficher une cordialité excessive envers son ancien conjoint**
S'il est tout à fait souhaitable de rester en termes au moins polis avec lui, en particulier pour que vos enfants en conservent une bonne image, évitez de lui téléphoner longuement ou de faire preuve avec lui d'une sorte de complicité devant votre conjoint actuel. Celui-ci tolérera difficilement cette attitude qu'il pourrait juger à juste titre ambiguë.

■ **éviter toute inquisition** par rapport au passé de votre nouveau conjoint. Laissez-lui le soin, s'il le veut et quand il le veut, de parler de sa précédente union. Ne prenez pas son passé comme un ennemi mais comme un allié : puisqu'il a connu l'échec, il connaît les erreurs à éviter.

III. UN DIVORCÉ REMARIÉ RESTE TOUTE SA VIE LE PARENT DE SES ENFANTS

Cela signifie que deux divorcés qui se remarient ne sont pas tout seuls : ils forment une famille recomposée, une famille « mosaïque », plus ou moins nombreuse selon qu'ils ont ou non la garde de leurs enfants.
Aucune recomposition familiale ne se vit facilement, car cela exige une réorganisation psychique de chaque individu.
Selon la psychologue M. C. Hossenlopp[3], la famille recomposée doit d'abord *recréer et investir son espace-temps* : pour certains de ses membres, il existe aussi un temps et un espace ailleurs : les week-ends ou les vacances passés chez les parents non gardiens. Le temps familial est lui-même marqué de

séquences présence-absence, non seulement des enfants vivant au domicile des conjoints, mais aussi de ceux du parent non gardien qui, lui aussi, exerce son droit de visite.

Pour constituer son sentiment d'appartenance, ce nouveau groupe a *besoin de temps* : temps d'appropriation, d'apprivoisement entre sous-groupes, temps de compromis entre les besoins individuels et ceux du groupe, temps de deuil à faire. La construction de l'identité de la famille recomposée passe par l'intégration, la reconnaissance et l'acceptation d'une pluralité et diversité de liens subsistant entre un ou plusieurs membres de la famille avec une autre famille.

Les enfants *s'adaptent souvent mieux* que les adultes. Ils sont capables de vivre des situations très complexes en les trouvant somme toute assez normales. La « mayonnaise familiale » prend en général assez facilement au sein des enfants de toutes les familles impliquées. Les enfants s'y retrouvent avec leur demi-frère, leur vraie sœur, leur quasi-frère, voire même leur « faux demi-frère » ou leur « fausse demi-sœur »...

Il existe cependant parfois des souffrances, des *jalousies* et des rivalités, et un bébé qui naît de la nouvelle union peut être perçu comme un intrus ou considéré comme le « chouchou ». Il arrive qu'un enfant rejette les enfants de son beau-parent uniquement pour manifester son rejet de ce dernier. Il y a aussi parfois des difficultés de vocabulaire : comment appelle-t-on le nouveau mari de la mère de son faux demi-frère ? !

Les difficultés se trouvent plutôt du côté des adultes. Ceux-ci doivent faire le deuil de la famille « idéale » (un père, une mère et leurs enfants) qu'ils n'auront *plus jamais*.

C'est surtout difficile pour vous si c'est votre premier mariage : pour vous tout est beau, tout est neuf, et n'ayant jamais eu d'enfant vous êtes étonné, voire choqué de voir les « petits anges » de votre époux désobéir, répugner à faire leur lit, se disputer, bref réagir comme des enfants normaux ! Mais si vous viviez seul et sans enfant, devenir beau-père ou belle-mère peut vous apporter de grandes joies. Vous faites tout à coup partie d'une famille pleine de vie.

Même pour vous qui avez vos propres enfants, il n'est déjà pas facile de les élever, de les aimer, de les supporter. Mais cela devient héroïque de vivre le week-end, les petites ou grandes vacances, ou même quotidiennement, avec le ou les enfants de votre conjoint, si celui-ci en a la garde.
En tant que beau-père ou belle-mère, vous ressentez des *sentiments contradictoires* devant ces enfants : ils sont le symbole d'un passé dont vous êtes exclu et d'un futur où vous n'aurez que la place qu'ils voudront bien vous donner. Certes, ils sont les enfants de la personne que vous aimez, mais ils sont aussi ceux de son précédent conjoint.
Inévitablement, vous faites, de temps en temps, des comparaisons entre leur éducation (forcément moins bonne !) et les habitudes (forcément excellentes !) que vous avez inculquées aux vôtres. Vous n'êtes pas d'accord avec des détails comme leur alimentation, l'heure du coucher, les programmes de télé qu'ils ont le droit de regarder, l'argent de poche, etc.
Votre *rôle* est *ingrat* : vous êtes parent sans l'être vraiment, et vos efforts ne sont pas toujours récompensés. Vous avez beau vous dire que ces petits n'y sont pour rien, leur présence vous irrite. Et votre mauvaise humeur va finir par contaminer votre couple, ce qui serait dommage.
Alors que faire ? Voici quelques suggestions de bon sens (surtout adressés aux beaux-pères puisque la garde des enfants est le plus souvent accordée aux mères) pour vivre sereinement au sein d'une famille recomposée :
■ Faites preuve de tolérance, d'intelligence de cœur, de patience, de tact, d'amour, de respect. Regardez cet enfant non comme le fils ou la fille de l'ancien mari de votre épouse, mais comme le fils ou la fille de la femme que vous aimez, et surtout comme une personne à part entière. *Aimez-le* en comprenant qu'il n'a pas choisi cette situation et qu'il en est la victime.
■ Vous saviez, en vous remariant, que vous acceptiez aussi l'enfant de votre femme : à présent ne niez pas son existence, et ne lui faites pas payer le fait d'exister, il n'y est pour rien. Trouvez

des *centres d'intérêt communs*, jouez avec lui. Plus il est jeune, mieux il vous acceptera.

■ Les difficultés sont plus aiguës avec un jeune qui se débat avec ses problèmes d'adolescence et a tendance à reporter sur le beau-parent toute son opposition. Rassurez-vous, il ferait la même chose avec son père biologique ! *Avec un adolescent* ne soyez ni un père de substitution qu'il refusera légitimement, ni un copain démagogue qu'il méprisera, mais *soyez vous-même*, simplement un homme avec ses qualités et ses défauts, qui va aider ce jeune à se confronter à la vie. En l'apprivoisant et en l'aimant, vous ferez un magnifique cadeau à votre nouvelle épouse.

■ Ne *dites jamais de mal* de son père biologique. Vous n'y gagnerez rien, sinon que l'enfant risque de se mettre à vous détester, vous.

■ Ne dites pas à votre épouse que son enfant est mal élevé, cela revient, de manière indirecte, à la critiquer, elle.

■ Vous oubliez que cet enfant a, plus ou moins longtemps, vécu avec ses deux parents, qu'il a été l'objet d'un désir commun et que dans son imaginaire ses parents biologiques ont la place prédominante, surtout lorsqu'il est encore jeune. Vous risquez de vous entendre dire : « De quel droit tu me grondes ? Tu n'es pas mon père ! » Si ses parents s'occupent bien de son éducation, *ne vous en mêlez pas*.

■ Le cas est un peu différent si le père de l'enfant espace ses visites et ses lettres jusqu'à les cesser totalement, et cesse également de verser la pension alimentaire. On peut dire qu'il abandonne, de fait, son enfant. Ce cas n'est hélas nullement exceptionnel. En effet, un enfant sur quatre voit son père tous les quinze jours, un sur trois une fois par mois, et *un sur trois* n'a plus *aucune* relation avec lui ! En manque de présence et de tendresse paternelles, il aura alors spontanément tendance à rechercher une relation affective avec son beau-père.

■ Très peu d'enfants sont confiés à la garde du père, mais disons quelques mots de la *belle-mère*. On trouve là souvent beaucoup d'inimitié des deux côtés : la fille surtout souffre d'une jalousie œdipienne durable, parfois des dizaines d'années durant, ne supportant pas de voir son père avec une femme. Le fait est que la belle-mère et la fille sont des rivales, elles aiment le même homme ! La belle-mère, elle, en veut (inconsciemment) aux enfants qui lui rappellent l'existence de l'ex-épouse, et font revivre tout l'imaginaire qui reste lié à l'ancien couple.

Pour conclure, insistons sur le rôle transitionnel (et non substitutif) affectif très important que peuvent jouer les tantes, les oncles et surtout les *grands-parents*. Ils sont les éléments stables, les racines qui vont permettre à l'enfant, en gardant leurs repères dans la généalogie (qui est qui dans cette famille ?) de gérer le mieux possible le divorce et le remariage de ses parents.

[1] *Le divorce, impasse ou dépassement*, Empreinte Temps Présent, 1990.

[2] Evelyne Sullerot, *Le grand remue-ménage, la crise de la famille*, Fayard, 1997.

[3] M.C. Hossenlopp, *Mariage...remariage*, Couple et Famille Isère.

CHAPITRE 9

LES CONFLITS LIÉS A L'ORGANISATION DE LA VIE QUOTIDIENNE

Dans ce chapitre nous dirons d'abord en quoi le fait que les *rôles* du père et de la mère ne se superposent plus à leurs *fonctions* respectives est parfois conflictuel.
Puis nous évoquerons les tensions qui surgissent quand *la femme* voudrait prendre, ou reprendre, un *emploi salarié*, et celles qui sont courantes quand l'homme et la femme *travaillent tous les deux*.
Enfin nous dirons un mot des difficultés lorsque les conjoints *travaillent ensemble* et celles dues à la *gestion de l'argent* dans le couple.

I. LES ROLES NE SE SUPERPOSENT PLUS AUX FONCTIONS

Il est nécessaire de bien distinguer *rôle* et *fonction*, qui ne sont pas synonymes.

A. LES FONCTIONS

«La fonction est inconsciente, elle est psychologique, elle est unique, elle est spécifiquement maternelle ou paternelle, elle est absolue, affranchie des relativités de lieux et de temps.[1] »

1. La fonction de la mère

Elle consiste à être *nourricière*, c'est-à-dire une matrice, une enveloppe, un abri, la sécurité, la chaleur, la tendresse, la fusion. Cette fonction est *inconsciente*, car elle fait partie de son iden-

tité de base, elle ne la choisit pas librement.
Elle est *psychologique*, non visible, non mesurable, non quantifiable, intangible.
Elle est *unique*, la mère n'a que cette fonction-là.
Elle est *spécifique*, le père ne peut assumer cette fonction. Même un père très affectueux ne peut assumer la fonction maternelle.
Elle est *absolue*, car elle est éternelle, de toute époque et de toute culture, de tout lieu.

2. La fonction du père

Elle est une fonction symbolique de *différenciation psychologique*. Elle rompt l'harmonie fusionnelle entre la mère et l'enfant, introduit une coupure entre les deux. Le père sépare psychologiquement l'enfant de sa mère et celle-ci de l'enfant.
Il initie l'enfant à la différence des sexes et des générations, lui impose le respect des interdits, la soumission à la loi morale et aux règles sociales. Alors que la mère incarne *l'amour*, le père incarne la *loi*.
Les deux fonctions maternelle et paternelle, bien que contradictoires, ne s'excluent pas mais sont complémentaires. L'enfant a besoin de ses deux parents. Aucune séparation n'est concevable s'il n'y a pas eu fusion auparavant. Aucune différenciation n'est possible s'il n'y a pas eu d'abord l'indifférenciation matricielle, maternante.
Cette fonction paternelle de séparation de l'enfant d'avec sa mère est *inconsciente* et non volontaire.
Elle est *psychologique* et non mesurable visiblement.
Elle est *l'unique* fonction du père.
Elle est *spécifique* au père, et ne peut être assumée par la mère.
Elle est *absolue*, immuable, éternelle, en tous lieux et dans toutes les cultures.

B. LES RÔLES

Alors que la **fonction** est *inconsciente*, les **rôles** sont

conscients et volontaires. On choisit de préparer un repas ou de passer l'aspirateur.
Alors que la **fonction** est *psychologique*, les **rôles** sont des activités *réelles*, concrètes, visibles, quantifiables, pouvant être exécutées aussi bien par l'homme que par la femme.
Alors que le père et la mère n'ont chacun qu'*une seule* fonction, les **rôles** sont *nombreux* : les tâches ménagères, le fait d'avoir un emploi salarié, d'accompagner les enfants à l'école, de surveiller leurs devoirs, etc.
Alors que la fonction maternelle est spécifique à la mère et la fonction paternelle spécifique au père, les **rôles** *ne sont pas spécifiques* et peuvent être accomplis indifféremment par la mère ou par le père. L'un comme l'autre peuvent avoir un travail salarié, faire la vaisselle, les courses, la cuisine, surveiller les enfants à la piscine, etc.
Alors que les **fonctions** sont *absolues* et éternelles, les **rôles** sont *relatifs*. Ils varient au gré des époques, des cultures, des modes ; en 1940 un homme qui faisait la vaisselle ou donnait le biberon à son bébé passait pour un original un peu efféminé. Une femme conduisant un poids lourd était perçue comme « virile » et peu féminine.
Autrefois (et de nos jours encore dans certaines régions du monde), les rôles et les fonctions se superposaient.
La *fonction maternelle d'être nourricière* se superposait aux *rôles de la femme* qui s'occupait des cultures, de la cuisine, de l'éducation des enfants, etc.
La *fonction paternelle de séparation de l'enfant d'avec sa mère* se superposait aux *rôles de l'homme* qui l'emmenait travailler avec lui aux champs s'il était paysan, à son atelier s'il était artisan, à la mine s'il était mineur, etc. Ce faisant, il l'ouvrait sur le monde et le séparait de sa mère.
Aujourd'hui tant les hommes que les femmes ont un travail salarié, font les courses, la cuisine, le ménage, s'occupent des enfants, etc.
Les pères assument des rôles autrefois dévolus aux femmes (changer les couches du bébé, donner le biberon, faire jouer les

enfants) et *n'assument plus uniquement leur fonction de séparation psychologique*.
Les mères assument des rôles autrefois réservés aux hommes (elles travaillent dans à peu près tous les domaines) et *n'assument plus uniquement leur fonction d'être nourricières*.
Tout cela **crée une ambiance conflictuelle** dans de nombreux couples.
Par exemple *l'homme se plaint à sa femme* que la maison est en désordre, que le linge n'est pas lavé ou repassé à temps, que les enfants sont livrés à eux-mêmes, entre la garderie, la cantine, et la télévision qui fait office de gardienne. Il lui reproche de ne pas assumer sa fonction nourricière et d'assumer par contre des rôles paternels.
Ou bien c'est *la femme* qui *reproche à l'homme* de l'empêcher d'aller travailler, de vouloir la cantonner à des rôles maternels. Elle lui reproche d'être trop papa-poule, de ne pas savoir dire *non* à ses enfants, de ne pas savoir poser d'interdits, de ne pas leur apprendre la loi, de leur passer tous leurs caprices. Elle lui reproche d'être mou, effacé, absent, trop gentil, maternant, mais plus un vrai père : « Mais enfin, dis quelque chose, montre ton autorité, exerce la discipline ! »
En conclusion, si les partenaires parviennent à tomber d'accord sur la répartition des rôles, ils éviteront de nombreuses disputes.

II. LA FEMME MANIFESTE LE DÉSIR DE TRAVAILLER A L'EXTÉRIEUR

Nous parlerons d'abord des raisons pour lesquelles une femme peut aspirer à travailler puis des raisons pour lesquelles son mari s'y oppose parfois.

A. POURQUOI LA FEMME ASPIRE-T-ELLE À TRAVAILLER ?

■ Depuis plusieurs décennies, les aspirations d'une jeune fille ou d'une femme ont changé, son avenir ne se résume plus uniquement à un mari, des enfants, et une maison à entretenir. Comme elle a fait des études ou obtenu des qualifications professionnelles, il est frustrant de devoir renoncer à faire fructifier ses dons et ses compétences.

■ La femme moderne a moins d'enfants qu'autrefois, elle est davantage aidée par les appareils ménagers.

■ En ne travaillant pas, elle ressent cela comme une non-reconnaissance sociale. Elle aspire à se réaliser, à utiliser ses capacités, à développer à travers son emploi la confiance en soi et l'autonomie qui sont le gage de l'épanouissement harmonieux de sa personnalité.

■ Elle a envie de travailler pour connaître des personnes nouvelles, se faire des amis, autres que les relations de son mari.

■ Elle aspire à gagner de l'argent. Une activité bénévole ne saurait suffire. Le salaire valorise un travail et le justifie aux yeux des autres.

■ Elle se sent parfois jalouse des collègues féminines de son mari et inférieures à elles, et elle voit bien que si elle travaille, il aura plus de considération pour elle.

B. POURQUOI UN HOMME S'OPPOSE-T-IL PARFOIS À CE QUE SA FEMME TRAVAILLE ?

■ Une des raisons essentielles (et inconsciente) est qu'il a l'impression de *perdre sa toute-puissance*, son autorité. Il a fallu attendre 1965 (!) pour qu'en France légalement l'homme ne puisse plus s'opposer à ce que sa femme ait une activité professionnelle à l'extérieur du domicile conjugal.

Autrefois, lorsque les rôles féminins et masculins étaient clairement différenciés, l'homme était le soutien et le chef de la famille, ses paroles faisaient loi et ses décisions étaient indiscutables et indiscutées. L'épouse subissait passivement la toute-puissance masculine.

Aujourd'hui, les rôles traditionnels sont remis en question et ne se superposent plus aux fonctions psychologiques. Plutôt que de se réjouir de l'apport économique d'un second salaire et de l'épanouissement que leur compagne en retirerait, certains hommes voient d'un mauvais œil qu'elle veuille devenir indépendante financièrement.

■ Lorsque la femme restait au foyer[2], les relations sociales du couple étaient uniquement celles du mari. Et il était le seul, en « sortant » de la maison, à connaître le fonctionnement du « vaste monde ». Sa compagne dépendait de lui pour apprendre et pour savoir. C'est ainsi que pendant des siècles les hommes ont dominé les femmes.

■ De nos jours, en travaillant à l'extérieur[3], les femmes nouent des relations sociales autonomes et connaissent le monde extérieur aussi bien que leur mari : c'est une menace supplémentaire dirigée contre leur domination séculaire sur les femmes. C'est pourquoi certains hommes deviennent agressifs, dès que leur compagne parle de prendre un travail salarié.

■ Le travail féminin peut être perçu comme une preuve de l'incapacité de l'homme à subvenir aux besoins de la famille.

■ Le mari ironise parfois avec un certain mépris : « Ça lui plaît, mais il n'y a pas très longtemps qu'elle travaille ; c'est une lubie qui lui passera, elle sait qu'elle peut s'arrêter quand elle veut, je gagne assez. » Il considère que le travail de son épouse est une activité secondaire qui la distrait et l'occupe, tout en mettant un peu de « beurre dans les épinards ». Finalement, ce travail lui semble anormal et injustifié.

■ L'opposition est d'autant plus forte lorsque la femme n'a pas travaillé pendant de longues années, en particulier pour élever ses enfants et qu'elle décide un jour de retravailler. Le mari s'est habitué à la routine et oppose une résistance tenace à tout changement.

Mais la plupart des hommes apprécient de plus en plus que leur compagne travaille et y voient plus de bénéfices que d'inconvénients.

Tous les désaccords de couple concernant l'activité salariée de la femme peuvent être gérés positivement par la méthode de la coopération, que nous décrivons au chapitre 16.

III. LES DEUX CONJOINTS TRAVAILLENT

Il existe de nombreuses sources de conflits dans les foyers de deux actifs.

A. LE STRESS DE LA FEMME QUI FAIT DES « JOURNÉES DOUBLES »

Son premier mot-clé est : l'*organisation*. Il faut tout organiser : le départ des enfants pour la crèche, la gardienne ou l'école, les trajets, les courses, les repas, le ménage, l'entretien du linge, etc. Le plus éreintant, ce sont les détails : penser à aller chercher le costume au pressing, prendre rendez-vous chez le dentiste pour un enfant, accompagner les enfants à leurs activités sportives.
Le second mot-clé qui caractérise la journée de la femme qui travaille à l'extérieur : la *hâte*. Tout doit se faire vite, pour arriver à tout faire. Le soir, elle est souvent terriblement fatiguée, tellement qu'elle n'a plus envie de réfléchir. Elle en souffre d'autant plus qu'elle est avant tout un être relationnel : il se peut qu'elle n'ait plus envie de communiquer, surtout si son métier l'oblige à parler toute la journée.
A sa fatigue physique et nerveuse s'ajoutent la durée et la fréquence des trajets, la monotonie éventuelle de sa tâche, la discipline (exercée ou subie) et toutes sortes de pressions venant du patron ou des collègues, qui font qu'en rentrant chez elle le soir elle a envie de crier « stop ! ».

B. LA GARDE DES ENFANTS

En France les trois quarts des mères d'un enfant de plus de cinq ans travaillent. Ce taux diminue un peu chez les mères de deux enfants et tombe nettement chez les mères de trois enfants et plus[4].
Lorsqu'un couple de deux actifs a un ou plusieurs enfants, un des problèmes principaux est de les faire garder.
La femme est censée laisser sa vie privée à la porte d'entrée de son travail. Or, quand elle a des enfants, c'est souvent l'inverse

qui se produit. Au travail, on sent l'absence de l'enfant, et on se demande s'il est *vraiment* bien là où il est. Que dire, que faire, quand il est malade et qu'il a sûrement besoin de sa mère qui lui fausse compagnie ?

D'après le pédiatre T. Berry Brazelton, « toute femme qui confie son enfant à quelqu'un se demande constamment si elle fait bien. Dans son esprit est encore enracinée l'image de la mère idéale qu'elle devrait être, celle qui reste chez elle pour s'occuper de ses enfants.[5] » Toute femme, même ambitieuse, même avec un plan de carrière bien établi, connaît un jour ou l'autre ce sentiment de *culpabilité*.

Quand elle rentre chez elle, elle se sent obligée de s'occuper personnellement des devoirs des enfants. Parfois elle le fait mal, en criant sur eux, parce qu'elle est fatiguée.

C. L'ÉPINEUX PROBLÈME DU PARTAGE DES TÂCHES

Les tâches ménagères sont incontournables, telle est la dure réalité ! Nombreux sont les foyers où leur distribution crée une ambiance conflictuelle.

Si une femme a un emploi et si, à la maison, elle doit assumer toutes les corvées domestiques, elle sera prise d'une légitime colère contre son mari si celui-ci se contente de sortir les poubelles, de réparer un robinet qui fuit ou de bricoler une étagère, ou s'il attend son signal et des consignes précises pour agir.

Des études récentes montrent que les tâches ménagères ne sont pas vraiment partagées : la femme accomplit encore beaucoup trop (80 %) du travail à la maison, son compagnon se contentant des 20 % restants les plus agréables comme tondre la pelouse ou sortir la vaisselle propre du lave-vaisselle. Le partage n'est qu'un marché de dupes si quelqu'un – devinez qui ? – doit passer derrière l'autre pour finir ce qui a été bâclé ou « oublié ».

Si les deux conjoints travaillent, toutes les tâches, y compris les moins agréables et les moins valorisantes, devraient être réparties *équitablement* et effectuées sans rechigner, dans les délais convenus. C'est *un des secrets de l'harmonie conjugale* qui, rappelons-le, se vit dans la vie quotidienne la plus terre à terre !

D. LES LIENS ENTRE LES CONJOINTS RISQUENT DE SE RELÂCHER

Il est logique que s'ils ont chacun une profession prenante, des collègues différents, leurs liens risquent de se distendre, chacun évoluant dans sa propre sphère. Le soir, il est difficile d'oublier la fatigue, la tension nerveuse, pour être disponible à l'autre. Comment, après avoir mangé, couché les enfants et fait la vaisselle, se montrer à la hauteur des attentes affectives ou sexuelles de l'autre ?

Les contraintes horaires représentent aussi une source de pression. Un cadre supérieur, un commercial, ne sont pas souvent chez eux le soir à l'heure du repas, d'où une impression pénible de désintérêt, voire de délaissement, pour leur épouse qui est, en général, déjà très sensible sur ce point.

Dans tous les métiers aux contraintes horaires pénibles, il est difficile de prévoir des activités communes, des sorties en couple, des visites en famille, donc de fortifier ou de créer des liens profonds et solides.

Le conjoint qui n'a pas ces contraintes ou n'en souffre pas directement (et c'est en général la femme) veille à ce que l'organisation de la maison soit parfaite pour qu'elle puisse tourner… sans l'autre. Il est évident que cela risque d'aboutir plus ou moins rapidement à un morcellement de la famille, sinon à un éclatement. Mais par ailleurs a-t-on le droit de forcer l'autre, même par la douceur, à renoncer à un métier passionnant ou qui du moins lui apporte certaines satisfactions ?

E. L'UN RÉUSSIT MIEUX QUE L'AUTRE

En principe, on se réjouit des succès professionnels de l'autre, mais ce n'est pas toujours le cas, s'il nous dépasse vraiment trop. Lorsque les époux ont des professions différentes, cela ne por-

te pas trop à conséquence. Si une femme a un salaire ou une position beaucoup plus élevés que son compagnon, celui-ci en ressentira peut-être un léger malaise, mais il l'acceptera si elle n'en profite pas pour accaparer trop de pouvoir au sein du couple contre l'avis de son mari.
Le problème est plus complexe si les époux exercent le même métier. Si la femme réussit mieux que son mari, celui-ci en ressentira une intolérable humiliation.

Guy et Lucile, deux médecins, avaient leurs deux cabinets côte à côte. Bientôt il y eut davantage de clients chez Lucile. Guy commença par éprouver de l'amertume et de l'aigreur, et sombra dans la dépression. Lucile, qui aimait son mari, comprit que son amour-propre était touché. Elle prit prétexte qu'elle était enceinte pour fermer son cabinet et prendre un emploi dans un laboratoire. Ne se sentant plus en compétition avec sa femme, Guy reprit confiance en lui et son cabinet ne désemplissait pas.

IV. LES DISPUTES DUES À LA GESTION DE L'ARGENT

L'argent, sujet sensible dans bien des couples, est la source de nombreux affrontements, que ce soit au sujet de l'argent qui entre (« Tu ne gagnes pas assez ») ou qui sort (« Tu économises trop », « Tu gaspilles l'argent »), qu'on en manque ou qu'on en ait beaucoup. « Celui qui dit que l'argent n'a pas d'importance, qu'il le rende », ironisait Jules Renard.
Les problèmes conjugaux liés à l'argent sont souvent liés au fait que l'un est dépensier, l'autre économe, ou qu'un seul gagne de l'argent.

1. L'un est dépensier, l'autre économe

L'économe est un angoissé qui épargne toujours « au cas où... », n'achète que le nécessaire et refuse le superflu, tient ses comptes de près et a en horreur les découverts bancaires et les crédits. Le *dépensier*, au contraire, profite de tous les crédits

possibles au risque de s'endetter, dépense sans se soucier de la fin du mois, parfois pour compenser une enfance où on ne lui donnait pas ce dont il avait besoin ou envie.
Dans un couple composé d'une *fourmi* et d'une *cigale*, la *fourmi* reprochera à la *cigale* son inconscience et la culpabilisera, même si parfois elle apprécie de profiter d'un petit « coup de folie » qu'elle n'aurait pas eu elle-même le courage de faire. La *cigale*, elle, éprouvera de la honte ou de la révolte devant les gronderies de son conjoint si raisonnable. Elle lui reprochera de manquer de fantaisie et de ne pas profiter de la vie, même si par ailleurs cela la rassure de savoir que le budget commun est géré par quelqu'un de prévoyant.

2. Un seul conjoint est salarié

Parfois cette situation est *voulue* : les époux décident ensemble que la femme reste à la maison pour élever ses enfants. Le mari devrait en ce cas reconnaître que sa contribution est équivalente à un salaire (en lui évitant par exemple des frais de garde des enfants), et donner à sa femme le libre usage de ce qu'il ramène, sans faire de chantage à l'argent.
Parfois cette situation est *subie*, pour cause de perte ou de recherche d'emploi. Il est pénible et dégradant pour certains de dépendre financièrement de leur conjoint, même si ce dernier se montre délicat et compréhensif. Les partenaires devraient se déculpabiliser et se répéter que ce revenu unique est la seule solution qu'ils ont intérêt à accepter sans amertume.

3. L'argent est un symbole

Quelle est la cause profonde des disputes conjugales liées à l'argent ? Elle consiste dans le fait que ce dernier est plus qu'une monnaie d'échange et un moyen de subsistance ; il est aussi le *symbole* de nombreuses réalités.
L'argent symbolise le *pouvoir* : le riche est puissant, il peut obtenir (presque) tout ce qu'il désire ; le pauvre, lui, est totalement impuissant.
L'argent, l'*avoir*, répond à la difficulté d'*être* : il est un instrument

de reconnaissance, de valorisation. Il aide à paraître. Il y a confusion entre la valeur de quelqu'un et ce qu'il gagne. « Monsieur Untel vaut tant. » Si on a un salaire confortable, on est quelqu'un de bien, s'il est à peine suffisant pour vivre, on est un raté. L'argent sert souvent à restaurer une image défaillante de soi, à donner la sensation et l'illusion d'exister. On recherche dans l'argent une sécurité extérieure qui apaisera l'insécurité intérieure. Si une personne a manqué, enfant, d'amour inconditionnel, elle s'est protégée pour survivre, elle n'a pas trouvé sa place dans l'existence en tant qu'être. Une fois adulte, sa *demande d'amour* se transforme inconsciemment en *demande d'argent*. Par exemple un homme veut offrir un collier à sa compagne. Celle-ci exige qu'il soit très cher. Inconsciemment, une somme élevée la rassure sur l'intensité de l'amour que lui porte son mari.

Les querelles des partenaires autour du porte-monnaie doivent donc être comprises par ceux-ci à un niveau profond, d'autant plus que la relation à l'argent s'est construite dans l'enfance de chacun, à partir des messages transmis par les parents.

Il convient donc de s'interroger sur soi-même : pourquoi suis-je si perturbé lorsque je vois l'autre dépenser pour s'offrir des cadeaux ? Est-ce que je m'autorise moi aussi à me faire plaisir ?

Par un effet de miroir, l'attitude de l'autre m'aide à prendre conscience de mes propres angoisses. Si mon conjoint dépense, il réveille ma peur archaïque de manquer du nécessaire ; s'il économise, il me rappelle ma mère qui mettait toujours de côté, « car on ne sait jamais… ».

Par ailleurs les frictions au sujet de l'argent peuvent être l'occasion de parler de notre relation amoureuse : est-ce que je me sens assez aimé(e) de toi ? Prenons-nous assez de temps pour dialoguer ?

La conscience d'être aimé ne vient pas du salaire que l'autre rapporte, mais de sa présence, de son amour.

L'essentiel est d'adopter une attitude saine face à l'argent, en le considérant comme un moyen et non comme une fin, et en ne confondant pas l'*avoir* (et le *paraître*) avec l'*être*.

Jésus dit : « Nul ne peut servir deux maîtres. Car, ou il haïra l'un, et aimera l'autre ; ou il s'attachera à l'un, et méprisera l'autre. Vous ne pouvez servir Dieu et Mammon. »[6]

[1] Moussa et Simone Nabati, *Le père, à quoi ça sert ? La valeur du triangle père-mère-enfant*, Jouvence, 1994, p. 65. Cet ouvrage a inspiré ce paragraphe.

[2] En France, en 1968, 60 % des femmes de 20 à 59 ans vivant en couple n'avaient pas d'activité extérieure au foyer.

[3] En France, 87 % des mères d'un enfant travaillent à l'extérieur, 79% des mères de deux enfants, et 44 % des mères de trois enfants et plus. Les femmes représentent 46 % des salariés.

[4] Plus précisément, en France, 77 % des mères d'un enfant de plus de cinq ans travaillent. Ce taux descend à 60 % chez les mères de deux enfants et tombe à 21 % chez les mères de trois enfants et plus.

[5] T. Berry Brazelton, *A ce soir*, Stock, 1986.

[6] Matthieu 6.24. Mammon est un mot araméen qui signifie la richesse, ici personnifiée comme une divinité.

CHAPITRE 10

— LES PROCHES DU COUPLE —

Chaque personne a son univers relationnel, comprenant en particulier sa famille d'origine et ses amis. Quand un homme et une femme se marient, chacun doit, tant bien que mal, essayer de s'intégrer à l'univers de l'autre. De plus, lorsqu'ils ont des enfants, les conjoints divergent parfois sur la meilleure manière de les éduquer.
Ainsi la *famille*, les *enfants* et les *amis* sont autant de proches du couple susceptibles de créer des tensions au sein de celui-ci.

I. LA FAMILLE ET LA BELLE-FAMILLE

Rares sont ceux qui n'ont jamais eu à se plaindre de leurs parents ou de leurs beaux-parents. Soit on les juge trop présents, indiscrets, possessifs, soit au contraire indifférents et absents. Heureusement il y a aussi de nombreux parents et beaux-parents qui, avec amour et bon sens, savent trouver leur juste place par rapport au couple !
Les premières tensions surgissent parfois très tôt, lorsque le mariage ou la cohabitation sont décidés sans en aviser les parents. Rien ne chavire davantage le cœur d'un père ou d'une mère que d'être mis devant le fait accompli. Ils se sentent frustrés et en colère devant celui ou celle qui a osé « voler » la chair de leur chair sans leur accord.
Permettre aux parents de rencontrer leur futur gendre ou future belle-fille est bien entendu la meilleure prévention.
Les relations tendues d'un couple avec les parents ou les beaux-parents viennent souvent de ce que le conseil biblique « L'homme *quittera* son père et sa mère » n'est pas respecté. Si l'un des partenaires n'a pas vraiment *quitté* son père et sa mère, des difficultés naissent, dont les plus fréquentes sont :

■ Un conjoint idéalise ses parents, et le souvenir d'une vie familiale paradisiaque l'incline à demander à l'autre de se comporter comme le faisait son père ou sa mère.
■ Un partenaire est jaloux de la bonne relation que l'autre a eue et continue à entretenir avec ses parents. Il en vient à considérer ceux-ci comme des rivaux dans la recherche de l'affection de l'autre.
■ Les parents qui éprouvent de l'insatisfaction dans leur propre relation conjugale cherchent à resserrer les liens avec leur enfant, quitte à critiquer le conjoint de celui-ci. Ainsi le père trouvera que son gendre n'est pas l'homme qui convient à sa « petite fille » (âgée de trente ans !). Quant à la mère (ah, les « terribles belles-mères ! »), elle juge que sa belle-fille ne devrait pas travailler à l'extérieur (ce qui oblige son fils à aider au ménage) ou qu'elle ne fait pas assez de bons petits plats à son fils.
■ Elle trouve un allié de choix chez ce dernier. En effet de nombreux hommes reprochent à leur femme de ne pas être aussi parfaite que leur mère. C'est sans doute ce qui explique la réputation des belles-mères abusives. C'est au fils qu'il appartient de remettre sa mère à sa place, avec tact mais aussi avec une fermeté sans faille.
■ La naissance des enfants, qui transforme les parents et beaux-parents en Papys et Mamies, les rend aussi souvent du même coup encore plus envahissants. C'est surtout le cas de la femme de cinquante ou soixante ans qui se lance avec enthousiasme dans son rôle de grand-mère sans forcément demander l'accord de sa fille ou de sa belle-fille. Certaines jeunes mamans accueillent cette aide avec gratitude, mais d'autres sont vite agacées par cette nouvelle grand-mère qui sait tout, se mêle de tout et a réponse à tout.
Peut-on éliminer ou tout au moins diminuer les heurts avec les familles ? Oui, bien sûr, en respectant quelques principes de bon sens :

■ Vos parents sont peut-être possessifs simplement parce qu'ils vous aiment. Rassurez-les sur le fait qu'ils ne vous ont pas perdu(e) en multipliant les petits gestes d'amour, coups de téléphone ou lettres avec photos, ce qui vous évitera la visite hebdomadaire chez eux qui, d'un plaisir, devient vite une obligation. Et qui vous empêche d'aller leur rendre visite seul(e), sans votre conjoint ? On n'est pas obligés de tout faire à deux sous prétexte qu'on est mariés !

■ La guérilla belle-mère/belle-fille peut s'atténuer si la seconde profite de l'expérience de vie de la première, échange avec elle et la valorise.

■ Ne racontez pas vos petites brouilles conjugales, cela ne regarde que vous.

■ Le couple doit faire bloc face à des parents ou des beaux-parents trop intrusifs. Tous deux devraient apprendre à dire *non*, avec fermeté et douceur, lorsque les limites de leur intimité sont dépassées. Préservez votre espace conjugal et familial.

« Lorsque j'ai été enceinte de mon premier enfant, raconte Geneviève, ma belle-mère m'a déclaré péremptoirement : « Bon, je m'en occuperai du lundi au vendredi, et toi, tu l'auras le week-end... » J'étais stupéfaite... J'ai dû faire preuve de fermeté pour lui rappeler que c'était quand même à moi d'élever mon enfant ! »

Expliquez aux grands-parents que leur rôle n'est pas d'éduquer votre progéniture mais d'avoir une relation privilégiée de complicité et de plaisir avec leurs petits-enfants.
Il se peut aussi que vos parents, cherchant à se déculpabiliser des erreurs d'éducation qu'ils ont commises avec vous, veuillent réussir cette « session de rattrapage » que constitue ce nouveau rôle de Papy et Mamie.

■ Ne les privez jamais de voir vos enfants, mais veillez à un équilibre : dans certaines familles les grands-parents maternels et paternels se disputent chaque week-end le droit de garder leurs petits-enfants...

II. LES ENFANTS

En principe, les parents souhaitent ardemment que leurs enfants deviennent des adultes équilibrés et heureux. C'est pourquoi la manière de les éduquer revêt une telle importance, puisqu'elle conditionne en grande partie leur épanouissement futur dans tous les domaines (affectif, familial, professionnel, psychique, spirituel, etc.)
Ceci explique que les désaccords entre les époux à propos de l'éducation soient si intenses et si fréquents.
Une situation couramment rencontrée dans les familles est la suivante :
Le *père*, passif, n'assume pas ses responsabilités de père et évite de se confronter à ses enfants ; il oscille entre une attitude permanente de silence et de retrait et de violentes explosions de colère, aussi sporadiques qu'inattendues.
La *mère*, elle, est extrêmement gênée et frustrée de voir que son mari ne l'épaule pas quand elle essaie de maîtriser des problèmes difficiles avec les enfants.
Les *enfants* d'un tel couple, surtout à l'adolescence, sont rebelles car désorientés et déçus de ne pas pouvoir se heurter à une discipline sécurisante et un « mur parental » commun. Rien n'est plus dévastateur pour eux que d'avoir des parents démissionnaires ou dont les principes d'éducation sont opposés.
Bien entendu, il est normal que ces principes diffèrent sur des questions secondaires, car chaque partenaire a sa propre histoire.
Ses parents, en particulier, lui ont fourni ses références essentielles, auxquelles il fera appel avec ses propres enfants (« Que faisait ma mère lorsque je ramenais un bulletin scolaire désastreux ? »). Ou bien il choisira tout exprès d'élever ses enfants d'une manière opposée : « Papa me forçait à manger de tout, même ce que je n'aimais pas, au risque de me faire vomir ; j'en ai souffert et je ne répéterai pas la même erreur avec ma fille. »
Si le mari a eu des parents très laxistes et la femme des parents très sévères, éduquer leurs enfants risque de provoquer

quelques affrontements ! Cependant, ces différences peuvent aussi consolider leur couple, en les obligeant à parler ensemble, à confronter leurs opinions, à tenter de comprendre le point de vue de l'autre, à élaborer un projet pédagogique.

Les problèmes que posent les enfants sont donc potentiellement susceptibles soit de diviser un couple soit de le renouveler.

Voici quelques lignes directrices pouvant aider des parents à éduquer leurs enfants *ensemble* et à surmonter leurs désaccords à ce sujet :

- **Faites confiance à l'autre**

Même s'il se montre maladroit, dites-vous qu'il s'efforce d'agir pour le mieux parce qu'il aime immensément, comme vous, votre enfant. Laissez-le commettre des erreurs (un excès de laxisme ou de sévérité) tant que celles-ci ne mettent pas l'enfant en danger ou ne portent pas à conséquence. Mais si ces erreurs se répètent ou deviennent dangereuses, parlez-lui en franchement et calmement.

- **Ne vous référez pas sans cesse à votre enfance et à l'éducation que vous avez reçue**

Prenez du recul par rapport à celle-ci : entre votre naissance et celle de vos enfants, en trente ou quarante ans, les choses ont bien changé, n'est-ce pas ? De plus ces références risquent d'exaspérer votre conjoint qui, lui, a peut-être été élevé différemment.

- **Prenez du temps pour discuter calmement avec lui de l'éducation que vous désirez donner à vos enfants**

Cela vous évitera de devoir improviser dans l'urgence, lorsque votre fils de quatre ans fait un caprice et se roule par terre dans le supermarché, ou que votre fille de quatorze ans rentre à trois heures du matin.

- **Il est indispensable d'adopter une ligne de conduite commune et de soutenir le conjoint lorsqu'il est en train d'appliquer celle-ci avec votre enfant**

Si ce dernier sent une hésitation ou une divergence d'opinion entre vous deux, il sera tenté de tirer profit de ce flou pour manipuler l'un ou l'autre.

■ **Ayez le courage de vous remettre en question et de reconnaître vos erreurs**
Demandez pardon à l'enfant si vous l'avez injustement puni, par exemple. Acceptez les reproches de votre conjoint et efforcez-vous de vous améliorer. « Le métier de parent est un métier impossible », disait Freud, mais on peut toujours progresser. Et puis il suffit que la mère soit « suffisamment bonne »… (Winnicott)
France Quéré disait : « Heureusement que nous ne sommes pas des parents parfaits ! Cela permet à nos adolescents devenus jeunes adultes de nous quitter sans en ressentir de culpabilité. »
■ **Soyez attentif aux conseils de vos amis** (« Je trouve que ton fils est très agressif en ce moment »), mais relativisez-les, car vos amis n'ont pas, comme vous, toutes les données du problème, et ne changez surtout pas brusquement d'attitude éducative sans en parler à votre conjoint et sans expliquer les choses à l'enfant.
Ce dernier point nous amène à parler justement d'un troisième groupe de personnes proches des conjoints : les amis.

III. LES AMIS

Avec les amis communs, souvent rencontrés après le mariage, il n'y a que rarement des problèmes. On a des affinités avec un couple, des goûts identiques, on s'entend bien, et on prend l'habitude de se retrouver pour un barbecue, une promenade en forêt, un week-end à la campagne. Les enfants des deux couples jouent ensemble comme le feraient des cousins.
Il en va autrement en ce qui concerne les amis que chacun avait étant célibataire : ils peuvent devenir une source de disputes dans le couple.
Pourtant quelle bénédiction que d'avoir un ami ! On trouve du plaisir en sa compagnie, on vit de bons moments ensemble, et en cas de coup dur il ne vous lâche pas, au contraire il est présent et partage vos peines. Avoir un ami est une source d'enrichissement, on aime et on est aimé, on peut affirmer sa

personnalité, partager ses sentiments avec d'autres que son partenaire.
Considérez donc cette amitié comme une pierre précieuse à conserver et à entretenir soigneusement, tout autant que l'amour. Un véritable ami étant rare, faites tout pour le conserver. « L'ami aime en tout temps, et dans le malheur il se montre un frère.[1]»
Seulement voilà, une fois marié, on doit consacrer beaucoup de temps à l'homme ou à la femme de sa vie et on en a donc moins pour ses amis.
Il est cependant essentiel de garder le lien avec ces derniers, et de ne pas vous priver de les revoir, sans pour autant léser votre conjoint. Si vous avez chacun de votre côté des relations, il vous sera plus facile de trouver un bon équilibre. Les difficultés surgissent si vous seul avez un ami, et que votre partenaire est solitaire et n'a aucune relation. Vous vous sentez donc coupable de le laisser pour rencontrer vos amis. Vous lui rendrez service en l'aidant à discerner pourquoi il a du mal à se lier d'amitié, et en l'encourageant à faire le premier pas, en s'inscrivant à une association dans votre quartier par exemple. Cela le sortira d'une relation trop exclusive et trop fusionnelle avec vous.

[1] Proverbes 17.17.

CHAPITRE II

LES PÉRIODES CRITIQUES POUR LE COUPLE

Le *temps* est le *troisième partenaire* du couple. Au début de la vie à deux, celui-ci n'existe que potentiellement, il est à faire, *à construire*, à consolider. L'avenir doit être compris comme le temps *d'une création commune*, celle d'un foyer.
Des désaccords grands et petits jalonnent l'évolution du couple et tout l'art amoureux est dans ce travail de création continu au fil des jours, en échappant à l'usure du quotidien.
On distingue *quatre phases* de l'existence à deux, qui placent les partenaires devant des tâches spécifiques. Si celles-ci ne sont pas réalisées, elles sèment le germe de dissociations futures. Chacune des quatre phases sert à ajuster entre l'homme et la femme la volonté de puissance, le niveau d'intimité ou les communications avec l'extérieur.
Entre chaque phase se place une crise ou tout au moins une *étape critique*, approximativement vers la trentaine, la quarantaine, la cinquantaine, etc. Le mot *crise* veut dire *décision* en grec. Il désigne le point d'appui de la balance, le lieu où ça penche.
Ces crises sont donc signes de transition ; les partenaires dressent l'inventaire, font le point, ce qui peut les inciter à se remettre en cause. Le couple traverse donc au fil des années des zones de vulnérabilité dans lesquelles les conflits sont plus problématiques.
Voici ces phases :

■ *La lune de miel, jusqu'à un an*

Cette brève période est caractérisée par l'euphorie, l'idéalisation de l'avenir vécu comme une « éternisation » du présent, un désintérêt pour le monde extérieur ; l'autre est paré de toutes les qualités. Stendhal a appelé ce phénomène la cristallisation amoureuse.

■ *De un à cinq/sept ans de vie commune*
L'idéalisation cède le pas au réalisme, aux désillusions ; c'est le rodage du foyer, des tempéraments, des personnalités, chacun marque son territoire.
■ *De cinq/sept ans à quinze/vingt ans de vie à deux*
Les conjoints sont très accaparés par leur profession et leurs enfants et recherchent la stabilité et l'organisation à long terme.
■ *Après vingt ans de vie commune*
Une nouvelle acceptation, un engagement renouvelé sont, semble-t-il, requis pour entrer dans la période de l'âge mûr. C'est le temps, non plus de la création, mais de *la jouissance des œuvres communes*.
Par ailleurs, la vie ressemble rarement à un « long fleuve tranquille »...
Tout au long de sa vie, chaque être humain traverse des circonstances difficiles, des crises existentielles qui ne touchent pas que lui : elles affectent aussi celui ou celle qui partage sa vie et peuvent fragiliser l'équilibre de son couple. Si celui-ci est isolé, ou s'isole volontairement, s'il n'est pas assez soutenu par la famille élargie, les amis, l'église, ou un conseiller, s'il ne peut confier ses difficultés et partager ses angoisses, le risque est que la rupture apparaisse alors aux époux comme un moindre mal inévitable.

I. LA NAISSANCE D'UN ENFANT

A. LE DÉSIR D'ENFANT

Il y a des exceptions, mais généralement, après avoir vécu plus ou moins longtemps ensemble, un homme et une femme qui s'aiment ressentent le désir d'avoir un enfant. Ce désir est profondément inscrit dans la nature des êtres humains qui sont, par l'arrière, pressés par la mémoire de leurs ancêtres et, par l'avant, par le désir de transmettre leur nom, leurs valeurs, leur patrimoine, etc.
Les conjoints désirent un enfant pour de nombreuses raisons conscientes et inconscientes : pour l'aimer et le voir grandir,

pour recréer le climat familial qu'ils ont eux-mêmes connu, pour ne pas être seuls, et surtout pour dépasser l'angoisse de la mort et vivre après leur disparition à travers leur postérité.

Avoir une descendance les fait dépasser leurs étroites limites individuelles, et les inscrit dans l'Histoire en leur donnant une continuité. En projetant la vie au-delà d'eux-mêmes, cela leur permet de ne plus assigner une fin à leur propre existence.

Un cas est particulier : ceux qui veulent un enfant avec le secret espoir de sauver leur union qui bat de l'aile. C'est *une profonde erreur*. L'expérience montre que la venue d'un bébé ne résout pas les problèmes d'un couple qui va mal, mais au contraire les aggrave et en génère de nouveaux.

La décision d'avoir un enfant représente pour des partenaires une source potentielle de nombreux désaccords. Parfois en effet, seul l'un des deux en a envie, l'autre non.

Ce dernier par exemple a peur de perdre son emploi ou bien il ne veut pas sacrifier sa carrière, ses possibilités d'avancement ; il refuse un second ou troisième enfant parce que le logement deviendrait trop exigu ; il a peur, en devenant parent, de s'engager pour longtemps vis-à-vis d'un partenaire dont il n'est pas sûr ; il se demande s'ils auront les possibilités financières pour l'élever ; il craint de mettre un enfant au monde dans une conjoncture de chômage.

L'homme craint souvent de perdre son désir sexuel pour sa compagne si celle-ci devient mère. La femme craint aussi de ne plus être aussi désirable ou désirée par son compagnon.

Pour toutes ces raisons, la décision de donner la vie devrait être mûrement réfléchie. Il est légitime de peser le pour et le contre. Etre parent procure certes de grandes joies, mais aussi des fatigues, des soucis et des contraintes, parfois des grands chagrins.

Cependant, il convient aussi de faire confiance en la vie et en Dieu, et de surmonter ses angoisses face à l'avenir dans un monde difficile. Si on hésite pendant de longues années avant de franchir le pas, on risque de ne jamais le franchir. Les conditions ne seront jamais « idéales » et quand elles sembleront l'être, les

conjoints auront vieilli et seront moins féconds, l'enfant risque alors de ne pas arriver.
Ils doivent se dire que notre époque n'est pas plus angoissante que les précédentes. Leur responsabilité est de transmettre la vie, mais ils ne sont pas responsables des laideurs du monde et personne ne leur demande de garantir le bonheur à leurs enfants pendant toute leur existence.

B. LORSQUE L'ENFANT NE PARAÎT PAS

Il n'est pas suffisant de vouloir un enfant pour que celui-ci arrive... Certaines femmes parviennent à être enceintes mais pas à mener leur grossesse à terme, elles font une fausse-couche et parfois plusieurs. Ces avortements spontanés sont très douloureux à vivre, car le couple se réjouissait déjà de l'heureux événement à venir, et il doit à présent s'unir pour traverser ce deuil, souvent mal compris par l'entourage.
Il en est de même lorsqu'une intervention thérapeutique de grossesse (I.T.G.) est nécessaire parce que l'on sait que le fœtus ne survivra pas, ou parce que la santé de la mère est en danger.
Pour d'autres couples, même la conception est impossible. Les années passent, et chaque mois l'espérance est déçue. Les meilleurs spécialistes sont consultés. La première épreuve est de déterminer l'origine de la stérilité. Malgré les progrès de la science, 40 % des cas d'infertilité restent inexpliqués, ce qui plonge le couple dans le désarroi.
Lorsque celle-ci est attribuée sans aucun doute au mari, à la femme, ou aux deux, la colère, la tristesse, la frustration sont intenses. Celui qui « fonctionne bien » est parfois amené à reprocher à l'autre son « anomalie ». Ou bien celui qui porte le « handicap » se culpabilise lui-même.
Lorsque l'origine de l'infertilité a été trouvée, la seconde épreuve est de tenter de la traiter. Les médecins redonnent l'espoir, tout est tenté pour obtenir un enfant biologique, grâce aux plus récentes techniques médicales. Au fur et à mesure que le stress et les tensions augmentent, le couple s'aigrit car le désir sexuel,

lui, diminue. Avoir des relations sexuelles sur commande, à date fixe, dans certaines positions, dans le seul but de procréer, n'a rien de très excitant.

Et puis, après des années interminables d'essais pénibles et infructueux, le verdict fatal tombe : « Renoncez à l'espoir d'avoir un enfant. » Commence alors une lente dépression psychique et spirituelle. Les époux supportent mal de voir les amis ou voisins exulter à la naissance de leur bébé. Ils vivent mal l'incompréhension de leurs familles. Ils constatent par exemple, que leurs parents visitent plus volontiers leurs frères et sœurs pourvus d'une progéniture. Avec leurs amis qui ont des enfants, ils se sentent incomplets, incapables, différents, anormaux.

Puis vient le temps du deuil de l'enfant biologique, l'acceptation de la stérilité, la résignation. Le couple peut décider de chercher une solution dans *l'adoption*. Encore plusieurs années d'attente et parfois, celle-ci est récompensée par l'arrivée d'un ou plusieurs enfants adoptés. Il n'est d'ailleurs pas rare que la femme devienne enceinte après avoir adopté ! L'origine de l'infertilité venait dans ce cas précis d'un blocage psychologique inconscient.

Il arrive pourtant que le couple ne puisse même pas avoir recours à l'adoption, étant trop âgé ou pour des raisons de santé. Leur candidature est rejetée, et ce second échec, alors qu'ils pensaient avoir tant d'amour à offrir, est très dur à accepter. Le foyer parfois se désagrège ou bien il sort renforcé d'une telle épreuve, apprenant à s'adapter à cette vie définitivement sans héritier.

La terre ne s'arrête pas de tourner, et il faut bien continuer à vivre, essayer d'être heureux, construire son couple, même sans enfant. Certains foyers acceptent d'être une famille d'accueil provisoire pour des enfants en difficulté. D'autres compensent leur solitude en étant très présents à leurs neveux et nièces, aux enfants de leurs amis. Certains se lancent dans l'humanitaire, dans le social, s'investissent à fond dans une activité chrétienne, font du bénévolat, voyagent, etc.

Le fait qu'un couple soit stérile n'entraîne pas forcément son éclatement. Au contraire les statistiques montrent que ces ménages, ayant dû se montrer plus solidaires à travers leur épreuve, s'estiment plus heureux, et *on compte chez eux moins de divorces.*

C. LA FEMME DÉCIDE D'AVOIR UN ENFANT SANS EN AVERTIR SON MARI

La décision de faire un enfant devrait toujours se prendre à deux, mais certaines femmes, ne tenant pas compte du refus de leur mari, « oublient » leur moyen de contraception et se retrouvent enceintes soi-disant « sans l'avoir voulu ». Elles espèrent que, mis devant le fait accompli, leur mari se transformera en un père attendri. Certains hommes craignent effectivement la paternité et cette naissance imposée leur rend service.
Mais la majorité des hommes ont horreur d'être mis au pied du mur et obligés d'être pères contre leur gré. Ils laisseront alors à leur femme tout le soin d'éduquer cet enfant : « Tu le voulais, tu l'as eu, alors débrouille-toi avec lui ! »
Dans le pire des cas, le mari, excédé d'avoir été berné, refuse que sa femme poursuive sa grossesse et lui demande de l'interrompre. Si celle-ci refuse, il menace de la quitter, ce qu'il fait parfois pour de bon.

D. LA GROSSESSE

Même si celle-ci a été désirée et chaleureusement accueillie, la transition vers une vie à trois (ou plus) peut s'avérer difficile. Le bébé n'est pas encore né mais déjà il modifie la relation édifiée par le couple. Ces neuf mois sont exceptionnels ; dans le même corps deux êtres cohabitent ! Divers sentiments agitent les futurs parents.
Pour **la femme**, les premiers mois sont une période d'adaptation à son nouvel état. Elle a souvent envie de dormir, de se reposer, elle se sent irritable et nerveuse, et pleure sans raison. Souffrant parfois de nausées, elle a besoin d'être maternée car elle se sent très fragile.

Quant aux derniers mois, ils sont porteurs d'intense émotion, et d'appréhension de l'accouchement, même si elle a suivi des cours de préparation. Peu de femmes envisagent la naissance sereinement, il y a toujours la crainte que les douleurs soient trop fortes, que quelque chose se passe mal, que le bébé soit anormal, etc. Ses nuits sont perturbées, elle dort mal.
L'homme, lui, envie parfois le pouvoir créateur de sa femme, cette capacité de faire croître un être dans son ventre. Il est fasciné par ce mystère qui lui reste à jamais interdit. Mais cette envie devient vite jalousie : il se sent contrarié et exclu par la présence de plus en plus envahissante de ce petit être dans le corps et dans les pensées de sa compagne. Cet enfant qui devait les rapprocher les sépare en fait. La fusion irremplaçable qui existe entre le fœtus et sa mère lui donne le vertige.
La jalousie est amplifiée si sa femme, surtout dans les derniers mois de la grossesse, a moins de désirs sexuels. Elle préfère la tendresse et la douceur, à cause de l'inconfort qu'elle éprouve. L'homme se sent aussi gêné, consciemment ou non, par la présence de cet « intrus » dans leurs ébats amoureux.
Il est également angoissé, déstabilisé par les transformations physiques et psychiques de son épouse. Se sentant démuni, il la surprotège maladroitement, surveille son alimentation, sa prise de poids, appréhende ses fatigues, ses nausées, son masque de grossesse. Il a peur de perdre la svelte créature qui avait conquis son cœur, peur de blesser le fœtus pendant les rapports (celui-ci est pourtant bien protégé).
Comment mieux vivre ces neuf mois d'attente ? Les partenaires verbaliseront au maximum leurs sentiments de jalousie ou de crainte afin de les évacuer, et se concentreront sur le positif de la grossesse : la beauté, la sérénité et l'épanouissement de la femme enceinte, la joie qui les attend bientôt.
Le futur père acceptera cette fusion mère-enfant et même l'enrichira par sa présence, par sa voix plus grave que le fœtus perçoit dès le septième mois, par ses caresses sur le ventre de sa femme. Il se laissera envahir par la fierté légitime de collaborer à cette création d'un être humain.

La future maman, plutôt que d'entretenir le mystère, partagera ce qu'elle ressent avec son bébé, aidera son mari à percevoir ses mouvements dans son ventre, etc.

E. LA NAISSANCE D'UN ENFANT

De nombreux conjoints avouent que la détérioration de leur couple a commencé à la naissance d'un enfant, souvent le premier, et surtout si c'était un *fils* (nous dirons plus loin pourquoi). Une naissance, qui est pourtant un événement heureux, est hélas une cause fréquente de tensions conjugales.

Pour certains, vivre ensemble le moment émouvant et magique de la venue au monde de leur bébé est essentiel. Pour d'autres, c'est moins évident. Le mari ne devrait assister à l'accouchement que s'il le désire vraiment et si son épouse l'y autorise. La femme ne devrait pas le forcer à rester près d'elle si, trop impressionnable, il a peur de se trouver mal. Le mari, de même, n'imposera pas sa présence si sa compagne préfère être seule ou avoir sa mère ou sa sœur près d'elle.

Mais les véritables frictions ne surgissent qu'après le retour à la maison. Durant la grossesse, ils ont nié que l'attente de leur enfant était en train de changer leur vie. Mais une fois Bébé installé dans sa chambre, ils ne peuvent plus ignorer qu'il bouleverse leur vie à deux.

En effet, la relation amoureuse unique entre l'homme et la femme perd cette unicité avec l'arrivée de la chair de leur chair. Trois autres relations apparaissent dans ce couple devenu une famille : celle de l'enfant à sa mère, à son père, et au couple parental. Et ces trois nouvelles relations ont tendance à prendre beaucoup plus d'importance que le lien amoureux, qui risque alors de s'étioler.

Le grand défi pour les conjoints après une naissance est de trouver un nouvel équilibre, pour *devenir des parents* sans oublier de *rester des amants*.

Voyons d'abord ce que ressent **la jeune mère.**

En accouchant de son bébé, une femme accouche aussi de son

identité de mère. Cette identité nouvelle la confronte à sa propre enfance, l'oblige à remettre en question ses repères et à se resituer en tant que personne. En particulier la naissance de son enfant la conduit à s'interroger sur *ses relations avec sa propre mère*. Elle prendra conscience de tout ce que celle-ci lui a apporté de positif, elle réglera des litiges anciens avec elle, ou bien elle prendra ses distances si sa mère se montre trop envahissante ou trop critique.

Si sa mère l'a rejetée, abandonnée, négligée, elle attendra peut-être de son bébé qu'il lui procure l'affection dont elle a manqué dans son enfance et qu'il répare ses blessures du passé. C'est une attente irréalisable, bien sûr, qui ne peut que la laisser cruellement déçue.

Même si elle a lu des manuels sur l'art d'élever un nourrisson, une nouvelle maman est loin d'imaginer le bouleversement physique et psychologique que provoque la naissance d'un bébé. De retour de la maternité, lorsqu'elle n'est pas occupée à soigner son nouveau-né, elle se repose et essaie de dormir, car il lui prend toute son énergie physique et psychique, surtout s'il la réveille la nuit.

Si c'est son premier-né, c'est une source importante d'anxiété : elle se soucie à chaque instant de son bien-être, et se demande, lorsqu'il pleure sans raison ou ne prend pas assez de poids, si elle est apte à le soigner.

Le vertige la prend souvent à l'idée que le processus est irréversible : maintenant qu'elle est mère, elle l'est pour la vie. Elle est seule responsable de son bébé et doit prendre de multiples décisions pour lesquelles elle n'est pas préparée.

Si d'autres enfants réclament aussi son attention, cela accentue encore son épuisement. Souvent, en partie à cause du déséquilibre hormonal, elle est en proie à la dépression du post-partum, et pleure pour un rien.

Sur le plan sexuel, ça ne va pas fort : elle est fatiguée ou déprimée, elle a mal aux seins, elle a peur de la douleur de la pénétration parce que la lubrification vaginale décroît pendant l'allaitement, ou parce que l'épisiotomie n'est pas encore cicatrisée.

Les sexologues savent qu'un grand nombre de jeunes mères perdent pour un temps leur désir sexuel, pas seulement pour les raisons physiologiques déjà citées, mais aussi à cause de ce que Winnicott nomme la « folie maternelle ». La mère vit une fusion totale avec son nouveau-né (il lui arrive même d'éprouver un orgasme lorsqu'elle l'allaite, ce qui la culpabilise), fusion qui entraîne une baisse de désir pour son mari.

Isabelle : « Jamais je n'aurais cru que la naissance de ma fille créerait autant de tensions avec mon mari. Il ne semble pas comprendre qu'il est son père. Il ne la prend pas dans ses bras, ne la change jamais. Parfois il va dormir sur le canapé, et se plaint qu'il n'arrive pas à récupérer s'il est réveillé la nuit. Et moi, qu'est-ce que je devrais dire ?
Il pense qu'on devrait prendre une baby-sitter et sortir à nouveau le soir comme avant. Mais moi, je suis épuisée. On se dispute sur presque tout, il me reproche que la maison est en désordre. C'est déjà assez dur de m'occuper de mon bébé, si en plus je dois me battre avec mon mari... »

Ce **nouveau père**, justement, est bouleversé par l'arrivée du bébé. Si c'est un « homme-enfant », il a choisi sa femme pour sa douceur et ses qualités maternelles, et parce que inconsciemment il désirait qu'elle le choie comme le faisait (ou ne le faisait pas...) sa propre mère. Il se sent alors exclu, mis de côté, abandonné, au profit du rival : le nouveau-né.
« Cela aboutit au syndrome classique où le mari devient le deuxième bébé de la famille. Papa réclame l'attention de Maman, et s'il n'est pas satisfait de la réponse (ce qui est généralement le cas puisque la mère doit s'occuper d'un vrai bébé), il désinvestit le mariage pour se perdre dans le travail.[1] »
La vie a pour tout homme (comme aussi d'ailleurs pour toute femme !) le visage de sa mère. Ce visage constitue le fond de son être archaïque. Un homme reste toujours le fils amant de sa mère.
Un nouveau père qui, à la naissance d'un enfant, *surtout d'un*

garçon, ressent une impression d'abandon, devrait se demander *s'il a été blessé dans sa relation à sa mère*. En effet ce sentiment d'abandon indique qu'il est en train de *réactiver* ce traumatisme. Il projette sur sa femme l'image de la mauvaise mère qui ne s'est pas assez bien occupée de lui, qui l'a abandonné, qui est morte, etc.

Un nouveau père supporte parfois mal la symbiose de sa femme avec le nourrisson, surtout lorsqu'elle l'allaite. Jusque là, il se croyait propriétaire exclusif des seins de son épouse. A présent, en voyant le bébé blotti contre le sein de sa femme, inconsciemment il aimerait bien être à sa place et le voit comme un rival qui usurpe ses droits.

Au lieu de bouder, il devrait réagir en adulte, et comprendre que sa femme n'est pas sa mère et ne le sera jamais, et qu'il est normal qu'elle materne leur nouveau-né. D'ailleurs il « nourrit », lui aussi, le couple mère-enfant, mais au sens psychologique. Le bébé, pour sa construction psychique, a besoin d'entendre, de voir et de toucher son père, et la femme a absolument besoin d'être soutenue par son compagnon pendant les premiers mois.

Outre la jalousie, un autre sentiment éprouvé par le mari est la *peur* face à sa nouvelle fonction. Si, pour trouver ses marques, il fait appel à ce qu'il connaît, c'est-à-dire l'image de son propre père, il se souvient surtout de sa sévérité. Or de nos jours, père se conjugue plutôt avec tendresse et complicité. Il lui est alors difficile de trouver le juste équilibre entre l'autoritarisme et le laxisme.

Nous avons évoqué ce que ressentaient la jeune maman et le nouveau papa. Concluons par ***quelques pistes de réflexion*** pour les deux parents.

Après une naissance, ceux-ci se rappelleront qu'ils restent aussi des *individus* et des *conjoints*.

Ils restent des *individus*, avec leur jardin secret, leurs peurs, envies et désirs propres, des loisirs, des amis, etc.

Ils restent aussi des *conjoints* pour qui continuer à entretenir la flamme de leur relation amoureuse est essentiel. Dans une famille, les enfants sont comme des « invités ». Ils arrivent un certain

jour, restent vingt ou vingt-cinq ans et puis s'en vont ; le mari et la femme, eux, restent ensemble toute leur vie.
S'ils se centrent uniquement sur leurs enfants, une fois que ceux-ci quitteront le nid familial, ils se retrouveront comme des étrangers l'un pour l'autre.
Donc après chaque naissance ils éviteront de délaisser leur relation amoureuse (« c'est pour un temps seulement », pensent-ils) sous prétexte que dans l'immédiat, les soins au nouveau-né sont prioritaires. Certains pensent que s'occuper *ensemble* du bébé renforce leur relation. Ce n'est pas vrai. La relation amoureuse, c'est se retrouver seuls l'un près de l'autre, sans enfant. Pourquoi ne pas prendre une baby-sitter et s'échapper au cinéma, au restaurant ou en forêt ?
Il est essentiel que le père reste un homme, la mère une femme, que les parents restent des amants. Par respect pour eux-mêmes et par amour *pour l'autre*, ils prendront soin de leur personne pour garder intacte leur capacité de séduction.

II. UN PROCHE EST ATTEINT PAR UNE ÉPREUVE : MALADIE, ACCIDENT, HANDICAP…

Il peut s'agir d'un membre de la famille, d'un conjoint ou d'un des enfants.
Les répercussions de ce genre d'épreuve sur le couple sont différentes selon la nature, la gravité, la durée et l'évolution dans le temps, de cette maladie ou de ce handicap. Elles diffèrent aussi selon les réactions des époux, leur état spirituel, physique, psychique, et surtout selon la solidité ou la fragilité du lien qui les unit[2].
Un même drame est susceptible soit de renforcer l'unité d'un couple soit de provoquer son éclatement. Un homme jusqu'ici amoureux et fidèle peut abandonner sa compagne qui vient de donner naissance à un bébé handicapé, alors qu'un autre, habituellement assez distant va, lorsque son épouse tombe gravement malade, lui manifester un soutien extraordinaire et inattendu.
Il est très important de se soutenir mutuellement lorsque le malheur survient.

Quand Christopher Reeve, l'acteur qui incarnait Superman, est devenu tétraplégique à 43 ans après une chute de cheval, il n'avait plus envie de vivre. Mais sa femme lui dit ces mots qui lui sauvèrent la vie[3] : « Tu es encore et toujours toi. Et je t'aime. » Cet athlète dont le corps était brisé décida alors de continuer à vivre, et à se battre.

Si c'est leur fils (ou leur fille) qui est malade ou handicapé, les parents ont à faire le deuil de l'enfant en bonne santé qu'ils espéraient. Même face à un enfant « normal », les parents ont parfois du mal à mettre en œuvre leurs compétences. Face à un enfant « différent », c'est pire.

Mais « les réactions du père et de la mère ne sont pas identiques, remarque le pédiatre Maurice Titran. La mère noue des relations précoces avec son enfant pendant la grossesse. Le père, lui, doit adopter le bébé comme étant le sien. Et dans des circonstances douloureuses, il peut refuser de le faire. »

Votre enfant handicapé ou malade a besoin de se savoir aimé, d'être sûr qu'il est un sujet de joie pour vous, que c'est son handicap qui vous éprouve, mais pas lui-même. N'ayez pas peur de détester sa maladie, de crier votre détresse. Mais n'ayez pas peur d'aimer votre enfant, ni de vous laisser aimer par lui.

Monique Lafon, mère d'une petite fille trisomique, écrit dans son livre *Mon enfant, ma douleur, mon bonheur*, qu'elle a appris à savourer l'instant présent, à « troquer l'angoisse de l'avenir pour le bonheur du jour ».

Si votre enfant est gravement malade, il sait infiniment plus qu'on ne le croit sur ce qui se passe en lui et autour de lui, mais il ne peut pas en parler. Il craint, en disant ce qu'il pense et ce qu'il ressent, d'ébranler votre moral, de vous déstructurer. Il est inconsciemment, ou volontairement, le thérapeute de ses parents. Il ne s'autorisera à parler de sa maladie et de la possibilité de sa mort, que si la parole circule librement dans votre foyer.

Pensez aussi à *vos autres enfants*, dont le désarroi dans cette situation passe souvent inaperçu. Parfois ils se sentent coupables

et croient que ce handicap ou cette maladie est la conséquence de pensées d'agressivité ou de jalousie envers leur frère ou leur sœur. Expliquez-leur qu'ils ne sont pour rien dans ce malheur. Certains, pour attirer votre attention trop portée sur celui qui est handicapé, se créeront un problème, un symptôme, échoueront à l'école, etc.
D'autres se sentent incapables d'être assez gentils pour parvenir à consoler leurs parents de ce handicap.
Quel que soit le membre de la famille qui souffre, les conjoints peuvent voir leur amour mutuel grandir ainsi que leur confiance en Dieu. Ils ont le choix de subir l'épreuve, ou de la dépasser en la traversant[4].

« Notre fille avait moins d'un an lorsqu'un spécialiste nous a dit la vérité : ' C'est très, très grave.' Au début, nous étions confiants, malgré les difficultés quotidiennes qui s'accumulaient, cela n'allait pas être si grave qu'on nous le disait. Puis ce fut le désespoir face à la réalité, je pleurais et j'avais besoin d'en parler.
Notre fille est infirme moteur cérébral, elle ne marche ni ne parle. J'ai ressenti beaucoup de culpabilité et d'échec, je me suis vue comme anormale par rapport aux autres mères, abandonnée, pas à la hauteur, impuissante, presque pas mère parce que incapable de vivre une bonne relation d'amour avec mon enfant.
Je n'ai pas su profiter de mon fils qui, lui, allait bien, parce que j'étais tellement occupée avec ma fille qui à l'époque pleurait et hurlait énormément.
A ce jour je n'ai pas encore accepté le handicap de notre fille. C'est une montagne devant moi. Je me surprends parfois à m'inventer une autre vie, plus facile, pour fuir cette dure réalité. C'est comme si je faisais un beau rêve éveillé, mais combien c'est destructeur…
Je me rends compte que depuis la naissance de cet enfant « différent », je me sens vieille, sans avenir, sans rêve. Je trouve ce parcours épuisant ; peut-être sera-t-il enrichissant en

fin de compte, je me le demande. Certains jours, j'arrive à remettre mes soucis à Jésus, et il les porte vraiment, je me sens mieux. D'autres jours, je n'arrive même pas à regarder à lui, et même si je crois qu'il est là, je ne le sens pas. Il a l'air absent. Pourquoi a-t-il permis toutes ces souffrances ?
Dans notre couple, heureusement on s'aime très fort. Chacun réagit avec son tempérament. Mon mari pense toujours que ça ira mieux demain, mais pour moi le lendemain me paraît plutôt noir. Parfois j'aimerais, même s'il est très pris par son travail, qu'il prenne un peu de son temps pour m'aider, pleurer avec moi, pour prier ensemble.
Je crois qu'un jour j'arriverai à accepter la dure réalité. C'est un long chemin, j'avance à petits pas, il me reste encore beaucoup de route.»

III. LE DÉCÈS D'UN PROCHE

Si une personne perd un être cher, ce décès va affecter également son conjoint, et donc l'équilibre du couple. Voici d'abord quelques éléments généraux à connaître sur le travail de deuil. Nous évoquerons ensuite le cas particulier où votre conjoint a perdu son père ou sa mère, et celui du couple qui a le grand malheur de perdre un enfant.

A. LE TRAVAIL DE DEUIL

Erik Lindemann, professeur de psychiatrie, explique que pour accepter la perte d'un être cher et reprendre une vie normale, il faut être délivré de *l'asservissement au défunt* pour pouvoir vivre avec le *souvenir du défunt*, en acceptant les souvenirs, joies et tristesses en rapport avec ce dernier.
Freud le premier, dans *Deuil et mélancolie*, a montré que devant la reconnaissance de la disparition de quelqu'un ou de quelque chose, la personne doit accomplir un « travail », celui de deuil. La libido (pulsion vitale) doit se détacher des souvenirs et des espoirs qui la reliaient au disparu, après quoi le *moi* redevient libre.

Ceux qui refusent d'affronter la souffrance de ce travail de deuil utilisent des *substituts* comme : être stoïque, ne pas en parler, ne pas pleurer, rêver que le mort vit encore, oublier la souffrance en mangeant, en se droguant, en étant suroccupé, etc.
Si vous voyez que votre partenaire endeuillé fuit le chagrin, expliquez-lui que passer par le travail de deuil est le seul moyen justement pour s'en sortir.
Le deuil comporte trois phases : l'étape de la *détresse* (ou de choc), celle du *désinvestissement* (ou de dépression), et celle du *réinvestissement* (ou de réadaptation).

■ l'état de choc, de détresse

Il débute à la nouvelle du décès et se prolonge jusqu'aux obsèques. Il se caractérise par l'incrédulité, la négation, la surprise, la torpeur, l'hébétement.
Les obsèques ne sont évidemment pas une cérémonie en faveur des morts, mais en faveur de ceux qui restent. Elle les oblige à reconnaître la réalité du décès, elle leur donne la permission, dans un lieu et un temps adéquats, de commencer à exprimer leur chagrin et de recevoir des condoléances de la part de l'entourage.

■ le désinvestissement ou la dépression

Cette étape dure au minimum trois mois, mais souvent une ou plusieurs années. La douleur la plus intense dure six semaines. La personne endeuillée doit rompre les liens affectifs avec le disparu et renoncer à tout projet futur avec lui. C'est le temps des larmes, de la nostalgie, du regret, de la colère contre les médecins, la vie, Dieu, et contre le disparu lui-même qui l'a laissée. La personne réalise la perte, le manque, et souffre souvent de troubles divers : insomnie, perte de l'appétit, symptômes dépressifs, sensation physique de creux, de vide, etc.

■ le réinvestissement ou la réadaptation

La personne réalise qu'elle doit combler le manque et réinvestir sur d'autres personnes ou d'autres choses. Elle doit se réadapter, réintégrer la vie malgré l'absence de l'être cher. A cette étape vous pouvez aider votre partenaire, s'il a tendance à être inactif, à trouver un emploi, ou une activité, même bénévole.

B. VOTRE CONJOINT PERD SON PÈRE OU SA MÈRE

Abraham Maslow a dit que « l'on apprend davantage de la mort d'un de ses parents que de tous les cours que l'on suit à l'Université. »

Lorsque nos parents sont encore en vie, nous nous sentons protégés de la mort, car nous pensons qu'elle les frappera logiquement en premier, puisqu'ils sont plus âgés que nous. Mais une fois qu'ils sont décédés, nous savons, inconsciemment, que les prochains à mourir, ce sera nous.

Si votre conjoint perd son père ou sa mère, ce peut être pour lui un moment de croissance ou de changement, s'il prend conscience de l'influence que ce parent a eue sur lui. En le perdant, il perçoit mieux ce que sont la mortalité, l'immortalité, la fragilité de la vie humaine, l'importance des relations, surtout familiales.

Si vous l'aidez à accepter cette séparation, ce sera l'occasion d'une profonde maturation qui l'aidera à développer sa personnalité. S'il n'a plus ni son père ni sa mère, il se sent maintenant tout à fait orphelin. Entourez-le donc de votre amour.

Evitez de le pousser trop vite à « se reprendre », à sortir, à oublier. Laissez-lui le temps de vivre son deuil[5]. Si un mois après que votre mari ait perdu sa mère, vous le surprenez en train de pleurer, ne le lui reprochez surtout pas, prenez-le dans vos bras et consolez-le. Sinon, vous entraveriez le cours normal du travail de deuil.

Le deuil qu'il doit faire est plus ou moins difficile selon la relation qu'il avait avec son parent : symbiotique, conflictuelle, etc.

Ainsi si votre mari vivait sous l'emprise d'une mère hyperprotectrice, il se sent détruit, désorienté, lorsqu'elle disparaît. Peu à peu, il se rendra compte qu'il peut se débrouiller tout seul, que le cordon ombilical est coupé. Il cessera d'être un petit garçon pour devenir un homme. Et cela se ressentira dans votre foyer, il prendra plus de décisions et les assumera.

Si la relation de votre épouse avec son père était conflictuelle, ce

qui est très courant, elle éprouvera sans doute de la culpabilité de n'avoir pas su gérer cette mésentente, de n'avoir pas pu dire à temps qu'elle l'aimait quand même. Elle revit les blessures que son père lui a fait subir dans son enfance, et sait qu'elle ne pourra jamais plus en parler avec lui. Vous êtes perplexe, car vous ne comprenez pas comment cette relation qui était tendue, frustrante voire inexistante plonge votre épouse dans la dépression.
Perdre son père, perdre sa mère, que ce soit à quarante, cinquante ou soixante ans, est une cruelle expérience, mais elle nous enseigne des vérités primordiales sur la condition humaine. Elle redéfinit notre place dans l'existence et nous questionne sur le sens de notre vie : suis-je heureux ? Qu'est-ce que je désire pour moi-même ? Qu'est-ce qui est essentiel ? Que vais-je faire de ma vie ou qu'en ai-je fait ? Qu'y a-t-il après la mort ?

C. LA MORT D'UN ENFANT

Evoquons d'abord le cas douloureux d'un *bébé mort-né*. Ses parents doivent se remettre du chagrin causé par la disparition d'un enfant qu'ils ont aimé *sans même le connaître*. De nombreuses femmes considèrent la mise au monde d'un bébé mort-né comme un échec personnel et elles perdent confiance dans leur capacité de procréer et en elles-mêmes. Parfois elles en viennent à refuser toute relation sexuelle.
Les pères vivent aussi ce drame comme un échec, et se sentent de plus très seuls. L'entourage compte sur eux pour consoler leur femme, mais personne ne pense à les soutenir dans leur propre chagrin.
La plupart des femmes, en tous cas, ressentent un grand vide dans leur ventre et un terrible besoin d'étreindre et de caresser un bébé. Toutes ces réactions sont passagères ; si elles persistent longtemps, il serait souhaitable de se confier à un conseiller.
Parlons à présent du deuil qu'un couple doit faire après la mort d'un enfant né vivant.
Il va être confronté à un *parcours des plus difficiles*. La pédopsychiatre Ginette Raimbault, qui a écrit plusieurs ouvrages sur

ce thème, estime qu'au début, surmonter cette mort paraît impossible et inacceptable.

Or, ce que les parents ont à vivre, c'est que ce deuil *ne les quittera pas*. Celui-ci se poursuit et ne s'arrête qu'avec la mort. Ils arriveront à accepter un jour la disparition *physique* définitive de leur enfant, ce qui n'implique pas la disparition *psychique*.

Selon elle[6], ce qui aide les parents, c'est le dialogue avec une personne solide, soit un psychothérapeute, soit quelqu'un qui a vécu le même drame et qui, l'ayant surmonté, est apte à les entendre et les comprendre. La prière, la consolation de Dieu sont aussi d'une grande aide, ainsi que la certitude que Dieu a accueilli cet enfant auprès de Lui.

Les groupes de parole de parents en deuil aident aussi beaucoup à retrouver le goût de vivre. En effet, ce qui a disparu, c'est *le goût à la vie*, ce qui crée de gros problèmes au sein du couple et pour les autres enfants.

Ginette Raimbault estime que la perte de l'enfant va résonner de façon absolument différente suivant la place qu'il occupe dans le psychisme de ses parents. Chacun va vivre cette disparition de façon spécifique par rapport à son passé.

La mort d'un enfant opère souvent une séparation entre les parents. Tout se passe comme si chacun s'enfermait dans sa douleur et dans ses interrogations sans réponse : « Pourquoi ? Qu'est-ce que j'ai fait, qu'est-ce que nous avons fait ? Qu'est-ce qui dans notre vie peut expliquer la mort de notre bien-aimé ? » Cet enfermement chacun de son côté crée une rupture de la communication. Néanmoins parfois la mort d'un enfant resserre les liens du couple, comme le montre ce témoignage.

Lui

« Seize heures après sa naissance, notre fils a commencé à respirer mal. Le docteur nous a dit peu après : « Je suis désolé, votre enfant ne vivra pas, il a une grave malformation cardiaque. » Je lui ai fait un dernier baiser sur la tête.

Notre fils n'a vécu que quarante heures, mais nous avons pu le prendre dans nos bras et lui donner un biberon.
J'avais été déclarer sa naissance, le lendemain je suis allé déclarer sa mort, au guichet des décès... Je n'ai pas quitté ma femme pendant huit jours. Nous pleurions ensemble, je la soutenais. C'est pour elle que je tenais bon. Mais ensuite j'ai « craqué » dans les bras de mon beau-père.
Cette terrible épreuve nous a rapprochés, mais je suis persuadé que sans le secours de Dieu notre couple n'aurait pas résisté.
Je ne sais pas pourquoi notre fils est mort, mais je sais qu'il est près de Dieu et que je le retrouverai. Là-haut, je comprendrai tout. »

Elle

« Moi je me suis sentie très coupable, parce que j'avais continué à fumer pendant ma grossesse. Mais on m'a dit que le tabac n'y était pour rien, que c'était une malformation génétique qui ne se produit qu'une fois sur un million et qu'on ne pouvait déceler à l'échographie.
J'ai été longtemps révoltée contre Dieu d'avoir permis ça, surtout que c'était notre premier enfant. C'est mon mari qui m'a encouragée à retrouver la paix avec Dieu. Un conseiller m'a expliqué qu'être en colère était une étape normale du travail de deuil et ça m'a beaucoup aidée.
Jamais je n'oublierai mon fils...
Cette épreuve nous a rapprochés, mon mari et moi. Nous nous aimons encore plus et nous sommes très soudés. Et Dieu continue à me soutenir par ce verset : 'Ne crains rien, car je suis avec toi.' »

IV. UN CONJOINT ENTREPREND UNE DÉMARCHE THÉRAPEUTIQUE OU SPIRITUELLE

Il se heurte alors souvent à la résistance de l'autre. Cette crise est presque inévitable, mais toujours constructive. La plupart du temps, c'est la *femme* qui la première, vers 40 ou 50 ans en particulier, cherche à changer, s'inscrit à des séminaires de développement personnel, commence une psychothérapie, ou découvre une dimension de vie spirituelle plus personnelle avec Dieu.

Si son mari est rationnel, convaincu seulement par ce qui est concret, s'il a horreur de se poser des « questions inutiles », il pense que sa femme est irrationnelle.

Le psychologue Claude Allais, auteur avec sa femme de *Couple en thérapie*[7], a constaté que si un ménage est en crise parce que l'un des conjoints fait une thérapie, c'est la preuve que celui-ci fait un travail en profondeur.

En effet, si une personne se transforme, elle est de plus en plus en contact avec ses besoins essentiels d'intimité, de chaleur, de valorisation, du sentiment d'être actrice et créatrice de sa vie, etc.

Si ces besoins ne sont pas satisfaits, elle se tourne vers son partenaire pour les satisfaire. Et c'est alors le couple qui se met à tanguer. Après, tout dépend de la santé réelle de l'union : malgré de fréquentes frictions, un couple peut se révéler à la longue très solide.

Ces disputes sont inévitables et sont générées par l'attitude « militante » du conjoint récemment devenu chrétien ou qui a commencé un travail sur lui-même. Totalement investi dans sa démarche, il ne parle plus que de ça, et cherche à convaincre son partenaire. Celui-ci, se sentant contraint à changer, se rebelle et attaque la thérapie ou la foi en leur reprochant d'être la cause de la mésentente conjugale. Il pense que tout allait mieux « avant », ce qui est souvent inexact. En effet, « avant », les causes de tension restaient occultées, maintenant, simplement, elles viennent au grand jour.

Animé d'un fort désir de toute-puissance qui resurgit de l'enfance, celui qui est en thérapie ou est devenu chrétien voudrait que l'autre fasse de même, mais il ressent son impuissance face à ce désir.

L'autre, qui ne veut pas changer, ressent la peur d'être abandonné et de perdre la maîtrise de son conjoint.

« Chez l'homme, souligne Claude Allais, une culpabilité inconsciente (celle du petit garçon qui vit avec l'idée qu'il ne donne jamais assez à sa mère si dévouée) intensifie rigidité et protection négative. Craignant de ne jamais pouvoir apporter assez à sa partenaire, il devient encore plus agressif à l'égard de la démarche qu'elle a entreprise. »
Dans cette période tendue, la personne en thérapie ou convertie a un immense avantage : celui de disposer d'un lieu (église ou cabinet du thérapeute) où se ressourcer et d'une personne (pasteur, prêtre ou psychothérapeute) auprès de laquelle elle peut reprendre des forces. L'autre se sent parfois attiré vers ce lieu de ressourcement et décide de tenter, lui aussi, l'aventure de la thérapie ou de la foi.
Sinon, un *statu quo* s'installe dans le ménage, fait de silence et d'un écart toujours plus grand entre les époux.
Celui qui effectue un travail sur soi doit faire le deuil de son couple tel qu'il était, et accepter les points d'union qui le rattachent quand même encore à l'autre. Ainsi, il transcende son désir de toute-puissance et lâche prise, ce qui est très sain.
Pour d'autres ménages, la thérapie de l'un fait exploser l'unité conjugale. Pour comprendre pourquoi, examinons quel est le cheminement intérieur de celui qui effectue une psychothérapie :

- Avant, il vivait *de* son père, *de* sa mère, *de* son passé, etc.
- Pendant sa thérapie il apprend à vivre *pour lui-même*, tout tourne autour de lui, ses conversations sont égocentriques, il s'analyse, explore son passé, raconte ce qu'il a découvert avec son psychologue. Son conjoint peut en être agacé et se sentir un peu exclu.

Pour ces raisons, c'est cette période-là qui est *la plus déstabilisante* pour l'unité conjugale.

- Après sa thérapie, il a (en principe !) appris à vivre *avec* son mari ou sa femme, dans le présent. Qu'il apprécie pleinement chaque instant de sa vie commune et évite de reparler de son parcours thérapeutique.

Dans tous les cas, le couple est un facteur d'évolution personnelle *très rapide*. Paradoxalement, un partenaire qui refuse de bouger aide l'autre à évoluer plus vite, à faire des pas de géant. Notre conjoint est toujours un maître de sagesse…

V. LES CHANGEMENTS DANS LE STATUT PROFESSIONNEL ET SOCIAL, EN PARTICULIER : LE CHÔMAGE

Qu'il soit positif ou négatif, un changement dans le statut professionnel entraîne un changement du statut social et affecte la vie de la personne ainsi que l'équilibre de son couple.
Pour Freud, une bonne adaptation de l'individu à son environnement comporte un *travail productif* et un *amour satisfaisant.*
L'étroite relation entre travail et amour se vérifie par les nombreuses disputes conjugales liées aux problèmes professionnels.
Le *chômage* constitue une très rude épreuve ; c'est un choc, un traumatisme susceptible de déstabiliser un foyer fragile.
Le demandeur d'emploi est victime d'une situation qui le dépasse. Il est mis hors circuit sans qu'on le lui demande, souvent assez brutalement.
Il traverse la plupart du temps trois phases : pendant *trois à six mois*, c'est la *révolte*. Il prend conscience qu'il a tout donné à son entreprise... pour rien ! Il ne sert plus à rien, n'existe plus.
De *six à douze mois*, c'est une phase *d'acceptation* de sa situation, où il désire rebâtir en oubliant le passé. Il a perdu son réseau relationnel, et ressent le besoin de recréer de nouvelles relations sociales.
Au-delà *d'un an* de chômage, il s'ensuit une période d'*humiliation*, de pessimisme ou d'angoisse quand, après bien des efforts, aucun emploi n'est en vue. Cette dernière phase voit s'accroître les sentiments d'inutilité et d'échec. Amputé de ce qui a constitué un pôle important dans sa vie, il se sent écrasé, méprisé, indésirable, d'où une tendance croissante à se replier sur soi, à fuir les rapports humains. De plus le besoin de sécurité n'étant plus satisfait, la menace de sérieuses difficultés matérielles peut finir par se concrétiser.
Le chômeur de longue durée ressent l'incapacité à faire des pro-

jets (la recherche d'emploi menée avec sérieux est un emploi à temps plein), l'inquiétude ou l'angoisse devant l'avenir, l'amertume, le fatalisme et le rejet des structures qui n'apportent plus ce qu'il leur demande.
Dans la majorité des cas, en une année, l'équilibre émotionnel de celui ou celle qui cherche un emploi a été rompu.
Les principaux troubles dont souffre un chômeur sont psychologiques, physiques, sexuels, et relationnels.

A. LES TROUBLES PSYCHOLOGIQUES (PERTE DE L'IDENTITÉ ET DE LA CONFIANCE EN SOI, DÉPRESSION, CULPABILITÉ, AGRESSIVITÉ)

Le travail fait partie de l'identité. Il fournit des repères, des relations, et donne une place reconnue. Se retrouver sans emploi rémunéré, c'est comme *perdre son identité*, l'individu n'arrive plus à se situer.
Il n'avait jamais réalisé jusque-là à quel point l'image qu'il se faisait de lui-même dépendait de la fonction qu'il occupait. Le chômage, vécu comme une maladie honteuse, provoque un *ébranlement de la confiance en soi*. Cette réaction, normale, vient du sentiment que la société n'a plus besoin de lui. Et comme il ne participe plus aux activités sociales associées à son travail (rencontres entre collègues), il se sent doublement isolé.
La vie n'étant plus structurée par sa profession, le demandeur d'emploi se demande : « Que vais-je faire de cette journée ? » A l'heure où les autres partent au travail, il se sent dépossédé. Un temps vide s'étend devant lui, qu'il ne sait comment combler. Il tourne en rond, et l'oisiveté engendre rapidement la *dépression*.
De plus, l'archétype de « l'homme gagne-pain » est tellement ancré dans notre inconscient collectif qu'il se sent très *coupable* s'il reste à la maison alors que sa compagne va travailler. Il se sent humilié dans sa nature masculine de ne pouvoir nourrir ses enfants et son épouse. Celle-ci devra le rassurer et le convaincre

qu'elle ne lui en veut pas. Si c'est elle qui est au chômage, elle trouvera également difficile de devenir financièrement dépendante de son mari.
Frustré parce que ses nombreux envois de C. V. restent sans réponse, se sentant rejeté par ces refus qui s'accumulent, le demandeur d'emploi ne contrôle bientôt plus son agressivité qui explose contre ses proches.

B. LES TROUBLES PHYSIQUES

Ils sont la conséquence des troubles psychologiques : perte du sommeil, baisse de l'appétit, mauvais caractère, angoisses, etc.

C. LES TROUBLES SEXUELS

Les répercussions sur la vie sexuelle sont fréquentes. Manquant d'estime pour lui-même, le chômeur a aussi peur de baisser dans l'estime de son conjoint, et cette peur affecte sa vie amoureuse. Une femme qui se sentait valorisée par sa fonction peut se croire moins désirable à présent. Un homme dont la virilité tenait à son statut professionnel, croit qu'il ne vaut plus grand chose comme amant et peut devenir impuissant. Se punissant inconsciemment, les époux se refusent sexuellement l'un à l'autre, ce qui détériore leur relation amoureuse. Si la personne au chômage se laisse aller à l'apathie et à la lassitude, son partenaire, même le plus compréhensif, en sera affecté, et leur vie sexuelle risque de diminuer jusqu'à devenir inexistante.

D. LES TROUBLES RELATIONNELS

Un homme qui avait l'habitude de partir travailler à l'extérieur chaque jour se sent comme prisonnier chez lui. Si sa compagne ne travaille pas, et avait organisé sa vie seule à la maison, elle risque de mal supporter la présence de cet intrus qui envahit son domaine et est toujours dans ses jambes. Les cris, les disputes, les heurts se multiplient, pour les prétextes les plus futiles. De guerre lasse, elle peut finir par céder la place et chercher à son tour un emploi. Mais souvent la rupture affective est déjà consommée.

Des dissensions se produisent aussi quand un chômeur doit déménager dans une autre région ou à l'étranger pour se procurer un travail, et que son conjoint ne veut absolument pas quitter son emploi, sa famille ou ses amis.

Pour éviter les tensions dues à la cohabitation forcée 24 heures sur 24, les époux veilleront à ne pas se sentir « enchaînés » l'un à l'autre ou « en cage » entre leurs quatre murs. Ils chercheront à créer un équilibre entre l'intimité forcée et l'indépendance. Ils se sentiront plus libres s'ils voient leurs amis séparément et s'ils participent à des activités chacun de leur côté, pour « respirer » un peu et mettre de la distance entre eux.

E. COMMENT UN COUPLE PEUT-IL SURMONTER UNE PÉRIODE DE CHÔMAGE ?

Dans cette situation si pénible, les conjoints se donneront la liberté *d'exprimer leurs sentiments* négatifs de culpabilité, d'échec, de découragement, plutôt que de se faire réciproquement des reproches, ce qui n'avance à rien. Ils profiteront de cette période forcée d'inactivité pour faire l'expérience d'un rythme de vie qui laisse plus de place à la communication, à la tendresse et à l'érotisme. Leur intimité sexuelle peut être d'un grand réconfort. Cette épreuve peut resserrer leur relation au lieu de la détruire.

Rien ne les empêche de relever le défi et profiter de ce temps d'arrêt pour repenser leur carrière, prendre des cours de formation professionnelle et s'investir dans un domaine d'activité tout à fait différent, réaliser leurs rêves, etc.

« Victime d'un licenciement économique, je suis resté six longues années au chômage, avant de créer ma propre entreprise.

De nombreuses personnes me culpabilisaient. J'étais en colè-

re contre Dieu et lui demandais ce que j'avais fait pour subir cette épreuve. Je trouvais dans le livre de Job un écho à ma propre révolte. J'ai cru devenir fou, car le plus grand trésor d'un homme, c'est son activité (et non son salaire).
Ce qui m'a permis de survivre, c'est l'amour constant de ma femme, qui m'a toujours soutenu et valorisé, en particulier dans le domaine sexuel. Elle me faisait ainsi sentir que j'étais toujours un homme. Le fait de diriger (bénévolement) une association de cadres au chômage m'a aussi tenu la tête hors de l'eau.
Notre union aurait pu se briser, elle en ressort plus soudée ; nos enfants ont vu que la foi en Dieu est un soutien réel dans l'épreuve. »

VI. LA CRISE DU MILIEU DE LA VIE

Elle survient chez les hommes plutôt entre 35 et 45 ans, et chez les femmes plutôt entre 40 et 50 ans.
Les « quadras » et les « quinquas » doivent faire le deuil du désir de pouvoir suivre un chemin ascendant physiquement et intellectuellement, et renoncer également à leurs désirs et représentations idéales concernant l'avenir des enfants qui sont, précisément à cette période, en pleine crise d'adolescence. Sentant la vie s'écouler, ils peuvent être tentés de rechercher un renouveau dans une aventure sentimentale. En se retrouvant au sommet de leur courbe de vie, ils font un bilan, positif ou négatif, et s'interrogent sur leur avenir.
Trois options s'offrent à des époux qui vivent une grave mésentente conjugale due à la traversée de cette crise :

- *se séparer* définitivement
- *rester ensemble* (à cause des enfants ou pour d'autres raisons), mais en établissant de manière cachée une *séparation émotionnelle* avec compensation, double vie, etc.
- écarter toute idée de séparation et s'efforcer, seuls ou avec l'aide d'un conseiller, de *rebâtir leur intimité* sur de nouvelles bases, refusant ainsi de faire basculer dans le néant un équilibre de vie si difficilement conquis.

C. G. Jung a très bien décrit cette crise du milieu de la vie.
Selon lui, le développement de l'être humain s'effectue par le processus d'*individuation*, c'est-à-dire « la manière par laquelle se crée un individu psychologique, une unité autonome et indivisible, une totalité. » Cette individuation comporte deux phases essentielles : l'*expansion*, dans la première partie de la vie, et l'*introversion* (le retour vers l'intérieur) dans la seconde.
Nous devons accomplir *quatre tâches spécifiques* lors de ce tournant de notre vie :

- **Relativiser la *persona* ou le masque social que nous portons**

Après avoir lutté pour faire notre place, pour « arriver », au risque de refouler parfois ce que nous disait notre inconscient, celui-ci refait irruption et nous déstabilise par divers symptômes (angoisses, dépression, ulcère, etc.). Nous pouvons soit nous accrocher à nos titres, à nos responsabilités, soit nous ouvrir à cette voix intérieure de notre inconscient et développer notre personnalité profonde afin d'évoluer. Notre *personnage* doit céder la place à notre *personne*.

- **Accepter l'ombre en nous**

Nous sommes tous *ombre* et *lumière* à la fois. Pendant la première moitié de notre vie, nous tentons de nous créer des idéaux et de les suivre, de refuser ce que nous estimons ne pas être conforme à la lumière. Au milieu de notre vie, nous devons arriver à accepter qu'en nous coexistent la lumière *et* l'ombre, le positif *et* le négatif. « Tout ce qui est humain est relatif, car tout repose sur des antagonismes intérieurs. » (Jung)
Accepter notre part d'ombre nous permet de nous ouvrir aux autres et d'atteindre une sérénité.

- **Intégrer notre partie masculine et notre partie féminine**

Nous avons déjà évoqué le fait que, selon Jung, nous avons tous une certaine proportion de masculinité et de féminité, et que nous portons en nous les deux potentialités. Dans la première partie de notre vie, nous n'en développons qu'une seule, alors que l'autre est refoulée vers l'inconscient. A mi-vie, ces deux tendances peuvent s'équilibrer : l'homme est davantage en contact avec sa partie féminine (*l'anima*), avec sa sensibilité, et la femme développe plus son *animus*, son pouvoir, sa puissance d'affirmation et d'autorité.

■ **Epanouir notre moi dans l'acceptation de la mort et dans la rencontre avec Dieu**

Vers 40, 50 ans, nous réalisons que nous allons inéluctablement vers notre fin, même si trente ou quarante ans nous en séparent encore. « A partir du milieu de la vie ne reste vivant que celui qui veut bien mourir avec la vie. » (Jung)

La peur de mourir est liée à la peur de vivre. Nous ne pouvons croître à travers cette crise de la moitié de la vie que si nous prenons conscience de notre nostalgie pour quelque chose de plus durable que nous, de notre attirance pour Celui qui est plus essentiel que nos soucis terrestres, pour Dieu.

On le voit, la crise du milieu de la vie est une étape décisive qui nous permet de relever les défis de l'absurde, de la finitude, de l'imperfection et de la solitude, si du moins nous prenons la responsabilité de l'évolution de notre existence, en devenant un être humain épanoui et complet.

Cette crise affecte différemment l'homme et la femme.

A. L'HOMME

C'est tout à fait comme une seconde adolescence ! Il est en crise dans tous les domaines : physique, psychique, professionnel, familial, et sentimental.

1. Le domaine physique

Sa silhouette perd l'attrait de la jeunesse : ses cheveux tombent, sa peau est plus flasque, ses muscles se ramollissent et il a tendance à l'embonpoint, il s'épuise plus facilement.

2. Le domaine psychique

« C'est le moment où l'homme a le sentiment d'avoir atteint un sommet. Il jette un regard sur le chemin parcouru et un autre

sur celui qui reste à parcourir et se dit : 'Maintenant que j'ai gravi cette montagne, suis-je différent pour autant ? Ai-je le sentiment d'être épanoui ? Suis-je parvenu à réaliser mon ambition ?'[8] »
Anxiété, irritabilité, apitoiement sur lui-même, dégoût de la vie, frustration, sont des sentiments fréquents. L'homme se remet en question sur ses valeurs, son identité (« Qui suis-je ? Que vais-je devenir ? »). Ses états d'âme sont très changeants. Il s'introspecte, se replie sur lui et tait ses inquiétudes.
Il n'arrive pas à percevoir que cette phase va le faire passer du stade de jeune adulte à celui d'homme mûr. Quand il pense à l'avenir, il se voit devenir vieux et aller vers la mort. S'il pense à son passé, il voit tous ses objectifs non atteints et ses rêves non réalisés et qui ne le seront plus jamais. Adolescent, il pensait : « *Un jour*, je serai ceci, je ferai cela... » Or *ce jour* est à présent arrivé, et les choses ne se sont pas passées comme il l'espérait.
Un psychologue dit que « la crise résulte du choc entre vos fantasmes et la réalité. A l'âge mûr, vous êtes réaliste, vous apercevez le caractère limité de tout ce que vous avez entrepris. La plupart des gens ont du mal à accepter cela. »
Ses méditations mélancoliques sur l'avenir et sur le passé l'empêchent de jouir pleinement du moment présent, et la dépression le guette. Elle est le résultat de l'amertume, de la frustration et de la colère refoulée.

3. Le domaine professionnel

Souvent, à force de ténacité, il est parvenu à un niveau de responsabilité où il ne se sent pas à la hauteur, ou bien s'il est apte à l'assumer, c'est son corps qui ne suit plus, il récupère moins rapidement. Mais il est bien obligé de continuer pour subvenir aux besoins croissants de sa famille.
En général il cesse à cet âge-là d'être en concurrence avec ses collègues pour devenir le formateur des jeunes. Sa direction attend de lui qu'il forme son futur remplaçant, ce qui lui fait réaliser durement qu'il va vers la retraite et vers la mort.
Il peut adopter trois attitudes négatives : soit devenir un bour-

reau de travail pour prouver à tous qu'il a encore de la valeur, soit renoncer, se décourager et diminuer son rendement, soit enfin laisser exploser sa colère et devenir cynique vis-à-vis de son entreprise.
Une autre option, plus positive, serait de réajuster sa vie professionnelle et d'opérer un tournant de carrière, car après ce sera trop tard. Il peut dresser un bilan, définir avec précision ce qu'il aimerait faire et où, et consacrer un peu de temps à la recherche d'une profession différente. Charles Darrow, après avoir perdu à 45 ans son emploi dans la vente de fourneaux, a inventé le jeu du Monopoly qui a fait sa fortune et se vend dans le monde entier.
Il est courant qu'un homme change une ou plusieurs fois d'orientation professionnelle dans sa vie. Il ne devrait pas considérer cela comme un échec, mais au contraire comme une occasion d'avoir un métier mieux adapté à ses goûts ou capacités.
Mais souvent cette démarche lui fait peur, et son épouse doit comprendre cette profonde angoisse, car il doit nourrir sa famille. S'il lui dit : « Que vais-je faire si je quitte mon travail actuel ? » et qu'elle répond simplement « Eh bien, tu en chercheras un autre ! », il répondra à coup sûr : « Je veux bien, mais où ? »
Les conjoints peuvent prier à ce sujet, car de nombreux versets de la Bible assurent que Dieu exauce nos vœux, nous protège et nous guide : « J'ai été jeune, j'ai vieilli, et je n'ai point vu le juste abandonné, ni sa postérité mendiant son pain. » (Psaume 37.25)

4. Le domaine familial

Un père de 40-50 ans est préoccupé par ses enfants adolescents ou jeunes adultes qui ont besoin de son aide dans leurs études ou leurs débuts au travail, et par ses parents qui entrent dans le troisième âge et qu'il doit commencer à soutenir. Et il se dit : « Mais qui donc s'occupe de *moi* ? »

5. Le domaine sentimental

A cause de la crise qu'il traverse, l'homme est très tenté par une aventure sentimentale. Il ressent un besoin désespéré de supprimer le traumatisme consécutif à la perte de sa jeunesse. Par ailleurs, il constate avec stupeur qu'il a parfois des « pannes » d'érection. Il est très anxieux de cette baisse de sa virilité.

Dans son désarroi, il est prêt à s'attacher à la première femme (à son travail par exemple) qui l'écoutera avec attention et lui apportera du réconfort et de la sympathie.

Le rôle de l'épouse est très important, elle veillera à entourer son mari, à être à son écoute, à le rassurer sur sa virilité.

6. Comment sortir de la crise

En chinois, le mot *crise* se compose du mot *danger* et du mot *occasion*. Cette période, si elle est dangereuse pour l'équilibre de l'homme et de son couple, est aussi l'occasion unique d'améliorer sa manière de vivre, de mettre en valeur toutes ses potentialités et de regarder l'avenir avec confiance.

Plutôt que de nier cette crise, il peut choisir de la considérer comme le moment le plus passionnant de sa vie. En fait, elle est comparable au traumatisme émotionnel que vivent les personnes confrontées à la mort. Car un individu de 40-50 ans lutte aussi, d'une certaine manière, contre la mort, la mort de sa vitalité physique, de ses espoirs de réussite, de ses rêves et ambitions de jeunesse.

Il traverse d'abord le *déni* : « Ce n'est pas vrai que je vieillis ! » puis la *colère* : « Ce n'est pas juste que je vieillisse ! » puis le *marchandage* : « Ne puis-je pas, juste encore une fois, accomplir un exploit physique comme quand j'étais jeune ? » et enfin la *dépression* : « A quoi bon vivre encore ? Je suis un homme fini. » Enfin, il *accepte* son âge et transforme sa plainte : « Que c'est déprimant ! J'ai déjà vécu la moitié de mon existence ! » en « Quelle joie ! Il me reste encore la moitié de ma vie ! ».

B. LA FEMME

Il convient de distinguer la *quadragénaire* et la *quinquagénaire*.

1. La quadragénaire

A *quarante ans* ou un peu avant, la femme éprouve le besoin de faire le point sur sa vie. Son nid familial est devenu *tranquille*, mais il n'est pas encore *vide*. Son plus jeune enfant va à l'école toute la journée. Si elle ne travaille pas, elle a de longs moments pour ressentir un sentiment d'inutilité, car elle n'est plus mère que le soir, et le week-end.

Certaines femmes, qui n'ont existé que dans leur fonction d'épouse et de mère, ne supportent pas ce vide et mettent en route un dernier enfant, en se disant : « Comme ça, je serai occupée jusqu'à 60 ans, et après j'aurai mes petits-enfants. »

D'autres sont tentées par une aventure amoureuse, leur mari étant très pris par sa profession. Elles veulent se prouver qu'un homme peut encore les désirer.

D'autres enfin reprennent une activité professionnelle, tout en finissant d'élever leurs adolescents.

Quel que soit le cas, c'est entre 40 et 50 ans que de nombreuses femmes éprouvent le besoin de faire *un travail sur soi* et commencent une relation d'aide ou une psychothérapie. Cela leur est profitable, car elles peuvent ainsi confier à une personne compétente les blessures et les souffrances de leur enfance ou de l'âge adulte qu'elles avaient refoulées, les gérer et les surmonter.

Elles découvrent les dysfonctionnements de leur vie personnelle ou conjugale, les schémas négatifs qui les ont dominées et elles apprennent à les abandonner, pour mieux vivre les décennies qui sont devant elles.

2. La quinquagénaire

Elle est confrontée à l'arrêt définitif des règles[9], qui survient entre 40 et 55 ans, avec une moyenne à 50 ans.

La femme ménopausée perd parfois confiance en elle-même. Ne pouvant plus être enceinte, elle pense avoir perdu sa féminité. Elle se sent privée de sa fonction de mère. Si elle avait axé l'essentiel de son identité sur cette fonction, il n'est pas étonnant qu'elle ait tendance à déprimer : « A quoi est-ce que je sers maintenant ? »

Elle a peur que la ménopause la rende moins désirable et que son compagnon la quitte pour une femme plus jeune. Certaines connaissent une baisse du désir sexuel, en partie parce que la lubrification vaginale se fait moins bien. Mais pour la majorité, c'est le contraire. Libérées des soins à leurs enfants et de la crainte d'une grossesse, elles sont plus disponibles pour l'intimité amoureuse.

Si à 40 ans la maison était un nid *tranquille*, à 50 ans, il est *vide*. Les jeunes adultes ont quitté la maison et n'y reviennent que pour porter leur linge sale ou lorsqu'ils tombent malades... Le silence pesant de sa maison lui fait regretter le temps où elle était indispensable à ses enfants, où la musique était branchée à fond et où les chambres résonnaient de rires de jeunes.

Pendant cinquante ans, son identité s'est enracinée dans ses relations à ses parents, puis à son mari et à ses enfants. Or ses parents vieillissent ou sont morts, et ses enfants ont pris leur envol.

Une femme ménopausée qui venait de perdre sa mère disait : « En peu de temps j'ai tout perdu, j'ai perdu ma jeunesse et je suis 'devenue' ma mère. »

La quinquagénaire ne peut plus trouver le sentiment de sa valeur chez les autres, mais uniquement *en elle-même* et *en Dieu*. Elle doit se découvrir comme *Sujet*, et comme *fille de Dieu*. C'est en développant sa personnalité, et sa communion avec Dieu qu'elle surmontera cette période délicate.

La femme qui se retrouve seule dans sa maison vide doit comprendre que les 30 ou 40 années qui lui restent à vivre, c'est *elle* qui est responsable de les préparer, personne ne s'en occupera à sa place. Du temps libre lui est donné, non pour qu'elle s'ennuie et déprime, mais pour qu'elle épanouisse pleinement ses dons. Elle seule est responsable de « rebondir ». Elle peut enfin penser à elle, devenir ce qu'elle est vraiment, trouver sa juste place sur la terre.

C'est aussi pour elle l'occasion de ranimer *la flamme amoureuse* pour son mari. Elle a devant elle autant d'années seule avec lui qu'elle en a passé à élever ses enfants. Or, depuis une vingtaine d'années, elle a peut-être négligé un peu sa vie amoureuse, occupée qu'elle était avec son travail et ses enfants. Certains problèmes latents n'ont jamais été résolus, faute de temps. Ils resurgissent maintenant. Se retrouvant seuls l'un en face de l'autre, les conjoints se demandent s'ils ont encore quelque chose à se dire. La routine a rendu leur vie monotone.

C'est le moment de renouveler leur vie sexuelle, de consacrer plus de temps à des jeux amoureux, à de tendres caresses, sans avoir forcément comme but de parvenir à chaque fois à une relation sexuelle.

Pourquoi ne pas faire preuve d'imagination, et s'aimer sur le tapis devant un bon feu de cheminée, sur une plage ou dans un champ sous les étoiles, dans une auberge à la campagne ?

C. GÉNÉRATIVITÉ OU STAGNATION ?

Le psychologue Erik Erikson distingue *huit étapes* de la vie. Après le temps du jeune adulte (19 à 35 ans) et avant la vieillesse (au-delà de 65 ans) se situe l'étape des 35-65 ans, qui est caractérisée selon les personnes soit par la générativité, soit par la stagnation.

La *générativité*, terme inventé par Erikson[10] est essentiellement l'intérêt pour la génération suivante et son éducation.

La *stagnation*, au contraire, est le sentiment d'avoir été incapable d'appeler qui que ce soit à la vie et de n'avoir rien apporté aux nouvelles générations.

L'homme autant que la femme parviendront à surmonter cette crise du milieu de la vie en trouvant de nouvelles façons de se soucier d'eux-mêmes et des autres. Pour Erikson, il convient de trouver un bon équilibre entre le don aux autres et le repli sur soi-même. Jésus nous dit « d'aimer notre prochain comme nous-mêmes ».

La vertu que les conjoints chercheront à développer pendant cette période est la *sollicitude* pour autrui, *l'attention* aux autres, que ce soit par la relation d'aide, l'intercession, la formation des jeunes, le fait d'aider les autres à développer leurs propres dons, etc.

VII. LA RETRAITE

Sauf si elle était très investie dans sa profession et avait de grandes responsabilités, une *femme* vit en général relativement bien la retraite : elle trouve toujours à s'occuper, elle peut à présent consacrer plus de temps à ses petits-enfants ou s'engager dans des associations.
Il en va tout autrement pour *son mari*. Pour lui, la cessation de son activité est trop souvent synonyme de perte de son identité et de sa valeur, de baisse de son estime de soi, d'inutilité sociale. Le travail le valorisait, lui donnait son identité. Inactif, il se sent exclu de la société, un autre a pris sa place.
Il peut ressentir les mêmes symptômes qu'un toxicomane brusquement sevré de sa drogue. Privé de la structure routinière qui le soutenait, il se sent psychologiquement déstructuré et parfois se met à déprimer.
Pour bien vivre leur retraite, les conjoints veilleront à se créer de nouvelles activités qui restaureront une image positive d'eux-mêmes. Ils se tourneront vers des projets d'avenir au lieu de se réfugier dans le passé.

Un grand patron japonais, bâtisseur d'un immense empire connu dans le monde entier, fut interviewé le jour de ses 90 ans. On lui demanda :
Pouvez-vous nous dire quel est le plus beau jour de votre vie ?
Il réfléchit longuement, sembla hésiter parmi son (presque) siècle de souvenirs, puis répondit enfin :
- Demain.

Vieillir n'est pas une maladie, mais un temps de maturité. Les années de retraite seront dorées ou grises selon notre état d'esprit, car « on est aussi vieux qu'on croit l'être », dit le dicton.
Si vous avez bien géré la crise de la cinquantaine, et si vous avez

préparé votre retraite, vos vieux jours vous permettront de profiter pleinement de l'épanouissement de votre amour. Votre vie commune vous a permis d'engranger une foule de précieux souvenirs.

De plus, si votre union a tenu jusqu'ici, c'est que vous savez sûrement gérer vos désaccords et que vous avez confiance l'un dans l'autre. Vous vous comprenez à demi-mot. Il y a toutes les raisons de penser que votre relation va encore s'approfondir et que vous continuerez à avoir une vie amoureuse gratifiante et pleine de tendresse.

Vous avez acquis ce que vous ne possédiez pas à 20 ans : toute une vie de passion sexuelle qui brûle encore, même si la maison semble un peu délabrée. Une charmante dame aux cheveux blancs disait : « Ce n'est pas parce qu'il y a de la neige sur le toit que le feu s'est éteint dans l'âtre ! »

Pour Erikson, cette huitième et dernière étape de la vie d'un être humain est caractérisée soit par le *désespoir*, soit par *l'intégrité personnelle* et la *sagesse*.

Pour vivre cette étape dans la *sagesse* et non dans le *désespoir*, ce psychologue nous suggère de reconnaître tout ce que nous avons perdu au cours de notre vie, de pardonner à ceux qui nous ont fait du mal, de nous pardonner à nous-mêmes et d'accepter le fait que notre vie relève de notre propre responsabilité.

« Plus tôt nous nous poserons cette question : Que dois-je faire absolument avant de mourir ?, plus le temps qui nous reste à vivre prendra sens.[11] »

L'écriture de l'histoire d'un couple se termine toujours par un mot terrible, le mot FIN. Dieu, le Maître du temps, nous invite à nous accepter comme *mortels*.

C'est parce que la mort met fin au couple, que nous acceptons que celui-ci ne soit qu'un *moyen* (de bonheur, d'amour, de vie) et non un objectif en soi, le *but* de notre vie.

Nous savons aussi qu'il est une *image* : l'alliance passée avec notre mari ou notre femme, symbolisée par l'anneau que nous portons à notre doigt, est l'image de *l'alliance que Dieu a conclue avec l'humanité*.

Dans un ménage âgé, chacun devrait accepter paisiblement non seulement le fait qu'il va mourir un jour, mais aussi que son compagnon de vie pourrait disparaître avant lui. S'il parvient à cette acceptation sereine, s'il a confiance en Dieu, il vivra une liberté et une joie encore plus grande dans sa vie conjugale.
La pensée de la mort (la sienne et celle de l'autre) cesse alors de le préoccuper. Il met toute son énergie à vivre chaque journée aussi pleinement que possible et à se rendre utile aux autres.

[1] Daniel et Nadia Stern, Alison Freeland, *La naissance d'une mère*, Odile Jacob, 1998. A lire aussi de Daniel Stern, psychiatre, spécialiste mondialement connu des relations mère-enfant : *La constellation maternelle*, Calmann-Lévy, 1997.

[2] On peut lire : Docteur Christophe Fauré, *Vivre auprès d'un proche très malade*, Albin Michel, 1998.

[3] Christopher Reeve, *Vivre,* Editions 1, 1998, p. 40.

[4] On peut lire : Agnès Sanders, *La vie est un souffle*, Empreinte Temps Présent, 1992, ainsi que le chapitre sur la souffrance dans notre *Manuel de relation d'aide*.

[5] A lire : Dr Christophe Fauré, *Vivre le deuil au jour le jour*, Albin Michel, 1995.

[6] Ginette Raimbault, *Lorsque l'enfant disparaît*, Odile Jacob, 1996 ; *L'enfant et la mort*, Dunod, 1995 ; Annick Ernoult-Delcourt, *Apprivoiser l'absence*, Fayard, 1992.

[7] Claude Allais, *Couple en thérapie*, Retz.

[8] Jim Conway, *La vie s'arrête-t-elle à quarante ans ?*, E.B.V., 1989.

[9] Sur ce sujet : *La ménopause*, collection Les guides, CNIDFF-Editions ; Lucien Chaby, La ménopause, Dominos Flammarion, 1998.

[10] Erik Erikson, *Enfance et société*, Delachaux et Niestlé, 1966, p. 265.

[11] Dennis Linn, Matthew Linn, Sheila Fabricant, *Le développement de l'homme en huit étapes*, Desclée de Brouwer, 1992, p. 202.

TROISIÈME PARTIE

LES CAUSES CACHÉES, PROFONDES, DES CONFLITS DE COUPLE

Ces causes profondes représentent la plus grande part (environ les 6/7) de l'iceberg des conflits dans un couple. Mais, justement parce qu'elles sont cachées, en prendre conscience ne se fait souvent que lors d'un travail sur soi, avec l'aide d'un psychothérapeute.

Cependant, si nous les évoquons dans cette troisième partie, c'est pour fournir des pistes pour la réflexion personnelle, et favoriser éventuellement un désir de commencer un travail sur soi.

Nous évoquerons d'abord le poids du passé des deux conjoints, et comment bien le gérer (chapitre 12). Puis nous nous demanderons dans quelle mesure nous sommes affectés par la crise d'identité du couple contemporain (chapitre 13) et influencés par les principaux mythes sur l'amour (chapitre 14).

CHAPITRE 12

LE POIDS DU PASSÉ

Tout ce que le mari et la femme ont vécu, ressenti, subi, vu, pensé depuis leur naissance demeure emmagasiné dans leur *inconscient* et dans leur *conscient* et peut resurgir à un moment ou à un autre. Même si ces choses ne refont pas surface, elles agissent puissamment sur leurs comportements. Mais ils se rendent peu compte à quel point il leur arrive de réagir, dans une situation donnée, de façon étrange et excessive.

Un couple arrive chez un conseiller conjugal avec des visages consternés. La femme lui dit : « Nous venions de passer une soirée très sympathique avec des amis. Après leur départ, désireuse d'un rapprochement avec mon mari, je lui chuchote tendrement : 'Tu ne m'aimes plus ?' Et le voilà parti dans une colère telle qu'il m'a fallu trois jours pour m'en remettre ! »
Le mari, interrogé sur cette réaction excessivement violente, répond après un moment de silence : « Vous comprenez, quand j'ai entendu ces mots 'Tu ne m'aimes plus ?', ça m'a tout à coup ramené à l'âge de quatre ou cinq ans, quand j'avais fait une sottise et que ma mère, très sévère, me disait : 'Je ne t'aime plus, plus jamais !' Je me sentais abandonné, perdu pour toujours. »

La façon dont cet homme a *ressenti* ces quelques mots de son épouse n'est pas en rapport avec leur *réalité objective*, car ils étaient prononcés sans méchanceté et plutôt avec tendresse. Il a vécu cette interrogation sur un registre de sensibilité excessive. Il a manifesté une colère disproportionnée à la question de sa femme. Ce type de réaction est de même nature que la frayeur panique en face de petits animaux. Quelqu'un qui en a peur dira :

« C'est plus fort que moi, je ne peux pas me raisonner. »
Depuis Freud, nous savons que certaines circonstances de notre vie retentissent non seulement au niveau de notre conscient, mais surtout à celui de notre *inconscient*.
La situation que nous vivons réactive un conflit archaïque et obscur, de même espèce mais portant sur un autre objet, et qui à l'époque n'a pas été résolu mais enfoui. C'est alors la réaction émotionnelle la plus primitive et la plus intense qui se produit, incontrôlée et incontrôlable de par son origine[1].
Dans un heurt entre deux partenaires, si l'un d'eux se conduit d'une manière étrange, c'est parce que, malgré les apparences, il ne parle pas réellement à l'autre, mais à telle ou telle personne qui a eu une importance primordiale pour lui dans son passé. Il y a une relation cachée entre la conversation actuelle et ce conflit archaïque qui a été enfoui profondément et qui resurgit soudainement. Un couple a donc intérêt à prendre conscience des diverses manières dont le passé de chacun interfère dans leur vie quotidienne.
Beaucoup de couples vont mal tout simplement parce que les époux auraient besoin d'une *guérison intérieure*. Ils gardent en leur cœur des points de vie très personnels, des souffrances émotionnelles, psychiques, morales, des faits douloureux, dont ils ont un souvenir conscient ou qui ont été refoulés dans l'inconscient, et cela occasionne des difficultés relationnelles entre eux. Ils s'accusent, se critiquent, s'agressent, sont colériques, amers.
Le couple ayant une dimension thérapeutique, guérissante, il est normal que les événements pénibles du passé resurgissent. Les époux devraient donc consulter leur mémoire : quels traumatismes n'ont pas été guéris et les font réagir de la sorte ? Les blessures les plus profondes et les plus douloureuses remontent en général à l'enfance et ont souvent été causées par des proches, les parents, les frères et sœurs, à l'école, etc.
Le poète William Wordsworth avait raison d'écrire que « l'enfant est le père de l'homme ». Vous avez été un enfant, et *cet enfant continue d'exister en vous*. Votre conjoint a été aussi un enfant,

et *cet enfant continue d'exister en lui.*
Dans votre vie quotidienne ces deux enfants resurgissent et se manifestent avec une grande facilité ! Vous croyez être deux ? Erreur ! Vous êtes quatre en réalité, les deux adultes que vous êtes et les deux enfants que vous avez été ! Lorsque vous regardez votre mari, votre femme, n'oubliez pas de voir *l'enfant qui vit en lui, en elle*. Cet enfant a peut-être été, dans le passé, meurtri, blessé, effrayé, humilié, mal-aimé. Vous comprendrez mieux certains de ses comportements « incompréhensibles » si vous vous souvenez de cela.
Un psychiatre disait : « Je ferais mieux d'indiquer sur ma porte : *pédopsychiatre*. En effet en chaque client qui vient me voir, ce n'est pas l'adulte que je soigne, mais l'enfant qui est en lui. »
Ainsi, dès qu'un homme et une femme vivent ensemble, ils introduisent chacun leur problématique personnelle qui va conditionner l'avenir du lien amoureux.
Cette problématique s'articule en particulier autour de *la relation du bébé avec la mère*, du *conflit œdipien*, des *schémas précoces d'inadaptation* et des *abus sexuels*.

I. LA RELATION DU BÉBÉ AVEC LA MÈRE

Pourquoi le couple est-il chargé de si fortes attentes (ce qui d'ailleurs le fragilise) ? Pourquoi beaucoup en espèrent-ils le nirvana sexuel et émotionnel, l'extase d'une fusion amoureuse sans faille ? Pourquoi attendons-nous de notre partenaire l'épanouissement personnel, l'accomplissement de nos rêves et de nos idéaux, le bonheur absolu, la symbiose parfaite ?
Mais pourquoi, aussi, changeons-nous si vite d'opinion au sujet de la personne qui partage notre vie, la considérant à un instant donné comme « totalement bonne » et, l'instant d'après, comme « totalement mauvaise » ?
Tout simplement parce que ce bonheur et cette symbiose, nous les avons déjà vécus une fois dans notre existence, dans le ventre de notre mère, mais que très vite nous avons été désillusionnés : la symbiose, la fusion totale, n'ont pas duré longtemps, neuf

courts mois seulement. Dès notre venue au monde, notre mère nous a alternativement satisfaits et frustrés, et nous a semblé tour à tour « toute bonne » ou « toute mauvaise ».

A. LA RELATION MÈRE/FŒTUS ET MÈRE/BÉBÉ (JUSQU'À UN AN)

Pendant la vie intra-utérine, le fœtus vit une situation extraordinaire qui ne se reproduira jamais plus : sans même qu'il ait à exprimer ses besoins, quatre éléments à la fois réels et symboliques le comblent : le *cordon ombilical* lui permet d'expérimenter la *relation*, l'acceptation, le *placenta* le *nourrit*, il flotte en toute *sécurité* dans le *liquide amniotique* (ne dit-on pas « ça baigne » pour exprimer une entente parfaite ?). Enfin il satisfait son désir de *plaisir* auto-érotique en suçant, déjà, son *pouce*.
A la naissance, qui est, selon **Otto Rank**[2], un « traumatisme », il quitte pour toujours cette plénitude, ce paradis. Mais il va instaurer un lien privilégié avec sa mère, lien qui a passionné les psychanalystes. Il est entièrement dépendant de sa mère, au point que Winnicott a pu dire : « Un enfant seul, ça n'existe pas. »
Pour **Freud**, le bébé aime sa mère non pas comme étant distincte de lui, mais comme étant lui-même. Il n'aime en réalité que lui-même, c'est le *narcissisme primaire*.
Pour **Michael Balint**, l'amour que le tout-petit porte à sa mère est un *amour primaire*. Lorsqu'il vit les inévitables frustrations (la tétée tarde à venir ou bien elle ne le prend pas dans ses bras lorsqu'il le voudrait), naît le « défaut fondamental[3] », qui restera en lui pour toujours. C'est comme la cicatrice que laisse la désillusion de la symbiose parfaite. Le bébé retourne son investissement sur lui-même, c'est le *narcissisme*. Et surtout il lui en restera une nostalgie qui le poussera à rechercher sans cesse la relation parfaite. Chacun de nous sait que cette relation parfaite (appelée *unité-couple* par R. Barande[4]) existe, puisqu'il l'a vécue un jour. Il recherchera *dans le couple la cicatrisation de cette désillusion de l'union parfaite.*
L'originalité de **Mélanie Klein**[5], psychanalyste d'enfants, est

d'avoir montré que la relation mère-enfant est imprégnée de tragique : le bébé ressent pour sa mère, très tôt et simultanément, de l'*amour* et de la *haine*. Il l'aime totalement (il lui sourit) quand elle le satisfait et la déteste aussi totalement l'instant d'après (il hurle de rage) quand elle le frustre, par exemple en lui retirant le sein et en le recouchant après la tétée.

■ l'amour

Le nourrisson expérimente une plénitude comblante où l'on retrouve trois éléments : la *relation* à une personne, le fait d'être *nourri* et la *satisfaction érotique* (succion du pouce). Cette plénitude est oubliée par sa mémoire consciente, mais définitivement inscrite dans son inconscient. Plus tard, il sera ainsi poussé à lier dans un même bonheur le *plaisir* et l'*amour*. A cause de cette expérience primitive, aucun être humain ne recherche le *plaisir* sans un *partenaire*.

R. Barande dit que notre personne comporte un *creux*, qui est la place de l'autre. Si cet autre n'est pas (ou plus) réel, il est rêvé. La masturbation, par exemple, dite « plaisir solitaire », est en réalité accompagnée de fantasmes de relation à un autre. Celui qui s'attable devant un repas gastronomique tout seul en ressent un certain malaise, un manque.

Si une personne dit : « Je n'aime pas » ou « Je n'aime plus », on peut se demander : « Qui aime-t-elle ? » Car forcément quelqu'un, ou quelque chose, remplit le *creux*, même si c'est un « autre » inconscient, irréel, idéalisé.

■ la haine

Les recherches de Mélanie Klein l'ont amenée à distinguer deux périodes dans la première année du tout-petit.

Jusqu'à trois ou quatre mois, le sein maternel (c'est-à-dire la mère, ou la personne qui s'occupe de lui), n'est pas reconnu par le nourrisson dans son unité, il est *clivé*, partagé en un *bon sein* et en un *mauvais sein* :

- Lorsqu'il apporte plaisir et amour, il est le « bon sein aimé », sur lequel le bébé projette les pulsions de vie qui sont en lui, sa libido.

- Lorsqu'il se refuse, ne satisfait pas et frustre, il est le « mauvais sein haï et persécuteur », sur lequel il projette son agressivité, tout ce qu'il sent en lui-même de mauvais et de dangereux pour son « bon moi ». Ayant ainsi mis en dehors de lui-même ce mauvais sein, il se donne la permission de le détester. Si l'enfant juge que ce sein est méchant, c'est parce que sa pulsion de mort lui donne la capacité d'imaginer la méchanceté.

En même temps qu'il clive (partage) le sein maternel, l'enfant se clive aussi lui-même en un *bon moi* et un *mauvais moi.*

- Il va s'efforcer de garder en lui, protéger, aimer, le *bon moi* contenant ce qui est bon, la pulsion de vie.

- Quant au *mauvais moi*, qui contient ses pulsions d'agression et de persécution, il le « projette » sur le sein de la mère et ainsi l'expulse. Ainsi il met en place un mécanisme de défense contre l'angoisse que son *bon moi* soit persécuté et anéanti.

En général, dans la vie d'un nourrisson, les bons moments de fusion, de plaisir, d'amour, sont plus fréquents que les mauvais, ce qui lui permet de comprendre peu à peu que sa propre pulsion de vie (son *bon moi*) est plus forte que sa pulsion de mort (son *mauvais moi*). Il deviendra ainsi apte à *aimer* et à *s'aimer.* Le souvenir de ces mécanismes qui lui ont été utiles va rester dans son inconscient. Devenu enfant ou adulte, chaque situation nouvelle, difficile ou angoissante l'incitera à intérioriser un *bon objet*, et à repousser sur des *mauvais objets*, des boucs émissaires, ce qui ne lui plaît pas en lui, dans son couple ou dans son groupe.

Vers le quatrième mois et jusqu'à douze mois, une meilleure organisation des perceptions permet au bébé de mieux se situer. Il appréhende sa mère dans sa totalité, en tant que personne distincte de lui, parfois présente et parfois absente, et qui a des relations avec d'autres que lui.

Il découvre que la *mauvaise mère* et la *bonne mère* ne font qu'une, que le sein qui le frustre est le même que celui qui le satisfait, que sa mère est tour à tour bonne et méchante. Cette ambivalence qu'il expérimente, en aimant sa mère et en la haïssant tout à la fois, en projetant sur elle aussi bien sa pulsion de mort que sa pulsion de vie, est génératrice de **culpabilité**. D'où le développement du désir de *réparer* les dommages qu'il lui crée dans ses fantasmes.

Cette mère, puis-je l'aimer pour ce qu'elle donne et la haïr pour ce qu'elle refuse ? Suis-je normal de ressentir pour elle deux sentiments aussi opposés que l'amour et la haine ? (Cette culpabilité inconsciente sera réactivée au moment de l'Œdipe, quand la mère sera l'objet désiré mais interdit.)

Si la mère reste nourricière et continue à donner la même qualité de soins au bébé, celui-ci sera sécurisé par ses paroles, ses retours fréquents et bienfaisants vers lui. Il verra qu'elle n'a pas été détruite par son agressivité : celle-ci n'est pas mauvaise, il peut l'exprimer. Enfant puis adolescent, il devra apprendre qu'il peut exister en dehors de sa mère, sans que celle-ci cesse d'exister.

Cette culpabilité qui est l'expression d'une ambivalence affective doit être considérée comme un élément normal de la personnalité. Si elle est bien gérée par la mère (elle continue à s'occuper du bébé même s'il hurle et trépigne de rage), elle va le construire. Si elle est mal gérée (la mère ne réapparaît pas, elle donne des soins insuffisants et de manière irrégulière), elle risque de le détruire.

B. L'IMPORTANCE DE LA RELATION PRÉCOCE MÈRE/BÉBÉ DANS LA VIE CONJUGALE

Renée Marti, psychologue clinicienne et psychothérapeute de couples, écrit[6] :

« Prototype de toute relation, celle du bébé à sa mère éclaire ce que nous savons de la relation amoureuse. Cette relation est non seulement la première dans le temps, mais aussi primordiale par son intensité et son aspect total. Elle va tracer dans le psychisme de l'être humain un sillage qui ne s'effacera plus. Première, cette relation le restera dans nos fantasmes. Les mécanismes qu'elle aura mis en place ne cesseront de fonctionner. »

Effectivement, nous revivons (inconsciemment) avec notre conjoint la relation primitive avec celle qui nous a donné la vie.

■ Le **premier intérêt** d'étudier cette relation est qu'elle explique le mélange d'amour et de haine que les partenaires éprouvent l'un pour l'autre.
Mélanie Klein affirme qu'à cause du lien précoce avec sa mère, tout être humain garde dans son inconscient à la fois le *désir* de faire du mal à l'être aimé et la *peur* de lui nuire. Nous ressentons vis-à-vis de celui-ci la même ambivalence amour/haine que nous éprouvions vis-à-vis de notre mère. Si c'est la peur qui domine, tout attachement sera impossible, comme c'est le cas pour les « don Juan » pour qui aimer durablement serait risquer de détruire la mère, détruire l'être aimé.
Il nous faut accepter et intégrer cette ambivalence amour/haine. Si nous n'admettons pas notre pulsion d'agressivité et de mort, nous ne pouvons pas vivre non plus notre pulsion d'amour et de vie. Mais si nous trouvons le compromis entre la sexualité agressive, dangereuse, et celle qui rend heureux, soigne et guérit, nous trouvons notre équilibre amoureux et affectif.
Pourquoi n'admettons-nous pas nos pulsions agressives ? Pour **Freud**, c'est parce que nous les refoulons. Il avait déjà perçu ce lien constitutionnel entre l'amour et la haine : « Toute relation affective intime entre deux personnes (...) laisse un dépôt de sentiments hostiles (...) dont on ne peut se débarrasser que par le refoulement.[7] »
Or si notre Surmoi (l'instance morale en nous) nous fait refouler les fantasmes de *haine* envers notre conjoint, par crainte de culpabiliser, cela peut conduire à nous interdire tout fantasme, donc aussi celui de l'*amour*. *On ne peut se laisser aller à aimer si on s'interdit de haïr.*
C'est pourquoi consulter un conseiller conjugal est si utile à des partenaires en crise. En effet le psychothérapeute leur rend le droit d'exprimer leurs fantasmes de haine, et donc aussi leurs fantasmes d'amour. Ils ont la permission de le haïr, car il entend et supporte l'agressivité en toute sérénité ; celle-ci peut donc s'exprimer librement, soit entre les conjoints, soit vis-à-vis de lui. Ils apprennent que leur haine ne l'effraie pas, et ne le tue pas. L'agressivité lui semble normale et utile.

■ Un **second intérêt** d'étudier l'interaction mère/enfant est que celle-ci aide à comprendre l'évolution de la vie amoureuse. Le clivage entre le *bon sein* et le *mauvais sein* correspond, pour le couple, à la période où l'homme et la femme « tombent amoureux[8] ». Les moments de fusion totale alternent avec des crises de colère. Les amoureux croient ne faire qu'un et exigent que leurs souhaits soient exaucés sans même avoir à les exprimer :
« Si tu m'aimais vraiment, tu aurais deviné que j'avais envie de… » « Pourquoi dois-je toujours te dire quand j'ai besoin que tu t'occupes de moi ? »
Le rapport à l'être aimé, comme celui à la mère, s'apparente alors à la toute-puissance magique, le langage étant même superflu. « Nous nous comprenons même sans nous parler. »
Puis la réalité du « défaut fondamental » va s'imposer. De même que l'enfant découvre qu'il n'est pas sa mère, que sa mère n'est pas lui, qu'il doit apprendre un langage pour exprimer ses désirs, de même je découvre que l'être aimé est autre, qu'il faut parler, *communiquer* avec lui, demander pour obtenir. Il faut se situer en Sujet désirant, dire Je.
La désillusion est dure. Il ne devine pas tout ! Je vais devoir surmonter les malentendus, m'exprimer clairement, écouter aussi ce qu'il me dit.
J'avais épousé ce qu'il me semblait être un « bon conjoint idéalisé ». Mais je dois accepter le fait que mon « conjoint réel » n'est pas « tout bon » (ni d'ailleurs « tout méchant »). L'être aimé à la fois me donne et me frustre, exactement comme le faisait ma mère.
J'aime une personne qui n'est pas parfaite et je l'accepte, sans sombrer dans la haine. « Ce n'est qu'au-delà de cette acceptation du réel que le plaisir et la satisfaction redeviennent possibles, car c'est en dernier ressort la résistance à la frustration qui conditionne notre aptitude au bonheur », dit Freud.
Je sais que notre lien amoureux inclut l'amour et la haine, la fusion et l'agressivité, et j'accepte cette ambivalence, car les bons moments où je revis l'extase de la fusion amoureuse (l'inti-

mité sexuelle par exemple) sont plus intenses que les mauvais. C'est ce qui fait que dans mon couple les pulsions de vie, d'amour ont le dessus sur les pulsions de mort, de destruction.
Un couple mûrit lorsqu'il intègre ces réalités. Il perdure lorsqu'il apprend à passer continuellement de la *fusion* (sexuelle, affective...) à la *distanciation*, de la *dépendance* à *l'autonomie* et réciproquement. Car le désir renaît sans cesse du manque, et s'il n'y a pas de manque, si on est toujours ensemble, dans la fusion, le désir s'éteint.
Mais que se passe-t-il si le couple n'y parvient pas ? S'il m'est insupportable de découvrir que l'être aimé n'est pas le « conjoint idéalisé » que j'attendais ? Si de « tout bon », j'en suis venu à le considérer comme étant « tout mauvais » ? Si je n'arrive pas à passer du stade des clivages au stade de l'ambivalence ?
Alors il ne me reste plus que l'issue de la haine. Et si je ne pouvais pas changer de mère, par contre je peux changer de partenaire ! Je me sépare donc de lui, et je me remets en couple avec quelqu'un d'autre. Cette fois, c'est sûr, ce sera le bon ! Mais tôt ou tard le même problème se reposera avec lui, et avec d'autres encore éventuellement.
Ou alors, en nous disant « Ça va souder notre foyer», nous décidons d'avoir un enfant. En réalité nous transférons sur ce dernier cette quête de fusion parfaite, mais la venue d'un enfant n'a jamais fait passer un couple du stade infantile au stade adulte.
C'est un des rôles d'un conseiller conjugal ou d'un psychothérapeute que d'aider les époux à ne plus vivre d'images idéalisées, mais à *accepter la réalité de l'autre tel qu'il est*.

II. LE CONFLIT ŒDIPIEN

A. CE QU'IL EST

Il consiste en deux tendances interdépendantes, l'*attachement* érotique de l'enfant pour le parent du *sexe opposé* et l'*hostilité* pour le parent de *même sexe.*
Ce complexe, découvert par Freud, constitue une étape norma-

le dans la croissance psychologique de l'enfant, il n'a rien de pathologique. C'est sa non-résolution qui peut le devenir ; nous verrons ce qui se passe lorsque les conjoints ne se sont pas détachés de leur père ou de leur mère.
Freud l'a appelé *complexe d'Œdipe* par référence à la mythologie grecque.
Fils de Laïos, roi de Thèbes, et de Jocaste, Œdipe est éloigné du palais paternel dès qu'un oracle apprend à ses parents qu'il tuera son père et épousera sa mère. Fuyant sa patrie pour échapper à la prédiction, il se querelle un jour avec un vieillard inconnu qu'il tue. C'était Laïos, son père. Arrivé à Thèbes, il sait répondre aux énigmes du Sphinx, terreur de la ville. En témoignage de gratitude, les habitants de Thèbes proclament Œdipe roi et Jocaste, sa mère, devient sa femme. Dans la tragédie de Sophocle, intitulée *Œdipe roi*, Jocaste se pend et Œdipe, fou de douleur, se crève les yeux et part errer sur les routes. Il a donc commis un parricide et l'inceste.
Avant trois-quatre ans, l'enfant vit essentiellement dans un rapport exclusif avec sa mère.
■ Mais vers la quatrième année, le **garçon** se prend d'un vif *amour* pour celle-ci (« Maman, c'est avec toi que je me marierai quand je serai grand ! »), et simultanément éprouve de l'agressivité à l'égard de son père, en qui il voit un rival heureux, et dont il admire et envie les qualités et la puissance. Inconsciemment, il *souhaite sa mort*, pour prendre sa place. Ce sentiment violent est assorti de la *crainte* que son père n'éprouve envers lui les mêmes désirs de mort, et d'une forte *culpabilité*.
Lorsque le conflit œdipien est bien vécu par le petit garçon et par les parents, il se résout de manière heureuse : il permet la découverte de l'identité sexuelle puisque le petit garçon, en rivalisant avec son père, accède à sa masculinité et découvre sa spécificité de petit mâle (possession du pénis comme papa). Il s'identifie au père et devient moins dépendant de sa mère.
La rivalité œdipienne cessera par le refoulement partiel des pulsions incestueuses, en interdisant à jamais la relation duelle avec

la mère. Les parents doivent être attentifs à la crise qu'il traverse, et ne pas jouer l'ambivalence. Tout en restant affectueux, ils doivent affirmer que non, *jamais*, il n'épousera sa mère, que celle-ci est déjà mariée avec papa.
Si le conflit œdipien est mal vécu, le petit garçon reste attaché de manière excessive à sa mère, il demeure en rivalité avec le père et cherche à l'exclure de ses relations avec la mère. Il est fréquent que le père soit jaloux du fils, car il veut conserver sa femme rien qu'à lui tout seul.

■ On observe une situation symétrique chez **la petite fille** qui désire *inconsciemment* séduire son père. Le conflit œdipien lui permet de se découvrir différente de ce dernier ; elle va se rapprocher de sa mère et trouver son identité féminine à être comme maman.
Si le conflit œdipien se résout mal, la petite fille reste attachée de manière excessive à sa mère. Elle demeure en rivalité avec le père et cherche à l'exclure de ses relations avec la mère. Il est fréquent que celle-ci soit jalouse de sa fille et ne supporte pas qu'elle s'attache à une autre personne, même à son père.

En résumé, le complexe d'Œdipe est un rapport de forces affectif et sexuel au sein d'une famille. L'enfant en est à la fois *sujet* et *enjeu*. S'il reste prisonnier de l'attachement œdipien, il ne peut grandir et structurer son moi, car il demeure dans l'impossibilité de dépasser une relation duelle et exclusive. Il noue de ce fait une relation névrotique au parent de sexe opposé tout en éliminant le parent de même sexe qui est l'obstacle à sa passion amoureuse.
Une mauvaise résolution de l'Œdipe entraîne que l'enfant n'est plus *sujet* de son développement, mais un *enjeu* de séduction, de manipulation, d'autoritarisme ou de démission.

B. LA RELATION TERNAIRE

Un autre intérêt du conflit œdipien auquel on pense moins souvent, c'est qu'il s'agit non plus d'une interaction à deux (mère-enfant), mais d'une *interaction à trois* : père, mère, enfant. Pour la première fois ce dernier prend conscience que son père et sa mère ont des relations entre eux, en dehors de lui. L'Œdipe représente *l'irruption de la réalité* dans l'illusion fusionnelle mère/enfant.

L'introduction du *troisième terme*, l'importance de la relation ternaire, a été théorisée par Sartre[9]. Renée Marti résume ainsi la pensée de ce philosophe : « L'adéquation de toute relation à deux à la réalité matérielle et sociale passe par l'introduction d'un troisième terme, médiateur et surtout garant du fait que la relation reste ancrée dans la réalité et ne va pas sombrer dans un délire à deux, dans un enkystement psychotique ou pervers.[10] »

Toute relation à deux est amenée à intégrer un troisième terme ou à devenir perverse. Si une mère maintenait son enfant dans un attachement exclusif à elle seule, elle lui préparerait un avenir affectif difficile et à la limite en ferait un psychotique.

C'est le troisième terme qui empêche la dissolution de la personnalité dans celle de l'autre. Par exemple l'interaction professeur/élève suppose un objet qui soit un « médiat » de cette interaction : c'est la matière enseignée.

Le père a une fonction de séparation psychologique de l'enfant d'avec la mère. S'inspirant de l'appel de Dieu à Abraham, le psychanalyste Moussa Nabati imagine ce qu'un père pourrait dire à son enfant[11] :

« *Va, va pour toi seul, hors de ton pays et du ventre maternel où tu es comme au paradis béat, sans manque et sans besoin. Sors de là, envole-toi de tes propres ailes. Débrouille-toi pour gagner ton pain à la sueur de ton visage. Abandonne ta maman et trouve-toi une autre femme au prix de tes efforts et de ton travail. Des obstacles surgiront sur ton chemin. Tu seras seul, mais ma promesse t'accompagnera et tu les surmonteras, comme je l'ai fait moi et nos ancêtres bien avant moi et toi. Marche et deviens.* »

La vie conjugale présente la même évolution que la vie de l'enfant : elle passe du *deux* au *trois*. Si lors du stade fusionnel, les amoureux vivent comme s'ils étaient seuls au monde, ils seront tôt ou tard rattrapés par le monde extérieur, la réalité, la société. Et même, ils éprouveront le *besoin* d'introduire un troisième terme entre eux deux : un enfant, un engagement social, religieux, un travail, etc. La *parole* peut aussi jouer le rôle de tiers dans le couple. Dans les premiers temps de leur amour, ils se comprennent sans parole, par les regards, les caresses et les étreintes. Mais bientôt ils comprennent la nécessité de communiquer par le langage.

Des amants qui n'atteignent pas ce stade de la réalité donnent une impression de malaise. Certains se séparent très vite après le mariage parce qu'ils sont déçus de devoir sortir du stade fusionnel et intégrer le fait que leur conjoint est tout à la fois un *bon sein* et un *mauvais sein*, et que le monde extérieur existe. Notre société, par les romans, les films, les journaux, n'aide pas ceux qui s'aiment, car elle tend à imposer la vision névrotique du couple fusionnel replié sur lui-même, lieu secret de toutes les satisfactions émotionnelles. Le statut social du couple, pour être plus équilibrant et stabilisant, doit être intégré dans la réalité de la vie économique, et dans la continuité d'un lignage familial.

Un couple, ce n'est pas un *je* et un *tu* seuls l'un avec l'autre et coupés du monde qui les environne.

Nous avons déjà dit que le mariage, loin d'être une affaire privée, est un engagement social, proclamé publiquement, devant des témoins. « Ce n'est pas le couple qui dit qu'il est marié, ni quand il est marié, c'est la société », dit le philosophe protestant Paul Ricœur. On n'est donc un couple qu'en référence à un *tiers*. Les époux s'unissent non seulement l'un à l'autre, mais leur promesse publique les unit en tant que foyer à la société, donnant ainsi naissance à nouvelle cellule sociale.

Or une rupture s'est établie entre la société et les personnes, qui se traduit par un émiettement du tissu social, la perte du sens des relations entre les gens. De *solidaires*, nous sommes devenus *solitaires*. Bien que vivant dans une société dite de *communication*, le dialogue vrai, la rencontre, l'échange sont rares.

Notons qu'un conseiller conjugal ou un psychothérapeute va jouer le rôle du père lorsqu'il se trouve face à un tel ménage névrotiquement fusionnel : étant dans la réalité et non dans une fusion imaginaire, il représente pour eux cette troisième personne, qui ramène sans cesse à la réalité du monde, qui par la parole, les fait passer de l'imaginaire au symbolique. « Il peut être celui qui aide le couple à passer du stade de l'illusion fusionnelle au stade de la réalité. » (Renée Marti)

C. LES CONSÉQUENCES D'UN COMPLEXE D'ŒDIPE MAL RÉSOLU

Pour s'*allier* à l'être qu'on aime, et se *relier* à lui, il faut d'abord s'être *délié* de ses parents. Or certains amants ne se sont jamais *déliés* de leurs parents et ne peuvent pas *s'allier* ni se *relier* l'un à l'autre.

Si quelqu'un est resté accroché à l'un de ses parents, il transfère sur son partenaire les craintes, attentes et sentiments qu'il éprouvait jadis envers son père ou sa mère. Ne s'étant pas libéré d'un modèle de relation infantile, il continue à rechercher ce modèle dans la relation amoureuse : il vit ce que l'on appelle un *amour névrotique*.

Bien que chronologiquement adulte, il est resté un enfant sur le plan affectif. Bien entendu, cela crée de nombreuses tensions et des malentendus dans le foyer parce que derrière une parole ou un geste anodin se projette le souvenir du père ou de la mère auquel il reste lié par la peur ou la rancune, le mépris ou la haine, ou au contraire une affection excessive.

« Un nombre incalculable de fantômes du passé peuplent nos chambres à coucher. Hommes et femmes doivent lutter pour ne pas sombrer dans l'archaïsme de relations mère/fils et père/fille qu'ils ont tendance à reproduire dans leur couple », écrit Guy Corneau[12].

Il faut parfois oser se poser la question : combien sommes-nous dans notre lit conjugal ? Deux seulement ? ou bien trois, quatre, cinq ou six (si l'on compte, outre les deux conjoints, le souvenir du père, de la mère, de la belle-mère, du beau-père...) ?

Ce problème, extrêmement important, est évoqué dans le verset exposant le plan de Dieu au sujet du mariage (verset cité

quatre fois : Genèse 2, Matthieu 19, Marc 10, Ephésiens 5) : « C'est pourquoi *l'homme quittera son père et sa mère* et s'attachera à sa femme et ils deviendront une seule chair. »
Pour que deux êtres s'attachent l'un à l'autre, ils doivent quitter leur père et leur mère, non seulement matériellement mais aussi *psychologiquement*. Cette séparation ne se fait pas en un jour mais se poursuit toute la vie : la tendance naturelle est de revenir vers son père ou sa mère lors de chaque crise personnelle ou conjugale.
Voici quelques situations les plus fréquentes de non-détachement des parents :

1. L'homme resté attaché de manière infantile à sa mère

Auprès de sa compagne il recherche la protection, l'amour inconditionnel, la chaleur que sa mère lui prodiguait ou, au contraire, qu'il aurait aimé recevoir de celle-ci. Sa relation manque de profondeur, son but étant d'être aimé, non d'aimer. Sa femme est nourricière mais plutôt autoritaire, souvent plus intelligente que lui. Elle choisit jusqu'à la couleur de ses chemises, et contrôle sa sexualité. Lui est content qu'elle prenne tout en main, d'ailleurs il l'a épousée pour cela. Il est soumis, faible de caractère, aime se faire dorloter. Il est pour la paix : elle donne les ordres et lui, il obéit. Il ne prend aucune responsabilité.
S'il a découvert l'objet de ses rêves, à savoir le sosie de sa mère, il se sent en sécurité, mais peut-on alors parler d'un couple épanoui ?
Mais si sa femme n'est pas sans cesse en train de l'admirer, si elle veut vivre sa vie en Sujet et désire elle aussi être aimée et protégée, il se sent profondément blessé et déçu. Alors il rationalise : elle est égoïste, elle ne m'aime pas.
Plusieurs indices dans la Bible semblent suggérer que ce fut le cas d'*Isaac*.[13]

2. L'homme resté attaché à son père

Sa mère était froide et distante et le fils s'est attaché de maniè-

re excessive à son père. Le but de son existence sera de lui plaire, de gagner son estime. Avec sa compagne il reste distant, légèrement méprisant, il la traite avec une sollicitude paternelle. Celle-ci est déçue lorsqu'elle réalise qu'elle ne joue dans sa vie qu'un rôle marginal, son compagnon restant affectivement lié à son père ou à tout autre substitut paternel.
Ce fut peut-être le cas de Salomon.[14]

3. L'homme craignait son père qui était dominateur

Il n'osait pas défier ce dictateur. Il s'est alors identifié à sa mère qu'il « défendait » contre son mari. Une fois marié, il se comporte vis-à-vis de sa compagne comme un grand frère. Jacob par exemple complota contre son père Isaac, appuyé par sa mère Rebecca avec qui il vivait en parfaite symbiose. C'est dans le pays de sa mère qu'il s'enfuit devant la colère d'Esaü. Là, il épousa deux sœurs, incapable la nuit de ses noces de faire la distinction entre l'une et l'autre !

4. La femme a adulé son père, l'a materné

Elle sera alors une mère pour son mari. On retrouve ici la même problématique que dans le cas de l'homme resté attaché infantilement à sa mère.
Freud soutenait que pour qu'un mariage réussisse, il fallait que la femme développe des attitudes maternelles envers son mari. Certes, en un certain sens, on peut dire qu'une femme épouse un *mari/père/fils*, et qu'un homme épouse une *femme/mère/fille*. Beaucoup d'hommes aspirent secrètement à être maternés, la plupart du temps sans en être conscients. Leur propre mère était aux commandes, et dans notre société matriarcale, le phénomène ne fait que s'accentuer.
Un époux particulièrement passif ou immature réclamera cette forme d'amour de manière inconditionnelle. Il aura besoin d'une femme-mère et l'acceptera comme un dû. Ils vivront en symbiose, en complémentarité d'attentes, mais ne formeront évidemment pas un couple de deux sujets distincts.

Un homme plus indépendant, en revanche, n'appréciera pas du tout ce maternage qui lui semblera trop pesant, car ce qu'il veut, c'est une femme, une amante, et non une mère.

5. La femme a été frustrée d'amour paternel

Son père était souvent absent, ne la câlinait jamais, ne lui témoignait pas d'affection, mais s'intéressait cependant à elle en tant que « jolie poupée ». Elle va donc s'accepter comme objet de désir, *objet sexuel* de l'homme. Mais en même temps, elle va refuser et mépriser la sexualité et refouler ses sensations sexuelles, car elle n'a pu s'identifier à sa mère qui la considérait comme une « rivale », et éprouvait du ressentiment envers sa beauté.

Le cas est malheureusement très fréquent d'une fillette dont le père l'a abandonnée ou qui simplement ne lui a jamais manifesté d'affection, ne l'a jamais serrée dans ses bras, ou qui est mort. Cette jeune fille arrête de grandir sur les plans sexuel et affectif et deviendra une femme dont la maturité émotionnelle est en fait celle d'une enfant de dix, douze ou quinze ans.

Devenue adulte, elle est toujours une « petite fille » soumise, passive, fragile, qui recherche un substitut paternel. Généralement elle est séduisante, puisque c'est seulement en étant une « poupée » qu'elle parvenait à capter l'attention de son père.

Elle épouse un homme qui pense pour elle, qui aime l'avoir à ses côtés dans un rôle de figurante : « Sois belle et tais-toi ». Il risque de ne pas apprécier du tout qu'elle conquière son autonomie car alors il perd le pouvoir (y compris sexuel) qu'il avait sur cette femme-enfant.

6. La femme a vu son père comme un frère faible

Sa mère était ambitieuse, dominatrice et agressive. Son père était faible, ou simple. Elle a senti qu'il avait besoin d'aide et lui a accordé une sympathie « fraternelle ». Consciemment, elle s'identifie à son père passif, mais inconsciemment elle s'identifie à sa mère dominante. Elle choisira un conjoint inférieur à elle sur le plan intellectuel ou professionnel, et le traitera comme un frère faible, un compagnon inférieur, elle sera « sa sœur ». Sa sexualité sera « fraternelle » et non conjugale.

7. La femme a souffert de voir son père dominé par son épouse

Cette mère dominatrice le réduisait au silence. La jeune fille a toujours ressenti de la compassion pour son père et a eu besoin de se dévouer pour lui. Elle cherchera à sauver tout le monde et aura une profession de soignante ou de travailleuse sociale. Elle épousera un homme handicapé, alcoolique, drogué, délinquant, endetté ou déprimé, qu'elle cherchera aussi à sauver. Si elle n'y parvient pas, elle devient Persécuteur, méprisante envers lui et vindicative.

« La relation finale qu'adopte une femme envers son conjoint, dit Tordjman, *relève de celle qu'elle a développée avec son père*. On ne dira jamais assez *le rôle du père dans le devenir sexuel et conjugal* de sa fille.[15] »

III. LES SCHÉMAS PRÉCOCES D'INADAPTATION

Ces *schémas précoces d'inadaptation*[16], décrits par deux spécialistes de la thérapie cognitive[17], sont intéressants à connaître, car ils constituent évidemment un terrain favorable aux tensions conjugales. On notera que ces schémas rejoignent le concept de *scénarios de vie* en analyse transactionnelle[18].

Un schéma est constitué de croyances profondes sur vous-même et sur le monde. C'est une disposition *qui prend sa source dans votre enfance* et *se répète tout au long de votre vie*. Il est issu de ce que vous ont fait subir vos parents ou votre entourage. Au bout d'un certain temps, le schéma s'intègre étroitement à votre personnalité. A l'âge adulte, vous êtes comme programmé pour recréer des circonstances similaires à celles qui, dans l'enfance, contribuaient à votre détresse.

Freud avait déjà parlé de cette *compulsion de répétition*, qui est le fait de revivre sans cesse les traumatismes de l'enfance. Un enfant opprimé se laissera dominer. Une fille d'alcoolique aura tendance à épouser un buveur, un garçon maltraité à violenter les autres à son tour.

Les schémas sont essentiels à votre sentiment d'identité. Vous vous accrochez à eux même s'ils vous font souffrir, parce qu'ils vous *sécurisent*, ils sont familiers et rassurants. C'est pourquoi ils sont *si difficiles à modifier*.

Rappelons que l'enfant a des besoins fondamentaux dans des domaines divers : la *sécurité de base*, les *relations interpersonnelles*, l'*autonomie*, l'*estime de soi*, l'*expression de soi*, des *limites réalistes*. Si ces besoins sont suffisamment comblés, si la mère est « suffisamment bonne », l'enfant s'épanouit psychologiquement. Mais s'il y a des carences sévères dans certains de ces domaines, elles contribuent à la formation de schémas négatifs.

Chaque être humain réagit à ces schémas d'une manière qui lui est propre, selon son tempérament. Il existe ainsi *trois attitudes* possibles face à un schéma.

- Soit vous *capitulez* devant lui, en organisant votre vie de manière à reproduire les scénarios qui ont marqué votre enfance.
- Soit vous le *fuyez*, en le chassant de vos pensées, en évitant d'y être sensible.
- Soit enfin vous *contre-attaquez*, en vous démarquant le plus possible de l'enfant que vous étiez.

La plupart des gens ont recours à un mélange de *capitulation*, de *fuite* et de *contre-attaque*. Mais la seule attitude positive est de lutter courageusement contre vos scénarios destructeurs, sans capituler devant eux, ni les fuir, ni contre-attaquer.

Puisque vos schémas prennent racine jusque dans votre enfance, **l'aide d'un psychothérapeute compétent sera souvent nécessaire** pour vous en libérer, surtout si vous souffrez de l'un ou de plusieurs des *trois premiers schémas*, qui sont les plus destructeurs.

Voyons à présent un peu plus en détail ces onze schémas.

Les deux premiers découlent du manque de *sécurité de base* :

A. LE SCHÉMA *SENTIMENT D'ABANDON* : « JE T'EN SUPPLIE, NE ME QUITTE PAS ! »

Vous avez une peur intense et irrationnelle que l'homme ou la femme de votre vie vous quitte, vous abandonne ou meure. Vous êtes possessif et jaloux. Vous lui répétez sans cesse : « Je sais qu'un jour tu me quitteras », « Tu ne m'aimes pas vraiment. » Vous avez beaucoup de mal à vivre des moments de solitude, des déménagements, des séparations.

B. LE SCHÉMA *MÉFIANCE ET ABUS* : « JE NE PEUX PAS TE FAIRE CONFIANCE »

Même si vous vivez une relation saine avec votre conjoint, votre méfiance et votre comportement la transforment en violence. Vous interprétez ses paroles en insultes ou ses gestes en agressions physiques. Vous le poussez à vous maltraiter, en vous dépréciant, ou bien en étant agressif envers lui.

Si vous avez été victime d'abus physique ou sexuel (maltraitance, attouchements, viol, inceste), il serait souhaitable que vous vous fassiez aider par un psychothérapeute spécialisé dans ce domaine. Ce schéma engendre en effet des souffrances psychiques graves et il est l'un des plus difficiles à changer. Cependant, en le modifiant, vous parviendrez à votre vœu le plus cher : aimer et être aimé, dans un climat de confiance. Cela vaut donc la peine de chercher à en être libéré.

Les conséquences des abus sexuels dans la vie conjugale sont si importantes que nous y reviendrons plus en détail à la fin de ce chapitre.

Les deux schémas suivants sont étroitement liés à la *qualité* de vos *liens affectifs* :

C. LE SCHÉMA *CARENCE AFFECTIVE* : « MES BESOINS D'AFFECTION NE SERONT JAMAIS COMBLÉS »

Vous communiquez très peu avec votre partenaire, lui cachant vos besoins, vos sentiments, votre vulnérabilité, ce qui l'empêche de vous protéger et de vous donner de l'affection. Vous êtes distant et inaccessible.

Il vous arrive aussi de vous révolter, et de contre-attaquer en l'accusant de ne pas vous aimer assez, en vous montrant exigeant à l'extrême, et en revendiquant.

D. LE SCHÉMA *SENTIMENT D'EXCLUSION* : « JE ME SENS À PART »

Vous ne côtoyez que les membres de votre famille, et un ou deux amis, mais c'est tout. Il est vraiment dommage que vous vous priviez des grandes joies qu'apporte la rencontre avec les autres. Votre partenaire appréciera que vous ne vous refermiez pas uniquement sur lui et sur vos enfants, mais que vous ayez d'autres contacts sociaux.

Pour venir à bout de ce schéma, décidez de mettre fin à votre solitude et apprenez à communiquer avec les autres. Vous verrez que les adultes ne portent pas du tout sur vous le même regard que les enfants lorsque vous étiez petit.

Les deux schémas suivants sont liés à *l'autonomie* :

E. LE SCHÉMA *DÉPENDANCE* : « JE NE PEUX PAS ME DÉBROUILLER SEUL »

Vous êtes accroché à l'être qui partage votre vie comme à une bouée de sauvetage. Votre identité se fond à la sienne. Vos amis, vos intérêts, vos opinions sont ceux de votre conjoint, vous n'existez pas par vous-même. Dans les rares moments où vous êtes séparé de lui, votre vie reste en suspens et vous restez relié à lui par le téléphone.

Vous avez besoin qu'il vous accompagne chez le médecin, à l'hypermarché, en voyage, au cinéma, etc. Vous l'avez d'ailleurs choisi parce qu'il est fort et sécurisant, et qu'il vous protège comme un enfant. C'est lui qui gère votre budget et assume toutes les responsabilités du foyer. Peut-être même n'avez-vous jamais appris à conduire.

Votre couple sera évidemment plus épanoui si vous vous libérez de ce schéma.

En effet actuellement votre partenaire sert à combler vos manques, vous ne le regardez pas comme une personne mais comme un *instrument* de réconfort. Ce n'est pas l'amour qui vous lie à lui, mais un *besoin névrotique d'affection*.

Karen Horney le dit très bien : « La différence entre l'amour et le besoin névrotique d'affection tient au fait que dans l'amour *l'élan vers l'autre* et le *don de soi* sont véritablement premiers, alors que le sentiment premier des névroses est le *besoin de réconfort*, de *satisfaction égocentrique*.[19] » Cela rappelle la parole de Jésus : « Il y a plus de bonheur à donner qu'à recevoir. »

Il arrive même qu'un couple soit *l'union de deux névroses* : les deux partenaires éprouvent un intense besoin névrotique d'affection, et chacun des deux est dépendant de l'autre.

Souvenez-vous qu'il a deux sortes d'amour : *l'amour en creux* qui consiste à aimer pour combler le manque, le vide que l'on ressent en soi, et *l'amour en plein*, qui apporte un élargissement de l'être.

F. LE SCHÉMA *VULNÉRABILITÉ* : « LA CATASTROPHE EST IMMINENTE »

Vivre, pour vous, ce n'est pas être heureux, mais prévenir les dangers. Vous avez choisi un conjoint fort, sécurisant, qui vous cajole et vous couve. Vos craintes sont parfois une source de conflits avec lui. Cela le fatigue de vous rassurer constamment. Il est obligé de restreindre ses activités sociales à cause de vous. Vous l'obligez à être sans cesse à vos côtés, alors qu'il aimerait être plus indépendant.

Il sera votre principal allié si vous décidez d'abandonner ce scénario. En effet l'excès de sollicitude à votre égard doit l'épuiser, il sera enchanté de vous aider dans vos efforts pour être moins vulnérable. Surmonter ce schéma enrichira votre existence, et surtout cela améliorera votre vie commune.
Les deux schémas suivants sont reliés à l'*estime de soi* :

G. LE SCHÉMA *SENTIMENT D'IMPERFECTION* : « JE NE VAUX RIEN »

Votre plus grande peur est que l'on découvre vos défauts. Contrairement au *sentiment d'exclusion* qui repose sur des caractéristiques extérieures et qui est plus décelable, le *sentiment d'imperfection* est un état intérieur, donc moins décelable. Mais il est très fréquent (environ une personne sur deux suivant une psychothérapie en souffre). L'émotion dominante ici est *la honte*.
Vivre l'intimité conjugale vous effraie. Peut-être avez-vous choisi quelqu'un qui vous critique ou abuse de vous, et vous croyez ne pas mériter mieux. A cause de votre schéma, vous tolérez qu'il vous maltraite. Vous vous estimez chanceux déjà d'avoir pu vous marier. Vous croyez que la personne qui vous aime ne doit pas valoir grand chose. Vous avez toujours besoin qu'elle vous rassure sur l'estime qu'elle a de vous et vous vous croyez inférieur aux autres gens. Groucho Marx disait : « Je ne voudrais jamais faire partie d'un club qui m'accepterait comme membre. »
Jaloux et possessif, vous cachez votre moi réel pour que votre partenaire ne découvre pas vraiment qui vous êtes. Vous vous dépréciez devant lui et ne voyez pas d'objection à ce qu'il vous dénigre. Cela vous soulage de le critiquer en retour, ainsi que vos enfants. Si vous réussissez quelque chose, vous pensez être un imposteur, et craignez que ces succès ne soient éphémères.
Le moi réel que vous tenez caché ne pourra pas guérir tant que vous ne brisez pas la carapace protectrice de votre faux moi. Demandez-vous si vous avez *capitulé* devant votre schéma, si vous le *fuyez* ou si vous *contre-attaquez*.

Plus graves auront été les humiliations et les critiques de vos parents, plus vous mettrez de temps à modifier votre scénario.

H. LE SCHÉMA *SENTIMENT D'ÉCHEC* : « MA VIE EST UN ÉCHEC »

De nombreux autres schémas peuvent y être associés : celui de *méfiance* et *abus*, le *sentiment d'imperfection*, la *carence affective*, le *sentiment d'exclusion*, etc.

Vous déformez les événements, en exagérant le négatif et en minimisant le positif. Peut-être êtes-vous déprimé par ces échecs constants. Ce schéma est très facile à diagnostiquer, vous en avez clairement conscience.

Quand votre conjoint réussit, cela vous permet de vivre par procuration, sans rien accomplir par vous-même.

N'évitez pas votre schéma, mais affrontez-le. Il est possible d'en sortir. Découvrez vos talents !

Attaquez aussi les autres schémas qui sont liés au sentiment d'*échec*. Votre vie auparavant dominée par la honte vous procurera dès lors un haut sentiment d'estime de vous-même.

Les deux schémas qui suivent concernent *l'expression de soi*, l'aptitude à exprimer vos désirs et à faire en sorte que vos besoins soient satisfaits :

I. LE SCHÉMA *ASSUJETTISSEMENT* : « JE FAIS TOUJOURS CE QUE TU VEUX ! »

Deux motifs importants peuvent vous pousser à vous laisser dominer par les autres : *l'abnégation* (l'assujettissement dû à la culpabilité) et la *soumission* (l'asservissement dû à la peur).

Ce scénario peut être accompagné du schéma *dépendance* : vous ne prenez aucune initiative, vous ne vous sentez pas apte à décider par vous-même.

Vous avez peut-être trouvé un compagnon agressif ou dominateur, qui vous dit quoi faire et quoi penser. Il ressemble au parent qui vous dominait. Vous dépendez entièrement de lui. Ou bien il

est narcissique, il exige beaucoup et donne peu en retour. Mais donner sans retour vous est familier. Cependant, si la révolte gronde en vous pendant des années, elle risque d'exploser un jour.
Sortir de ce schéma peut prendre un certain temps. En effet il s'est nourri pendant toute votre enfance. Reprenez peu à peu possession de votre vie et de votre identité. Vous y avez droit !

J. LE SCHÉMA *EXIGENCES ÉLEVÉES* : « CE N'EST JAMAIS SUFFISANT ! »

Il se peut que vous l'ayez adopté pour compenser un sentiment d'*imperfection*, d'*exclusion*, d'*échec*, ou une *carence affective*.
Il en existe trois variantes principales : le perfectionnisme, l'ambition professionnelle, l'ambition sociale.
Dans votre vie conjugale, l'amour, le plaisir, la tendresse, cèdent la place à votre obsession de la perfection. Vos exigences élevées s'appliquent aussi par rapport à votre partenaire. Vous êtes critique et exigeant avec lui, vous voudriez qu'il soit idéal et qu'il réponde à toutes vos aspirations. Vous le dépréciez s'il n'y arrive pas. Vos attentes à son égard vous semblent justifiées et normales, vous ne voyez pas qu'elles sont irréalistes.
Ou bien vous avez choisi un être détendu et cool, qui vous relaxe, qui vous apporte un peu de délassement dans votre existence hyperstressée. Mais vous ne lui consacrez pas beaucoup de temps. Vous travaillez trop, en vous promettant « qu'un jour », vous prendrez du temps pour votre famille. Mais le temps vous file entre les doigts, et vous ne réalisez pas que votre vie devient un désert affectif.
Si votre conjoint est plus détendu que vous, prenez modèle sur lui, imitez sa décontraction. En abaissant vos critères de perfection, vous trouverez une meilleure qualité de vie, votre santé s'améliorera et vous vivrez un renouveau dans votre vie amoureuse.
Enfin le dernier schéma est associé à *l'aptitude à accepter des limites réalistes* :

K. LE SCHÉMA *SENTIMENT QUE TOUT NOUS EST DÛ* : « JE PEUX OBTENIR TOUT CE QUE JE DÉSIRE »

Vous agissez selon l'un ou l'autre des comportements suivants, et vous avez choisi de vivre avec quelqu'un qui renforce votre sentiment que les autres vous doivent tout :

■ **Vous agissez comme un enfant gâté**

Il se peut que votre partenaire sacrifie ses besoins aux vôtres, ait peur d'exprimer ses sentiments, tolère vos critiques, renonce à son identité et vive à travers vous. Vous courez le risque qu'il vous en veule, parce que vous le maltraitez et êtes trop égoïste.

■ **Vous jouez à l'enfant faible et dépendant, les autres vous doivent tout**

Votre conjoint est sans doute compétent et disposé à s'occuper de vous, il gère votre budget et vous traite comme un enfant. Mais vos exigences et votre dépendance risquent de l'épuiser, de le lasser.

■ **Vous êtes impulsif et manquez de discipline**

Vous remettez les corvées au lendemain, vous préférez la gratification immédiate à la satisfaction au long terme.
Votre partenaire est très organisé, discipliné. Il contrebalance ainsi votre tendance à la désorganisation. Mais vous courez le risque qu'il se lasse de votre irresponsabilité et de vos sautes d'humeur.
Votre attitude le fait souffrir. Demandez-lui de vous aider. Il vous imposera des limites, vous dira quand vos exigences sont inacceptables, et sera ferme face à vos caprices d'enfant gâté.

IV. LES ABUS SEXUELS

De nombreuses fillettes, jeunes filles ou femmes (ainsi que des garçons et des jeunes hommes) ont été victimes d'un abus sexuel de la part d'un homme qui, dans 89 % des cas, leur était familier et en qui elles avaient confiance : père, beau-père, grand-père, oncle, frère, cousin, voisin, responsable spirituel,

etc. Dans 11 % des cas, l'abuseur leur était inconnu.
Un abus sexuel est toute *contrainte* (verbale, visuelle ou psychologique) ou tout *contact physique* (baisers, attouchements, viol génital, oral ou anal) par lesquels un individu se sert d'un enfant, d'un adolescent ou d'un adulte, en vue d'une stimulation sexuelle, la sienne ou celle d'une tierce personne.
Une femme qui a été abusée dans son passé a souvent peur des hommes et répugne à se marier. Elle voit tout « mâle » comme étant le « mal ». Si elle se marie malgré tout, elle peut présenter, tôt ou tard, des troubles tels que : dépressions à répétition, agressivité envers les hommes y compris son conjoint, frigidité, vaginisme, dégoût et terreur des rapports sexuels, tendance à l'obésité pour devenir moins désirable.
Le souvenir de l'agression peut revenir lors des rapports intimes. Elle ne parvient pas à s'épanouir dans sa sexualité qui est pour elle trop liée à la perversité de l'abuseur. Elle craint le plaisir et la passion. Ayant été victime du désir du pervers, en rejetant l'abus qu'elle a subi, elle refuse en même temps tout désir, même le sien.
Elle peut souffrir de maux de dos, de ventre, d'infections gynécologiques à répétition.
Les abus sexuels, et particulièrement le viol et l'inceste[20], provoquent *un traumatisme profond* qui inclut :

A. LE SENTIMENT D'IMPUISSANCE

L'abus sexuel a été *imposé* à la victime. Qu'il se soit produit une ou cent fois, avec ou sans violence, ne change rien au fait qu'elle a été dépossédée de sa liberté de choix. Elle n'a pas pu changer sa famille dysfonctionnelle, s'il s'agit d'un inceste ; sa mère, ses proches, ne l'ont pas protégée, ils ont fait semblant de ne rien voir.

B. LE SENTIMENT D'AVOIR ÉTÉ TRAHIE

Rien n'est plus odieux que d'être trahie par quelqu'un qui était censé vous aimer et vous protéger. Elle se méfie de tout le monde, perd l'espoir d'être proche avec autrui, a l'impression que si elle a été abusée, c'est parce qu'elle l'a mérité.

C. LE SENTIMENT D'AMBIVALENCE

Il consiste à ressentir deux émotions contradictoires à la fois. Ici, l'ambivalence gravite autour des sentiments négatifs (honte, souffrance, impuissance) qui ont parfois été accompagnés simultanément de plaisir, qu'il soit relationnel (un compliment), sensuel (une caresse), ou sexuel (le toucher du corps ou des organes).

D. LE SENTIMENT DE HONTE ET DE MÉPRIS

La victime se voit comme souillée à vie et déshonorée. Se sentant honteuse, elle méprise son corps, sa sexualité, son besoin d'amour, sa pureté. Ce mépris d'elle-même atténue sa honte, étouffe ses aspirations à l'intimité et à la tendresse (se détester anesthésie le désir), lui donne l'illusion de maîtriser sa souffrance et lui évite de rechercher la guérison de son être. Lorsque la haine d'elle-même est très intense, elle peut pousser la femme à l'anorexie, à la boulimie, à la prostitution, à la violence contre soi ou au suicide. Dans ces cinq cas, elle châtie son propre corps parce qu'il existe et a des désirs.

E. LE SENTIMENT DE CULPABILITÉ

Etrangement, un mal subi dans l'impuissance rend épouvantablement coupable. La personne se demande si ce n'était pas un peu de sa faute, si elle n'aurait pas pu éviter d'être abusée, etc. Le fait que le plaisir ait parfois été associé à la douleur fait qu'elle se sent responsable d'avoir été abusée, puisqu'elle y a « coopéré » en y prenant plaisir.
Tous ces symptômes **nécessitent une thérapie appropriée**. Vers qui se tourner ? Faut-il se confier à un responsable spirituel, prêtre, pasteur, etc. ?

La démarche est *très risquée* : n'étant pas formé du tout dans ce domaine, celui-ci risque de traumatiser encore davantage la victime d'abus qui vient lui parler. Souvent il ne la croit pas, l'accuse d'exagérer ou d'inventer, minimise l'abus, nie les sentiments de la victime, excuse (voire protège !) l'abuseur, enjoint d'oublier, de pardonner, de tourner la page, reproche de dénoncer le coupable, etc. Par ailleurs un responsable spirituel n'a aucune formation pour faire des entretiens thérapeutiques à quelqu'un. Nous avons trop souvent constaté les ravages produits par l'incompétence de soi-disant conseillers pour ne pas le dire clairement. Des années d'expérience dans l'aide à des personnes sexuellement abusées[21] nous ont appris que celles-ci **devraient absolument consulter un psychothérapeute compétent dans ce domaine.** Des associations d'aide aux victimes d'abus sexuels leur fourniront des adresses.

Nous avons vu dans ce chapitre que souvent les tensions dans le couple manifestent les blessures affectives et psychiques de chacun, et que cela nous donne l'occasion de reconnaître ces souffrances et de les soigner, seul ou avec l'aide d'un psychothérapeute.
Ainsi en partant de la partie visible de l'iceberg (les causes visibles des conflits conjugaux) nous pouvons descendre plus profond dans notre vie personnelle et dans notre vie de couple, jusqu'aux blessures de notre enfance.
Dans le chapitre suivant, nous nous intéresserons à une seconde cause moins évidente des frustrations conjugales : la crise d'identité du couple moderne.

[1] Concernant les sentiments élastiques, se référer à notre *Manuel de relation d'aide*, chapitre 8.

[2] Otto Rank, *Le traumatisme de la naissance*, Payot, 1990.

[3] Michael Balint, *Le défaut fondamental*, Payot, 1990.

[4] R. Barande, *La naissance exorcisée*, Denoël, 1975.

[5] Mélanie Klein, *La psychanalyse des enfants*, PUF, 1972 ; *Envie et gratitude*, Gallimard, 1968 ; Mélanie Klein et Joan Rivière, *L'amour et la haine*, Payot, 1968.

[6] Renée Marti, *Le conseil conjugal, pourquoi et comment*, ESF, 1980, p. 19.

[7] Sigmund Freud, *Essais de psychanalyse : Psychologie et analyse du Moi*, Payot, 1973, p. 122.

[8] Sur ce sujet on peut lire : Christian David, *L'état amoureux*, Payot, 1994 ; Francesco Alberoni, *Le choc amoureux*, Pocket, n° 4081.

[9] Jean-Paul Sartre, *Critique de la raison dialectique, tome 1 : « Théorie des ensembles pratiques »*, NRF Gallimard, 1960, p. 87 et ss.

[10] Renée Marti, *Le conseil conjugal*, ESF, 1980, p. 43 et ss.

[11] Simone et Moussa Nabati : *Le père, à quoi ça sert ? La valeur du triangle père-mère-enfant*, Jouvence, 1994, p. 66.

[12] Psychanalyste canadien, Guy Corneau est l'auteur de *Père manquant, fils manqué*, éditions de l'Homme, 1992, et de *N'y a-t-il pas d'amour heureux ?*, Laffont, 1997.

[13] Remontons d'abord à ses parents. Malgré les leçons spirituelles bien connues que l'on peut tirer de la vie d'Abraham et de Sarah, avouons que l'histoire de ce ménage est loin d'être triste !
Abraham oblige Sarah à l'appeler son frère et dit d'elle que c'est sa sœur (c'était d'ailleurs sa demi-sœur).
Sarah l'appelle aussi mon Seigneur, très exactement mon Baal. Ce terme dénote une relation toujours infériorisante pour elle. Elle a, semble-t-il, peu d'occasions de l'appeler simplement mon mari ou mon chéri. Alors que le besoin premier d'une épouse est la sécurité, chaque fois qu'Abraham rencontre un problème, un danger, il ne trouve rien de mieux que d'imposer à sa femme d'avoir des relations sexuelles, que ce soit avec le Pharaon (Genèse 12.18) ou avec Abimélec (Genèse 20.2).
Il n'est pas étonnant que Sarah refuse, sans doute de manière inconsciente, d'avoir un enfant d'un homme aussi insécurisant, et qu'elle somatise et affirme dans son corps son désir d'être reconnue, en étant stérile. Elle est si sûre que c'est elle qui est stérile qu'elle le fait vérifier à son mari en le poussant à avoir un enfant avec sa servante Agar.
Dès que Isaac, le fils promis, naît (le miracle de sa naissance montre

que Sarah n'avait aucune malformation physique l'empêchant d'enfanter), il est accaparé par sa mère qui reporte sur lui tout l'amour dont elle est frustrée. Son insécurité personnelle fait qu'elle l'élève en le protégeant de tout : il sera tout sauf un homme d'action et fuira sans cesse les conflits. Il est incapable de chercher lui-même une femme et c'est Abraham qui doit en prendre l'initiative, quand il réalise qu'il est encore célibataire à quarante ans.
Ce n'est que trois ans après la mort de Sarah (âgée de 127 ans !) qu'Isaac se marie enfin avec une jeune fille… de la famille de sa mère. C'est dans la tente de sa mère (!) qu'il conduit sa jeune épouse et Genèse 24.66 précise : « ainsi fut consolé Isaac de la mort de sa mère. »
On imagine les problèmes de ce nouveau couple dans lequel Rebecca ne sert qu'à remplacer Sarah dans le cœur d'Isaac. Elle aussi va rester stérile, pendant vingt ans. Et Isaac usera du même procédé que son père : face à un autre Abimélec, il dira de Rebecca qu'elle est sa sœur (Genèse 26.7). Nous verrons plus loin les répercussions que ce comportement a eues sur Jacob, leur fils.

14 La mère de Salomon, Bath-Scheba, n'avait pas dans le palais la réputation d'une femme vertueuse : quand David était allé la chercher, elle « était venue vers lui » (2 Samuel 11) librement et avait plus que consenti à l'adultère. Elle n'était pas non plus innocente dans la mort de son mari Urie.
Elle n'a donc communiqué à son fils Salomon qu'une image négative de la femme et de la fidélité conjugale. Ce qui explique qu'il épousa la fille de Pharaon, chose que Dieu interdisait. En cela il imitait la désobéissance de ses parents, et il alla même plus loin que son père dans la rébellion puisqu'il eut, étant roi, un harem d'environ mille femmes. Salomon souffrait-il d'un complexe d'Œdipe mal résolu ?
Comme un enfant a besoin malgré tout d'un modèle parental, Salomon resta fixé sur le modèle de son père David, représentant l'ordre et l'autorité. Il accomplit en Israël un extraordinaire travail d'organisation administrative, religieuse et militaire, mais ses femmes non seulement ne lui apportèrent pas l'amour mais détournèrent son cœur de Dieu.

15 G. Tordjman, *Le couple, réalités et problèmes*, Hachette, 1981, p. 62.

16 Jeffrey Young et Janet Klosko, *Je réinvente ma vie*, Editions de l'Homme, 1995. Les auteurs élaborent pour chacun des schémas un test diagnostique détaillé et proposent des méthodes progressives pour surmonter les croyances nocives et les comportements négatifs.

[17] Une cognition est une pensée, un dialogue intérieur, sous forme de mots ou d'image. Des pensées négatives suscitent des émotions négatives. La thérapie cognitive consiste à identifier ces pensées et ces émotions négatives, puis à les modifier.

[18] Nous décrivons les scénarios de vie au chapitre 7 de notre *Manuel de relation d'aide.*

[19] Karen Horney, *La personnalité névrotique de notre temps*, E. de l'Arche, p. 74.

[20] Le sexothérapeute Erick Dietrich écrit : « Une patiente sur trois venant consulter dans notre centre pour vaginisme, dyspareunie, anorgasmie, a été abusée sexuellement dans son enfance. Ces femmes ne se souviennent pas pour la plupart de ces événements traumatisants infantiles. Leur symptôme actuel les fait bien moins souffrir que ne le ferait l'angoisse si elles revivaient ces souvenirs atroces. « (*Le couple et son désir*, Brassart, Dalens, Dietrich, Gelleman et Meyer, éd. La Louvière, 1992, p. 223)

[21] Nous conseillons la lecture du chapitre 22 de notre *Manuel de relation d'aide* qui est consacré à l'aide à apporter aux victimes d'abus sexuels.

CHAPITRE 13

LA CRISE D'IDENTITÉ DU COUPLE MODERNE

Deux éléments expliquent essentiellement cette crise : le premier, c'est que depuis la moitié du vingtième siècle, nous sommes passés d'une société de *la survie* et *des devoirs* à une société de *la vie* et *des droits*[1].
Le second, c'est que nous vivons dans le règne du « je veux tout et tout de suite », ce qui ne nous encourage pas à penser notre couple dans la durée.

I. LE PASSAGE DES DEVOIRS AUX DROITS

A. LA SURVIE ET LES DEVOIRS

Pendant des millénaires, le couple traditionnel a été orienté vers la *reproduction de la vie* et la *transmission*, de génération en génération, *d'un patrimoine* biologique, matériel, culturel et spirituel. Les deux indices de mortalité et de fécondité s'équilibraient et étaient réglés par le destin. La courbe démographique était subie. Peu d'événements relevaient d'une décision personnelle. Les institutions, religieuses en particulier, aménageaient le destin pour que survive la famille.
L'anthropologue Lévi-Strauss évoque bien cette époque lorsqu'il dit : « Notre espèce humaine est précaire, biologiquement mal équipée pour la sélection naturelle, elle aurait dû disparaître. Elle compensera sa faiblesse en inventant la solidarité du groupe et, au premier rang, la famille, qui permit la survie de l'espèce. »
L'évidence de la *mort*, toujours prématurément possible, et la *fragilité de l'existence*, faisaient que l'individu devait s'effacer au profit du groupe. Dans la famille, le rôle et la place de chacun

étaient définis par ce principe selon lequel la survie de la famille imposait à chacun des obligations.
Le philosophe René Girard dit : « L'idée d'autonomie ou de bonheur personnel était impossible, barrée jusque dans l'imaginaire. »
Deux mots résument les relations dans le couple et la famille pendant ces millénaires : *survivre* et *transmettre*. Le bonheur était tout relatif, l'urgence faisait loi. Les attentes étaient très réduites. La mort, qui menaçait en permanence chaque membre de la famille, et imposait la tâche de transmettre la vie, élevait le devoir au niveau de vertu.
Le système familial, pour fonctionner, avait besoin de faire l'économie d'une affection excessive. L'anthropologue Margaret Mead dit que « pour le couple était exclu tout rêve irréaliste de bonheur personnel. L'avenir était tout tracé d'avance. »
C'est la raison pour laquelle les relations dans la famille se définissaient par les *devoirs* :

- Les devoirs du mari et ceux de l'épouse
- Les devoirs du père et ceux de la mère
- Les devoirs des parents et ceux des enfants
- Et même… le « devoir conjugal » !

L'individu s'effaçait devant le groupe. Il raisonnait ses rapports à la famille en fonction de ses *devoirs* qui lui donnaient un *rôle*, et dans ce rôle une *identité*. En remplissant bien ses devoirs, il recevait une identité.
L'enseignement de l'Eglise consista souvent à *sacraliser* et à sublimer ces *obligations*. Ainsi la femme devait trouver son identité dans son rôle et ses devoirs de mère. Il lui était très difficile de se construire une identité personnelle en dehors de ce rôle.
Cela amena une confusion entre *rôle social* et *identité personnelle*.
Pour que ce système fonctionne, il fallait que la notion de mort et de précarité soit présente au quotidien. C'était le cas, comme l'a dit un historien français : « La mort était au centre de la vie, comme le cimetière au centre du village. »

B. LA VIE ET LES DROITS

Depuis les années 1950-1960, la durée de la vie humaine a fait un bond vertigineux, ce qui a provoqué un changement fondamental des relations dans la famille.

Aujourd'hui nous percevons et raisonnons nos relations en fonction non plus *de nos devoirs,* mais *de nos droits*, puisque l'individu peut exister personnellement et avoir des droits sans mettre en cause la survie du groupe.

La durée de la vie s'est allongée et, comme on peut réguler les naissances, on a le temps, non seulement d'élever ses enfants, mais encore de penser à soi-même une fois qu'ils ont quitté le nid familial. Il est fréquent de voir, dans la même maison de retraite, la mère et la fille ensemble. Les générations ne se succèdent plus, elles se superposent.

Avec ce nouveau type de relations on parlera maintenant :

- Des droits des parents
- Des droits de la femme
- Des droits de l'enfant
- Des droits à la liberté
- Des droits à la différence
- Des droits à l'épanouissement
- Etc.

Tout ceci est en grande partie juste et bon, mais peut conduire à des excès et à un individualisme égoïste. On parle aujourd'hui davantage de ses propres responsabilités face à la vie que de ses devoirs vis-à-vis du groupe. Quelqu'un a dit que « l'homme, en devenant individu, devint individualiste. » Par exemple, l'enfant est parfois perçu comme empêchant les parents de jouir de tous leurs droits.

Les relations étant basées sur les droits personnels, on voit apparaître *une augmentation des attentes* et par conséquent de nombreuses occasions de *frustration*, ce qui explique qu'une grande partie des divorces se produit très tôt, dans les dix-huit premiers mois de mariage.

On notera aussi que ce nouveau mode de lien amoureux néces-

site une meilleure communication, d'autant que l'autre est là soit pour satisfaire mes droits, soit pour les restreindre.
Si dans le devoir accompli et dans le rôle donné par le groupe, l'individu parvenait à trouver son identité, il n'en est pas de même en ce qui concerne les droits. Et le grand problème qui se pose aujourd'hui est celui de *l'identité*. Nous en reparlerons.
Ajoutons qu'environ cinquante ans sont nécessaires pour changer ce que l'on appelle *l'inconscient collectif*. Ce qui veut dire qu'aujourd'hui nous avons encore en tête des *schémas de pensée* de type *devoirs*, tout en fonctionnant au sein de *relations* de type *droits*. Le conflit intérieur que cela crée peut être très culpabilisant.
Mais ce nouveau type de relations, s'il fragilise l'individu, le couple et la famille, n'est-il pas aussi la meilleure voie vers l'épanouissement réel de chacun ? Finalement c'est un peu comme une machine qui, en se complexifiant, se fragilise, mais devient aussi plus performante.

II. « JE VEUX TOUT ET TOUT DE SUITE »

Le règne du « Je veux tout et tout de suite » ne nous encourage pas à penser notre couple dans la durée.
Depuis Nietzsche, et depuis la théologie affirmant que « Dieu est mort », de nombreuses personnes pensent qu'il n'y a plus ni Dieu, ni au-delà. Donc elles n'investissent plus sur la terre pour moissonner au ciel, puisqu'il n'y a plus de ciel. Souffrir ou subir sur la terre pour être récompensé au ciel, ne veut plus rien dire.
Une remarque en passant : c'est bien beau de dire que Dieu n'existe pas, mais cela n'a pas réglé le problème de la soif spirituelle de l'homme, d'où la vague actuelle des spiritualités diverses et de l'ésotérisme.
Tout se joue désormais sur la terre. La vérité, la valeur suprême, se trouve dans la brièveté du temps. Plus l'intervalle entre ce que je moissonne et ce que j'ai semé est court, plus je suis dans la vérité. *Je n'ai plus de temps à investir.*
Nous vivons dans le règne du « tout maintenant », le règne du

fast-food, de l'instantané.

Cette pensée influence la biologie, la politique, l'économie, la théologie et même les rapports humains. Plutôt que de penser la relation avec mon conjoint dans la durée, je préfère en changer au bout de six mois si je n'ai pas dans ce laps de temps atteint l'idéal de couple que je m'étais fixé.

Nous sommes si pressés et si impatients ! Il faut très peu de temps pour qu'un roseau pousse, mais combien de décennies pour que croisse un chêne solide et majestueux ?

Cette pensée du « tout et tout de suite » influence notre couple. La durée nous effraie. Or indiscutablement, si je désire vraiment rencontrer réellement celui que j'aime, *quoi de mieux que le temps* ?

C'est dans la durée, dans la vie quotidienne, que je vais découvrir que l'être aimé est différent de ce que je croyais ou espérais. Il a des limites, des défauts, mais cela me permet de le rencontrer dans sa réalité vraie et non dans mes rêves, et de l'aimer tel qu'il est. Je découvre qu'il est autre, qu'il est un Sujet, une personne libre. Le lien conjugal ne commence à se nouer vraiment qu'après les premières déceptions, que l'on parvient à surmonter.

Le temps est certes *destructeur* de *l'amour-passionnel* (essayez d'imaginer Roméo grand-père et Juliette toute ridée !). Par contre il est *constructeur* de *l'amour-action*, *l'amour passionné*, qui comme toute grande œuvre exige de la patience.

Ainsi le temps n'est pas du tout un *ennemi* pour les amants, mais bien au contraire un *allié* !

Si nous considérons notre couple comme une cathédrale à construire, une œuvre artistique à créer, plusieurs dizaines d'années ne seront pas de trop pour apprendre à bien communiquer, trouver l'équilibre entre la fusion et la distance, être hospitalier pour nos amis, gérer nos belles-familles respectives, élever nos enfants, vivre notre vie spirituelle, etc.

« Ce n'est pas commencer qui est admirable, mais *re*commencer. Le préfixe *re* dit un mouvement essentiel de l'amour. *Re*partir, *re*donner sa confiance (c'est le temps du pardon), *re*prendre le combat contre ces petits défauts qui agacent tant,

*re*fonder l'union lorsque celle-ci passe d'une phase de son histoire à une autre.[2] »
Sachant que dans ses débuts l'amour conjugal est imparfait, maladroit, les amoureux se donnent du temps, sans aucune limitation, pour apprendre à aimer. « Aimer quelqu'un, c'est lui donner du temps ; promettre sans mesure à quelqu'un, c'est lui donner de vivre », dit Jean-Claude Sagne[3]. Dans ce temps sans limite que les conjoints se donnent l'un à l'autre, ils ne se sentent pas obligés de faire leurs preuves, ils n'ont pas l'impression de passer chaque jour un examen. Ils sont apaisés, libres d'être eux-mêmes.

[1] A lire sur ce sujet : Louis Roussel, *La famille incertaine*, Odile Jacob, 1989.
[2] Xavier Lacroix, *Les mirages de l'amour*, Bayard/Centurion, 1997, p. 207.
[3] Jean-Claude Sagne, *L'homme et la femme dans le champ de la parole*, D.D.B., 1995, p. 48.

CHAPITRE 14

LES MYTHES DE L'AMOUR

L'amour a un pied dans le *réel*, un pied dans *l'imaginaire*. Bien qu'il semble être une histoire très personnelle à chacun, il est entouré d'images, de représentations, de fictions, de mythes, qui lui donnent un pouvoir magique. Les mythes de l'amour sont des références communes, des rêves issus de notre mémoire collective universelle.
Selon Denis de Rougemont[1], ils sont « langage de l'âme » ou « image du monde en raccourci ». Ils contiennent chacun une part de vérité mélangée à l'illusion, et c'est cette petite parcelle de vérité qui fait que nous adhérons si facilement à l'un ou l'autre de ces mythes !
Nous examinerons brièvement quelques uns des mythes les plus signifiants en disant en quoi chacun n'est justement qu'un mythe et non la réalité.

I. « L'AMOUR EST DIVIN »

A. LE MYTHE

L'amour n'est certes pas un état ordinaire, mais certains franchissent le pas en le divinisant. C'est un grand mythe toujours récurrent. De la parole de l'apôtre Jean : « Dieu est amour[2] », certains passent à : « l'amour est dieu », l'amour est point de contact avec le divin. Le christianisme a ainsi préparé le romantisme, qui n'est qu'un affadissement du premier.
Si l'amour est divinisé, il est tout-puissant, et *on en attend tout*. On oublie qu'il ne supprime pas les traits pénibles de caractère, les difficultés à communiquer, le poids du passé, etc. L'amour ne lève pas miraculeusement les difficultés de vivre à deux au quotidien. La philosophe Simone Weil souligne que la grâce ne supprime pas la « pesanteur[3] ».

B. LA RÉALITÉ

Il est souhaitable d'avoir une conception juste et biblique du couple et de l'amour, ce qui nous évitera de les diviniser. Diviniser l'amour nous empêche de nous sentir responsables, et capables, de construire notre couple.

D'après la Bible, le couple est un élément *non accidentel* mais *essentiel* de la création de Dieu. Jésus dit que « le Créateur, au commencement, fit l'homme et la femme et dit : C'est pourquoi l'homme quittera son père et sa mère et s'attachera à sa femme et les deux deviendront une seule chair[4] ».

Le récit de la Genèse dit que Dieu était content d'avoir créé le monde : « Cela était *bon* ». Mais lorsqu'il eut créé l'homme et la femme, « il vit tout ce qu'il avait fait et voici cela était *très* bon ». De même, il n'est pas dit qu'il a béni Adam seul ou Eve seule, mais qu'« il *les* bénit[5] », *tous les deux ensemble*. C'est la toute première bénédiction que Dieu accorde, et c'est le couple, et donc la *différence*, qui en bénéficie.

Ce passage montre que le couple est la première institution de Dieu, car c'est lui-même qui « amena la femme vers l'homme ». Et la finalité du couple ainsi créé est de manifester complètement l'image de Dieu : « A l'image de Dieu il *le* créa », « homme et femme il *les* créa [6]».

Paul dit : « Dans le Seigneur, la femme n'est pas sans l'homme, ni l'homme sans la femme[7] ». Il n'y a qu'*une* nature humaine, mais deux manières d'être au monde.

Il n'est pas étonnant que la Bible soit confirmée par la plupart des spécialistes de la vie conjugale qui arrivent à la même constatation que Jésus : « Ainsi, *ils ne sont plus deux*, mais ils sont une seule chair[8] ».

Tous ces auteurs reconnaissent que le couple n'est *pas l'addition de deux individus* qui juxtaposeraient leurs personnalités, mais *une entité*, un être original unique qu'ils nomment *la dyade conjugale*. C'est au point qu'on a remarqué un fait clinique : le trouble mental de l'un des époux est parfois exprimé par un symptôme *chez l'autre* !

Cette entité est à construire. Le mariage n'est pas un aboutissement mais le *commencement* d'une construction.
Si l'amour n'est pas tout-puissant, le couple a néanmoins quatre fonctions[9] :

1. La fonction biologique ou procréatrice

Au-delà des seules exigences de survie de l'espèce, l'amour conjugal voit dans l'enfant à mettre au monde et à élever, une œuvre commune. L'ordre : « Soyez féconds, multipliez, remplissez la terre[10] » ne vient qu'après l'institution du couple et après que Dieu ait béni celui-ci. L'enfant est donc une bénédiction *supplémentaire* et indépendante de la première bénédiction du couple seul. Ce fait devrait encourager les couples malheureusement privés d'enfant.

2. La fonction sociale

Le couple, puis la famille, non seulement sont des cellules de la société, mais c'est aussi par eux que les enfants vont apprendre à vivre en société.

3. La fonction psychique ou psychothérapeutique

Selon Eric Fromm[11], le couple est *la réponse plénière* au problème numéro un de l'existence, *la solitude*. « Le paradoxe de l'amour réside en ce que deux êtres deviennent un et cependant restent deux », dit-il.
Et J. G. Lemaire, qui est pourtant l'auteur du classique *Le couple, sa vie, sa mort* (qu'il écrit aussi : « Le couple, ça vit, ça mord » !), confirme : « Le couple représente les conditions les meilleures pour l'épanouissement affectif de la grande majorité des individus. »

4. La fonction maturante

Parce qu'il se sent responsable de son foyer et de l'avenir d'une vie commune qu'il faut structurer, chaque conjoint va dépasser son égocentrisme.

II. « MA MOITIÉ » OU « LES DEUX NE FONT QU'UN »

A. LE MYTHE

A l'origine, la terre aurait été peuplée d'êtres androgynes (dotés des caractères des deux sexes) qui voulurent escalader le ciel pour combattre les dieux. Zeus décida de ne pas les détruire, mais de les affaiblir en les coupant en deux. Depuis, chaque moitié est à la recherche de son complément, et désire « se réunir et se fondre avec l'objet aimé et *ne plus faire qu'un au lieu de deux.* »

Eros, l'amour, « recompose l'antique nature, s'efforce de *fondre deux êtres en un seul* et de guérir la nature humaine[12]. »

Nombreux sont ceux qui croient qu'il existe, quelque part dans le monde, une âme sœur créée spécialement pour eux. Le problème est bien entendu de savoir où elle se trouve et, s'ils tombent amoureux de quelqu'un, de savoir si c'est bien l'âme sœur qui comblera tous leurs désirs et ne les décevra jamais.

Les romantiques ont exalté cette croyance, comme Lamartine :

Mon cœur me l'avait dit : toute âme est sœur d'une âme,
Leur destin, tôt ou tard, est de se rencontrer.

B. LA RÉALITÉ

Cette illusion est à l'origine de toutes les autres, et elle est à la base de nombreux échecs conjugaux.

En effet, lors de la découverte inévitable des défauts de l'autre, nous penserons : ma moitié idéale existe bien quelque part, mais ce n'est pas cette personne, je me suis trompé, je vais chercher ailleurs ! On préférera alors sacrifier le couple que l'on a à celui dont l'on rêve, le conjoint imparfait mais présent avec nous, à notre moitié idéale mais que l'on va rencontrer un jour, c'est sûr...

L'adultère ne tarde parfois pas à se produire : « On *trompe* parce qu'on *s'est trompé*, dans la mesure où l'on *s'est laissé tromper* par l'amour qui se dévoile ici comme un leurre.(...) Les deux

amants se trompent, dans la mesure où ils sont trompés par le *mirage de l'amour.*[13] » Au lieu de chercher à changer *avec* son conjoint, on préfère changer *de* conjoint…
« Ne plus faire qu'un au lieu de deux » nous rappelle la boutade de Sacha Guitry : « Dans le mariage, l'homme et la femme ne font qu'un, la question est : lequel ? »
Lorsque le *nous* conjugal abolit le *je* et le *tu*, alors on étouffe dans ce que le sociologue Sennett[14] appelle « les tyrannies de l'intimité ». Trouver la bonne distance dans le couple est difficile.
Le mieux, c'est lorsque Lui et Elle ont leur espace autonome propre, mais ont des échanges dans l'espace du cercle qui représente la *distance* entre eux, ce qui leur permet de former un Nous :

Mais parfois l'un des deux contrôle l'autre :

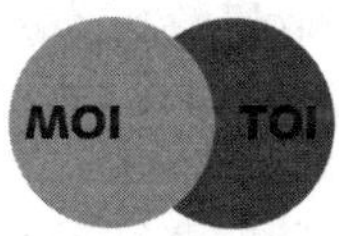

Ou bien l'un des deux est inexistant, totalement absorbé par l'autre :

Ou enfin Lui et Elle sont si autonomes qu'ils sont de fait séparés et n'ont aucun échange entre eux :

« Aimer, c'est vouloir l'autre comme Sujet.[15] » Or être Sujet, c'est être séparé, bien différencié. Le véritable amour suppose que les deux Sujets existent indépendamment l'un de l'autre. Cela suppose donc une certaine solitude, due au fait que les époux sont deux individus séparés, du fait même qu'ils existent : « On peut tout échanger entre êtres, sauf l'exister », dit Levinas.[16] Un autre philosophe, Jankélévitch, parle de « l'aération du rapport ».

Chaque partenaire devrait préserver son jardin secret, des moments de solitude, pour que son couple subsiste. Pour *bien vivre à deux*, il faut être capable de *bien vivre seul*. C'est là le plus grand paradoxe : plus je m'accroche à l'autre et plus j'y tiens, et moins la communion entre nous est possible. Plus j'y tiens légèrement, avec une certaine relativité, dans le lâcher-prise, et plus l'amour devient possible. Il doit y avoir du « jeu » (ou du « je » !) dans le système-couple, de *l'espace* entre les conjoints.

« Qui es-tu, toi qui n'es, ne seras jamais, ni moi, ni mien ? Je ne te connaîtrai jamais de manière absolue. Je laisse de l'air, de l'espace, du mystère autour de nous. J'aime à toi. (...) Aimer à toi, et dans ce « à », ménager un lieu de pensée, de penser à toi, à moi, à nous, à ce qui nous rassemble et nous éloigne, à l'écart qui nous permet de devenir, à l'espacement nécessaire à la rencontre...[17] »

Donnons ici la parole aux poètes...

« Lorsque l'on a pris conscience de la distance infinie qu'il y aura toujours entre deux êtres humains, une merveilleuse vie « côte à côte » devient possible : il faudra que les deux partenaires deviennent capables d'aimer cette distance qui les sépare et grâce à laquelle chacun des deux aperçoit l'autre entier, découpé sur le ciel. » (Rainer-Maria Rilke)

« Aimez-vous l'un l'autre, mais ne faites pas de l'amour une entrave : Qu'il soit plutôt une mer mouvante entre les rivages de vos âmes.

Emplissez chacun la coupe de l'autre, mais ne buvez pas à une seule coupe.(...)

Et tenez-vous ensemble, mais pas trop proches non plus :
Car les piliers du temple s'érigent à distance,
Et le chêne et le cyprès ne croissent pas dans l'ombre l'un de l'autre.[18] »

Notons enfin que ce mythe ne peut mener qu'à la mort du désir, à l'ennui. Freud, lorsqu'il se réfère au mythe des androgynes perçoit que « le principe de plaisir est au service de l'instinct de mort[19]. »
En réalité le désir ne tend pas vers un non-désir, il est plutôt, comme le dit Hegel, « désir de désir, c'est-à-dire désir de rencontrer un autre désir, un sujet de désir lui-même toujours désirant et toujours désirable[20] ».

III. NARCISSE OU LA FASCINATION DU DOUBLE

A. LE MYTHE

Ce jeune homme d'une éclatante beauté a déçu Echo et d'autres nymphes amoureuses de lui. Pour le punir, la déesse Némésis le conduit près d'une source. Epris de sa propre image reflétée dans une fontaine, il se penche sur l'eau et languit de désespoir devant son idole insaisissable. « Il se désire, dans son ignorance de lui-même. Ses louanges, c'est à lui-même qu'il les décerne. Les ardeurs qu'il ressent, c'est lui qui les inspire. Il est l'aliment du feu qu'il allume.[21] » A l'endroit où il mourut pousse la fleur qui porte son nom.
Selon une autre version, l'image de son visage lui rappelle celui de sa sœur jumelle dont la mort prématurée l'avait affligé. René Zazzo reprend cette version dans son étude des jumeaux. Ce dont chacun de nous a rêvé inconsciemment une fois dans sa vie, les vrais jumeaux le possèdent en un certain sens : un alter ego, un double, un autre soi-même.
C'est la raison pour laquelle le mariage d'un des jumeaux atteint dramatiquement l'identité même de l'autre. « L'intime, l'alter ego, est devenu l'intime d'un autre. Impression intolérable d'aliénation, de meurtre, d'absurdité, comme si, dans le miroir, notre propre image avait cessé de nous regarder[22]. » C'est le thème du roman de Michel Tournier, *Les météores.*
Même s'il n'a pas de jumeau, chacun de nous vit cette recherche de soi, cette fascination du regard sur soi-même, qui a pris le

nom du héros du mythe de Narcisse. C'est Freud qui a forgé le terme de *narcissisme* qui désigne le fait de se prendre soi-même comme objet d'amour.

C'est de notre conjoint que nous attendons la fonction de miroir, qui nous aidera à nous construire. « Aujourd'hui, l'individu se pense inachevé ; il a donc toujours besoin de très proches pour l'aider à découvrir des ressources enfouies au fond de lui-même.[23] »

Lorsque des amants sont sous l'influence de ce mythe, ils peuvent jouer à être pareils, à s'habiller identiquement, à aimer les mêmes choses. Ils sont concernés par la réalisation de leurs propres désirs bien plus que par le souci de l'autre. Tout engagement profond dans la durée, qui risquerait de les enchaîner est vécu comme une menace. Ces amoureux préfèrent cohabiter, et refusent de se marier.

Une particularité des conjoints à dominante narcissique est l'absence de référence à des réalités autres que leur face-à-face. Il n'y a aucune ouverture vers d'autres qu'eux-mêmes.

B. LA RÉALITÉ

Certes, il est nécessaire de retrouver dans l'autre une image de soi-même, de se voir en lui et de s'y voir aimable. Une certaine dose de narcissisme sain est indispensable dans un couple. Mais si notre relation amoureuse n'est *que* narcissique, elle est vouée à l'échec, car l'être que j'aime est fondamentalement *autre*. Accepter qu'il est différent et distinct de moi est une démarche inévitable.

Le couple ne devrait pas être refermé sur lui-même, mais *ouvert sur des tiers* : la société, l'enfant, la réalité, la durée, un engagement social ou religieux, etc. Plus l'amour conjugal est authentique, plus il est ouvert aux autres. C'est ce qu'ont enseigné des philosophes personnalistes comme Jean Guitton, Jean Lacroix, Gabriel Marcel, etc.

Le narcissisme mène à la déception : on reproche à son partenaire de ne pas être le reflet de soi-même. « Quand deux êtres

se déçoivent réciproquement, il est à peu près sûr que chacun n'a aimé que soi-même en l'autre.[24] »
Nous devons réaliser que notre société est une culture narcissique qui tend à favoriser *l'épanouissement personnel* au détriment de *la cohésion du couple*. La promotion du Moi sous toutes ses formes conduit à de nouveaux comportements qui fragilisent le lien conjugal. L'accent est mis sur l'autosatisfaction, sans souci des besoins de l'autre.
« Chaque génération aime se reconnaître dans une grande figure mythologique qu'elle réinterprète en fonction des problèmes du moment. (...) Aujourd'hui, c'est Narcisse qui, pour de nombreux chercheurs, symbolise le temps présent.[25] »

IV. L'AMOUR PASSION : TRISTAN ET ISEUT, ROMÉO ET JULIETTE

A. LES MYTHES

Tristan[26], orphelin, est élevé par son oncle, le roi Marc de Cornouailles qui le charge d'aller en Irlande chercher sa future épouse, la princesse **Iseut** la Blonde. Sur le bateau du retour, Tristan et Iseut boivent par erreur un philtre d'amour destiné au roi Marc et à Iseut. Les voilà unis à jamais par un amour contre lequel leur volonté ne peut rien.
Ils demandent pardon au roi, et Iseut retourne à la cour. Passé en Bretagne, Tristan se laisse persuader d'épouser la sœur de son ami Kaherdin, une autre Iseut, Iseut aux Blanches mains, mais il pense toujours à Iseut la Blonde.
Blessé, agonisant, il envoie Kaherdin chercher Iseut la Blonde qui seule peut le guérir. Trompé par un tragique mensonge de sa femme Iseut aux Blanches Mains qui lui fait croire qu'Iseut la Blonde n'a pas répondu à son appel, Tristan meurt avant que cette dernière arrive. Celle-ci embrasse son bien-aimé puis le suit dans la mort.
Roméo et **Juliette**, de Shakespeare, est aussi l'histoire d'un amour passionnel. Les Montaigu et les Capulet se haïssent. Un

Montaigu, Roméo, et une Capulet, Juliette, bravant leurs préjugés, s'aiment de toute l'ardeur de leur jeunesse. Contrainte d'épouser un homme qu'elle déteste, Juliette absorbe un narcotique et est ensevelie. Lorsque Roméo accourt, il croit sa bien-aimée morte et s'empoisonne. Lorsque Juliette se réveille, elle se poignarde sur le cadavre de Roméo.

Ces deux histoires ayant à peu près les mêmes caractéristiques, nous nous limiterons à la première.

Dans un essai célèbre, *L'amour et l'Occident*[27], Denis de Rougemont a accusé *Tristan et Iseut* d'être le mythe occidental qui a le plus contribué à répandre l'idée que le seul amour vrai est l'amour *passionnel*. Il a créé ainsi une nostalgie de ce type d'amour et une confusion dont l'amour conjugal *passionné* a fait les frais. Dans ce roman la passion est éprouvée comme fatale, les règles sociales et morales sont transgressées, l'amour réciproque est malheureux et il a, selon Denis de Rougemont, trois caractéristiques :

- Cet amour a *besoin d'obstacles*.
- Ce que les amants aiment, ce n'est pas l'autre, c'est *le fait même d'aimer*.
- Cet amour est *lié à la mort*.

Ce mythe exerce encore de nos jours une grande influence. Dans la ligne des romantiques, nous continuons à considérer l'amour comme une fatalité. Le philtre rendit amoureux Tristan et Iseut. De même, « tomber » ou non amoureux, le rester ou non, dépend du destin, du hasard, c'est un amour passif, où la volonté n'a rien à dire.

France Quéré souligne que dans la formule souvent entendue « *On* verra bien si *ça* marche, *on* se séparera si *ça* ne marche pas. », c'est la *passivité* qui prédomine, toute notion de *volonté* est absente. On *souhaite* que ça marche, mais on ne le *veut* pas. « L'amour 'marchera' ou pas, on ne peut le deviner. Le verbe *marchera* exprime une étrange dérobade de la volonté, et le sujet lui-même s'est enfui, comme en témoignent ces deux indéfinis, qui désignent un être et une chose : *on*, c'est-à-dire les amoureux, *ça*, c'est-à-dire leur amour. Tout se passe comme s'ils

étaient au cinéma, regardant se dérouler un film qui se trouve être leur vie.[28] »
Thanatos (la pulsion de mort) n'est plus loin d'Eros (la pulsion de vie). « La tristesse que Tristan porte dans son nom s'exprime bien davantage que la joie de vivre.[29] »
Deux auteurs, Le Gall et Simon[30] ont, dépassant la seule légende de Tristan et Iseut, élargi leur réflexion à l'amour passionnel en général, que l'on retrouve dans de nombreuses œuvres : *Madame Bovary*, *Phèdre*, *Belle du Seigneur*, *L'amour à mort*, etc.
Pour eux, l'amour passionnel (qu'ils nomment amour *de nuit et de mort*) est radicalement l'opposé de l'amour conjugal (qu'ils nomment amour *de jour et de vie*). Il est pathologique, subi, tragique, contrarié ; il ne naît à l'aise que dans l'impossible. Il est fréquemment adultère. Il implique le refus du changement, de la séparation, du dépassement, pour se suffire à lui-même. Il se nourrit de l'attente du malheur et de la peur que la relation doive cesser.

B. LA RÉALITÉ

«Entre l'amour conjugal et l'amour passionnel, il n'est pas de commune mesure : le premier va vers la *mort* comme vers son espérance, le second va vers la *vie* comme vers sa raison d'être.[31] »
Pour Le Gall et Simon, loin d'être *subi*, *douloureux* et *tragique*, l'amour conjugal authentique est *actif*, *joyeux* et *optimiste*.
Voici quelques unes des caractéristiques de l'amour vrai :

1. Le don

C'est-à-dire le désir de faire plaisir à l'autre et, ce faisant, de trouver son propre plaisir ; la sollicitude, le respect, le besoin d'association et de dépendance (« Ce serait dur pour moi de me passer d'elle. »), le désir et le plaisir[32] d'être avec l'autre, la prédisposition à secourir (« Je ferais n'importe quoi pour l'aider »), l'exclusivité et l'absorption dans l'autre, l'intimité, la concentration mutuelle. Pour l'amour véritable, « je t'aime » implique et sous-entend « je veux t'aimer ».

« Etre amoureux n'est pas nécessairement aimer. Etre amoureux est un état, aimer est un acte », dit Denis de Rougemont, qui à l'amour-*passion* oppose l'amour-*action*.

Au cœur de l'amour se trouve **le don de soi**. Or le don ne peut être vrai que s'il est **total**, sans réserve, sans calcul, sans rétention, sur le moment et dans le temps. Là où le don est partiel et limité, il n'est plus, c'est une relation économique de prêt, de bonne volonté. Là où on ne se donne pas, on se prête l'un à l'autre.

Dans la Bible, le modèle de l'amour du couple, c'est l'amour du Christ pour son Eglise.

L'amour se donne ou il n'est pas. Il ne se donne pas seulement une fois, au début, mais il est don tous les jours renouvelé, ce qui le rend libre.

Bien sûr, ne rêvons pas, dans l'amour on ne donne pas seulement, on prend aussi beaucoup, et on reçoit !

Si l'amour conjugal n'est pas *passionnel*, il est très souhaitable qu'il soit fougueux, ardent et même *passionné* !

«L'amour vrai, dit Christian David, remercie toujours, du plus profond de soi, l'autre d'exister, de simplement être.[33] »

2. L'engagement vers l'avenir

« Faisons notre vie ensemble », « vivre pour toi », sont des intentions comportant une volonté. L'amour est une espérance qui veut s'inscrire dans la durée. Loin d'avoir peur du temps, il compte sur lui pour construire le couple. Il n'y a pas d'amour si on n'offre à son bien-aimé que son passé et son présent en refusant de donner son avenir, son devenir.

Le mariage inscrit *l'espérance* dans la durée, *la foi* dans l'autre, *l'amour* qui crée et construit.

Des mots comme *serment*, *promesse*, sont essentiels. Un *sentiment* d'amour ne suffirait pas à fonder un couple, il faut un acte qui lie, une promesse prononcée, une *parole* : « Tout le sérieux d'un homme est situé dans sa parole », dit Jacques Ellul[34].

Le mariage est une *alliance*. A l'origine, une alliance était un pacte guerrier. De même l'alliance conjugale est un engagement à

affronter ensemble les combats que la vie réserve, à lutter ensemble contre les forces de mort. « L'amour est fort comme la mort. » (Cantique des Cantiques 8.6)
Souvenons-nous que le mot amour vient en latin (*amor*) de deux racines qui veulent dire *être sans mort*. Donc aimer une personne, c'est vouloir qu'elle ne meure pas, c'est quelque part un vœu d'éternité.
Et comme le dit France Quéré, « Si nous tenons parole, la parole nous tiendra ». Par leurs promesses mutuelles, les époux lient d'avance le futur au présent, ils affirment leur liberté à travers le temps.
Dans le mariage, on s'engage, selon la formule consacrée, *pour le meilleur* **et** *pour le pire*.
« On reconnaît que dans la relation que l'on noue avec l'être aimé, dans la vie commune que l'on inaugure et qui est alternance, entrecroisement de plaisirs et de douleurs, de bonheur et de malheur, il faudra tour à tour donner et recevoir ; et si l'équilibre est rompu et qu'il faut finalement tout donner sans plus rien recevoir, l'engagement des époux d'emblée témoigne qu'il n'y a pas de plus grand amour que de donner sa vie pour ceux qu'on aime », dit le philosophe catholique Paul Moreau[35].

3. Le besoin de création

On veut créer ensemble des enfants, une maison... Le Docteur André Berge, de l'Ecole des Parents, fait du désir de fondation d'une famille un des critères de l'amour vrai. La déclaration « Je voudrais des enfants de toi » est une pensée d'amour véritable.

4. L'acceptation d'une transcendance

Le couple est vu par les époux comme une unité supérieure instituée et bénie par Dieu.

5. La co-responsabilité

Tout ce qui arrive au couple est ressenti en co-responsabilité, on abaisse ses défenses grâce à la confiance en l'autre. Une épreuve dans le foyer ne sera pas vécue comme une occasion d'accu-

ser l'autre mais d'assumer ensemble, de se construire un peu plus ensemble.
Pour résumer en une formule, l'amour passionnel *se fracasse sur le réel*, alors que l'amour vrai *se nourrit du réel.*
Comment nous libérer de l'influence de ce mythe mortifère de l'amour-passion et parvenir à l'amour-action ? C'est la *volonté* qui est la clé du passage de l'un à l'autre.
Il peut sembler surprenant de rapprocher *volonté* et *amour.* Déjà Thomas d'Aquin, reprenant Aristote, disait : « Aimer, c'est vouloir du bien à quelqu'un. » et Augustin va encore plus loin : « L'amour n'est autre que la volonté dans toute sa force. », ce qui nous fait penser au titre d'un livre de Martin Luther King, *La force d'aimer.*
Dans l'Evangile, Jésus fait appel à notre volonté lorsqu'il nous ordonne : « Tu *aimeras* ton prochain (et qui est plus proche de moi que mon conjoint ?) comme toi-même. »

Nous n'avons bien sûr pas cité tous les mythes sur l'amour ou la sexualité qui nous influencent fortement car ils font partie de notre mémoire collective.
Au fond le point commun de ces mythes est de nous faire croire qu'aimer dans la durée est facile et qu'il suffirait d'attendre la vague de l'amour pour se laisser emporter par elle…

[1] Denis de Rougemont, *Les mythes de l'amour*, Gallimard, 1961, p. 23.
[2] I Jean 4.16.
[3] Simone Weil, *La pesanteur et la grâce*, Pocket, 1991.
[4] Marc 10.6.
[5] Genèse 1.28.
[6] Genèse 1.27.
[7] I Corinthiens 11.11.
[8] Marc 10.8.
[9] Roger Mucchielli, *Psychologie de la vie conjugale*, ESF, 1980, p. 41.
[10] Genèse 1.28.
[11] Eric Fromm, *L'art d'aimer*, Ed. Universitaires, 1967, p. 25 à 49.
[12] Platon, *Le Banquet*, Garnier-Flammarion, 189 d à 193 d. On retrouve ce mythe ailleurs, dans les Upanishads, le Talmud, et Freud le reprend à son compte dans *Au-delà du principe de plaisir.*
[13] Louis Beirnaert, *Aux frontières de l'acte analytique*, Seuil, 1987, p. 153. Cité par Xavier Lacroix, *Les mirages de l'amour,* Bayard/Centurion, 1997, p. 30.
[14] Richard Sennett, *Les tyrannies de l'intimité*, Seuil, 1979.
[15] Gabriel Madinier, *Conscience et amour*, P.U.F., 1962, p. 86.
[16] Emmanuel Levinas, *Ethique et infini*, Livre de poche, 1982, p. 51.
[17] Luce Irigaray, *J'aime à toi*, Grasset, 1992, p. 233.
[18] Khalil Gibran, *Le prophète*, Casterman, 1956, p. 17.
[19] Sigmund Freud, *Au-delà du principe de plaisir*, in *Essais de psychanalyse,* Payot, 1951, p. 79-80.
[20] Xavier Lacroix, *Les mirages de l'amour*, Bayard/Centurion, 1997, p. 33.
[21] Ovide, *Les métamorphoses*, III, 415-428, Garnier, 1953, tome I, p. 141.
[22] René Zazzo, *Les jumeaux, le couple et la personne*, tome 2, P.U.F., 1960, p. 482.
[23] François de Singly, *Le soi, le couple et la famille*, Nathan, 1996, p. 15.
[24] Gustave Thibon, *Ce que Dieu a uni*, Lardanchet, 1946, p. 124.
[25] G. Lipovetsky, *L'ère du vide*, Gallimard, 1983, p. 55.
[26] Béroul et Thomas (12° s.), *Tristan et Iseut*, Garnier.
[27] Denis de Rougemont, *L'amour et l'Occident*, 10/18, 1979, p. 32.
[28] France Quéré, *La famille*, Seuil, 1990, p. 204.
[29] Xavier Lacroix, *Les mirages de l'amour*, Bayard/Centurion, 1997, p. 49.
[30] André le Gall et Suzanne Simon, *Les caractères et le bonheur conjugal*, P.U.F., 1965.
[31] Page 112.
[32] Aimer, c'est prendre plaisir à… Dieu dit de Jésus : « Voici mon Fils bien-aimé, en qui je prends tout mon plaisir. » Le manque de plaisir quand on est avec son conjoint est un indice, un clignotant nous avertissant que l'amour a diminué.

[33] Christian David, *L'état amoureux,* Payot, 1971.
[34] Jacques Ellul, *Ce que je crois*, Grasset, 1987, p.122.
[35] Ouvrage collectif *Le divorce est-il une fatalité ?,* D.D.B., 1992, p. 57. Paul Moreau est l'auteur de *Les valeurs familiales, essai de critique philosophique*, Cerf, 1991.

QUATRIÈME PARTIE

COMMENT GÉRER UN CONFLIT DANS LE COUPLE

Nous étudierons successivement les diverses réactions possibles des conjoints à une situation conflictuelle dans leur couple (chapitre 15), les étapes du processus de résolution d'un conflit par la coopération (chapitre 16), et les conflits de valeurs (chapitre 17). Enfin nous nous demanderons à quelles conditions l'intervention d'un professionnel peut s'avérer efficace (chapitre18).

CHAPITRE 15

LES DIVERSES RÉACTIONS POSSIBLES FACE À UN CONFLIT AVEC SON CONJOINT

Elles sont innombrables, mais se réduisent en réalité à cinq modes principaux de réactions :

- éviter l'affrontement
- dominer l'autre
- céder, se sacrifier
- trouver un compromis
- collaborer pour résoudre le différend.

On situera ces réactions en fonction de deux éléments : la *tâche* qui doit être réalisée et la *relation* conjugale.

K. Thomas et R. Kilman[1] proposent le **schéma** suivant :

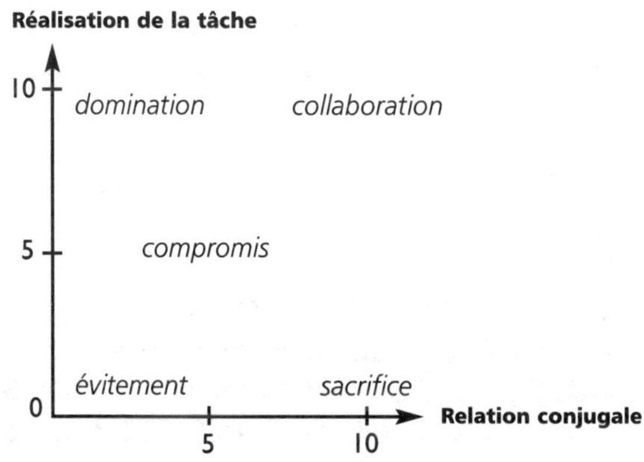

Nous voyons clairement que :

- Lorsque les conjoints évitent le conflit, la *tâche* n'est pas accomplie et la *relation* ne progresse pas (tâche : 1, relation : 1).

- Lorsque l'un des deux domine par la force, *l'objectif* a de grandes chances d'être atteint, mais aux dépens du *lien* conjugal (tâche : 9, relation : 1).
- Lorsque l'un des époux cède, la priorité est donnée à la qualité de la *relation* et aux besoins de l'autre, mais *l'objectif* à réaliser passe au second plan (tâche : 1, relation : 9).
- Lorsque les époux trouvent un compromis, la *tâche* a des chances d'être réalisée, quoique moins efficacement. La *relation* est plus ou moins préservée, personne ne perd la face (tâche : 5, relation : 5).
- Lorsque mari et femme collaborent à la résolution du conflit, une importance aussi grande est accordée à accomplir la *tâche* qu'à conserver une bonne *communion* (tâche 9, relation : 9).

Examinons un à un les cinq modes de réactions :

I. L'ÉVITEMENT DU CONFLIT

A. EN QUOI IL CONSISTE

Ayant constaté qu'il y a un problème, les époux ne l'affrontent pas directement mais le contournent par divers artifices :

- En changeant de sujet de conversation dès que celle-ci aborde un point susceptible de créer une tension.
- En abondant en phrases rassurantes : « tout va bien », alors que c'est faux.
- En plaisantant.
- En complimentant pour ne pas devoir exprimer un reproche, une rancœur ou une jalousie.

B. POURQUOI LES CONJOINTS CHOISISSENT-ILS D'ÉVITER LES CONFLITS OU MÊME LES SITUATIONS POTENTIELLEMENT CONFLICTUELLES ?

Pour plusieurs raisons :

- Parce qu'ils mésestiment l'importance du désaccord : ce n'est rien, ça va passer.

- Parce que, ayant vu qu'il y a un problème, ils ne voient pas quelle solution y apporter.
- Parce qu'ils craignent que la relation conjugale en souffre et qu'ils n'ont pas envie d'affronter la désapprobation de l'autre. Ils ont peur de ce que ce problème va soulever.
- Parce qu'ils espèrent qu'en laissant faire, la difficulté va disparaître toute seule, qu'ils en seront magiquement délivrés sans effort.

C. DANS QUELLES CIRCONSTANCES EST-IL UTILE D'ÉVITER UN AFFRONTEMENT ?

Cela se révèle parfois utile :
- Si le problème est négligeable pour les deux.
- Quand il y en a d'autres plus urgents.
- Quand les risques de la confrontation immédiate sont plus élevés que les bénéfices éventuels.
- Pour prendre du recul, se placer dans une perspective différente.
- Pour avoir le temps de découvrir une meilleure solution, d'examiner toutes les données à fond.

D. LES AVANTAGES DE L'ÉVITEMENT

- Une diminution de l'agressivité. Aucun couple ne parvient à subsister si nombre de tensions sous-jacentes ne sont pas, par une sorte d'accord tacite, mises en marge.
- Une économie de notre énergie psychique car toute dispute fatigue.
- Une économie de temps : on a tout loisir de se consacrer à d'autres objectifs.
- Cela permet à la situation de se tasser : chacun est mieux à même de dédramatiser, de prendre du recul émotionnellement, de réfléchir.

E. LES INCONVÉNIENTS DE L'ÉVITEMENT

■ Cela peut être une réaction de *passivité*, d'attente voire de mollesse, d'indécision. On se réfugie dans l'espoir que les choses vont changer toutes seules. On pense qu'en fermant les yeux sur le problème, celui-ci va cesser d'exister. On se laisse dominer par la vie au lieu de la dominer.
■ C'est aussi un refus de se remettre en question, de s'affronter à l'autre donc de construire sa personnalité, de recevoir de lui des informations sur nous-mêmes qui pourraient nous déranger.
■ Eviter de manière habituelle les heurts détériore la relation conjugale au lieu de l'améliorer. Premièrement, on devient un peu plus frustré et amer car on n'a pas eu l'occasion d'exprimer son insatisfaction. L'agressivité que l'on aurait pu libérer en manifestant oralement son mécontentement se retourne contre soi-même. Des *racines d'amertume* prolifèrent et envahissent notre cœur. Mais cette rancœur va aussi se diriger contre l'autre. Des barrières s'élèvent, des méfiances naissent. C'est un cercle vicieux. De plus on n'a pas donné à l'autre la possibilité de s'expliquer et de clarifier sa position afin que le différend soit abordé de façon constructive.
■ Le problème que l'on n'a pas voulu régler disparaît rarement tout seul. A court terme on a certes empêché des étincelles mais à long terme on risque l'incendie. Le feu va couver, réapparaître ici ou là sous des formes différentes en d'autres occasions et éclatera un jour. En général une tension a une tendance naturelle à l'aggravation. Il faudra bien dans l'avenir l'affronter.

II. LA DOMINATION

A. EN QUOI ELLE CONSISTE

Cette stratégie, très communément employée, repose sur l'idée qu'une personne pense qu'elle a raison et que l'autre a tort. Les moyens mis en œuvre sont l'autorité et s'il le faut la force, mentale ou physique, qui s'exerce soit directement soit indirectement.

Un mari qui domine sur sa femme croit même parfois qu'elle est incapable d'avoir un avis intéressant...
Les *femmes* utilisent davantage une *coercition détournée* ou subtile : elles font usage non de leur force mais de leur fragilité, par une espèce de chantage à la faiblesse, au désespoir, à l'émotivité, à la maladie. Certaines « crises » sont autant d'armes pour triompher du mari. Une femme va ressentir une forte migraine, fondre en larmes quand son mari veut lui parler, se négliger et prendre du poids pour le « punir ».
On reconnaît facilement cette stratégie de domination à ses caractéristiques :

- Il y a une démarcation claire entre les deux conjoints, « moi » d'un côté, « lui » de l'autre.
- Une grande énergie est déployée dans l'attente de « ma victoire » et de « sa défaite ».
- Chacun perçoit le problème uniquement de son point de vue.
- L'accent est mis sur la solution plutôt que sur l'examen des buts, des causes, des valeurs et des objectifs.
- L'affrontement est personnalisé et ressenti comme une attaque personnelle.

Cette stratégie peut exceptionnellement se révéler efficace quand une décision rapide est vitale (quand un des partenaires n'est plus apte à décider par lui-même), mais elle présente de nombreux inconvénients.

B. LES INCONVÉNIENTS DE LA DOMINATION

- D'abord pour le conjoint *dominé*, et il y en a fatalement un. Il est amer parce que l'autre a abusé de sa force et parce que ses besoins restent insatisfaits. Il critique le *dominant*, le déprécie, à moins qu'il ne choisisse d'avaler la pilule, de se replier sur lui-même, d'accepter en apparence sa décision. Il obéit alors servilement en taisant ses besoins essentiels. Il perd son esprit d'initiative, sa créativité. Le refoulement n'est pas un bon moyen de régler les tensions conjugales.
- Le *dominant* a mis un point final au désaccord par des

arguments sans réplique possible. Mais à long terme cet abus de force affaiblit son image. S'en rendant compte, il risque d'être incité à en dépasser les limites, à devenir autoritaire, rigoriste, intransigeant.

■ La relation est toujours altérée par des rapports de domination. Aucune solution créative n'est imaginée. Le *dominant* ignore le *dominé*, ne le respecte pas (même s'il dit agir pour le bien du couple), ne recherche pas le dialogue, la collaboration ni même le compromis.

■ Quant au *dominé*, on assiste progressivement à un appauvrissement de sa personnalité ; il devient passif, ne sait plus effectuer librement des choix, prendre des décisions. Il s'enfonce dans une spirale négative.

III. LE SACRIFICE

A. QUAND EST-IL UTILE ?

On parlera aussi d'accommodement, de soumission, d'acceptation, de renoncement. Ici la réaction est de céder, de se plier à la volonté de l'autre dans le but de préserver avant tout la relation. C'est en tout cas ce que demande le *dominant* au *dominé*.

Céder est la meilleure solution :

■ Quand l'objet de la dispute a peu d'importance pour vous.

■ Quand vous vous sentez en tort (encore faut-il avoir l'honnêteté de le reconnaître !). Mais est-ce un sacrifice dans ce cas-là ?

■ Pour faire preuve de compréhension : « La sagesse qui vient d'en haut (...) se montre *compréhensive* et conciliante, elle est ouverte à la discussion et *capable de céder.*[3] »

■ Pour préserver la paix du ménage. C'est la principale motivation. Les femmes surtout ont depuis toujours tendance à être conciliatrices et ont davantage recours à cette stratégie, tout en faisant payer leur sacrifice par un moyen ou un autre, c'est-à-dire en y trouvant un bénéfice secondaire.

B. LE SACRIFICE PRÉSENTE DES AVANTAGES

- La communication est préservée, l'équilibre du foyer aussi, momentanément.
- Cette attitude permet de prendre du recul en attendant un moment plus favorable pour s'accorder sur l'objectif qui est de résoudre le différend.

C. IL A CEPENDANT DES INCONVÉNIENTS

Celui qui a comme habitude de céder, même s'il s'efforce de sublimer et de spiritualiser son attitude, se trouve dans une position de *victime*, de perdant ; ses besoins n'ont pas été satisfaits, ce qui entraîne anxiété, frustration, ressentiment vis-à-vis de l'autre. Il se construit une image négative de lui-même. Il risque de regretter de s'être laissé imposer des décisions ou valeurs qui ne sont pas les siennes.

Le *dominant* peut prendre goût à cette « victoire » et adopter la tactique de la domination pour les différends ultérieurs. Il sera enclin à sous-estimer celui qui a cédé et à le considérer comme un être influençable, sans être sensible à la tolérance et au renoncement dont il a fait preuve. Enfin cette attitude ne règle rien et le feu de la déception continue à couver sous la cendre. On n'établit pas une bonne relation à coup de sacrifices.

Vaut-il mieux, dans une mésentente conjugale, céder ou résister ? On identifie assez généralement l'esprit de l'Evangile avec la capitulation dans le cadre d'un affrontement. Cependant la Bible n'indique pas si céder est mieux que tenir tête ; elle nous enseigne que ce qui est bien, c'est de faire *ce que Dieu veut* et *quand il le veut*, c'est de dépendre *non d'un code moral* mais *de Dieu lui-même*.

Par exemple, un jour des Juifs « ramassèrent des pierres pour les jeter sur Jésus. Mais Jésus *se cacha* et sortit du temple.[4] » Ce jour-là il refusa d'être lapidé, alors que plus tard il ne refusa pas d'être fouetté et crucifié.

La tentation en Eden fut pour Adam et Eve de vouloir connaître par eux-mêmes ce qui est bien et ce qui est mal, de décider par exemple si c'est bien de résister ou de céder, sans plus avoir besoin du conseil de Dieu et d'une écoute attentive de ses instructions. Chacun devrait donc demander à Dieu de l'éclairer.

Un examen lucide de ces quelques questions nous aidera à choisir une ligne de conduite :

- Mon esprit de sacrifice ne cache-t-il pas une agressivité que je refoule et que je retourne contre moi-même ?
- En n'osant pas exprimer mes désaccords, est-ce que je pense qu'ainsi j'aime mon conjoint « en action et en vérité[5] » ? Ne serait-ce pas davantage son intérêt que je l'arrête dans son comportement destructeur ?
- Suis-je sûr, lorsque je décide de céder, que c'est ce que Dieu veut dans cette circonstance-là ? Ou bien ai-je prêté à Dieu mes propres sentiments ? Il est toujours utile de me remémorer le but que Dieu m'a fixé (vivre dans la foi, l'espérance et l'amour), et de m'interroger : est-ce en cédant ou en résistant à mon conjoint que je me rapproche le plus de ce but-là ?
- Enfin et surtout, si je me sacrifie, est-ce que cela ne détériorera pas profondément l'image que j'ai de moi-même ? Ma sécurité personnelle, émotionnelle, ou physique, celle de mes enfants, est-elle en danger ? Une femme dont le mari est alcoolique ou violent ne peut pas indéfiniment se sacrifier.

Disons-le franchement, la séparation est parfois la seule issue, lorsque le *dominant* se comporte avec une *méchanceté caractérisée* (insultes, humiliations, irrespect, menaces, coups, brutalité, violences sexuelles...) ou avec *indifférence* (il se comporte comme s'il était seul dans son couple, comme si l'autre n'existait pas). Il arrive d'ailleurs que le *dominant* combine sans complexe méchanceté et indifférence. Jésus appelle cela la *dureté du cœur*. Le théologien évangélique Henri Blocher écrit : « Il faut reconnaître que l'être et le bien-être ne se séparent pas tout à fait. Des attaques dures et répétitives contre le bien-être menacent finalement l'être lui-même. Comme partout dans la sphère du vivant, on constate des effets de 'seuil' : au-delà d'un certain seuil d'accumulation ou d'intensité, on passe dans une autre catégorie. C'est pourquoi il est difficile de décider très exactement des causes légitimes de divorce, *du stade auquel la lésion infligée au lien conjugal autorise sa dissolution.*[6] »

Cet enfer sadomasochiste peut durer dix, trente ou même quarante ans, parce que la personne *dominée* (en général la femme) se montre « complice » du sadisme du dominant. Elle est masochiste par fatalité, par exemple parce qu'elle a vu sa mère dominée par un père violent, et qu'elle s'est identifiée à elle.

Le jour où son mari l'insulte ou lève la main sur elle, et qu'elle accepte sans protester cette parole ou ce geste *inacceptables* (nous soulignons), son mari sait que s'il l'a fait une fois, et qu'elle n'a pas protesté, ce geste est à présent *faisable*, il devient pour lui une nouvelle *référence*.

C'est ce que le psychothérapeute Patrick Estrade[7] appelle *l'expérience de référence primordiale* ou la *faisabilité*. Il y a toujours eu une « première fois » dans la vie d'une femme battue.

Il n'y aura une « dernière fois » que le jour où la femme, après de nombreuses tergiversations, prendra la *décision* de *ne plus tolérer l'intolérable*.

En résumé, pour que mon sacrifice soit porteur d'espérance, il faudrait que, comme Jésus, j'aie la liberté de me sacrifier ou de ne pas le faire : « Ma vie, personne ne me l'ôte, mais je la donne de moi-même ; j'ai le pouvoir de la donner et le pouvoir de la reprendre.[8] »

IV. LE COMPROMIS

A. EN QUOI IL CONSISTE

C'est un arrangement dans lequel on se fait des concessions mutuelles au niveau des *comportements*. On s'entend pour une espèce de juste milieu, une solution intermédiaire qui ne satisfait personne complètement mais qui ne donne pas la victoire ni la défaite à l'un ni à l'autre. Cette stratégie est quotidiennement employée et *elle est une condition élémentaire de toute vie à deux*.

Voilà quelques conseils pour gérer une querelle conjugale par un compromis :

- Toute relation étant un contrat, il suffit donc de *faire évoluer ce contrat dans le bon sens* ; les conflits sont perçus ici comme des *comportements* de l'un qui ne s'adaptent pas à ceux de l'autre. Les interactions dans la relation sont donc insatisfaisantes. Il ne s'agit pas de chercher le coupable, mais de définir des comportements *nouveaux* et responsables.
- Délimitez et *définissez la cause*, l'objet de la dispute, pour qu'elle ne fasse pas tache d'huile, et faites le tri entre les personnes concernées par le conflit et celles qui ne le sont pas, mais qui pourraient avoir de l'influence sur votre union, par exemple les beaux-parents. Faites toujours la différence entre ce que vous vivez sur le plan émotionnel et les faits concrets reprochés.
- Tenez compte de la manière dont chacun d'entre vous exprime habituellement ses frustrations, en particulier ses moyens de communiquer (que veut vous dire votre mari quand il garde le silence, boude, sort faire un tour dehors, ou donne un coup de pied au chien ?)
- Evitez d'ouvrir les « placards à squelettes », c'est-à-dire les contentieux qui datent de dix ou vingt ans en arrière et gardez les distances ; évitez les coups de griffe psychologiques, ne franchissez pas le « seuil de vulnérabilité » de l'autre.
- Elaborez une solution qui tienne compte des comportements négatifs et remplacez-les par des comportements acceptables par les deux. Quand il y a plusieurs causes de tension, dressez une liste chacun de votre côté et commencez toujours à discuter là où l'un pense qu'il y a problème, et l'autre non.
- Vérifiez quelque temps après que les résultats sont à peu près satisfaisants, mais ne vous attendez pas à ce que ce soit aussi satisfaisant qu'avec la méthode de la coopération.

B. LES CONDITIONS ÉLÉMENTAIRES POUR UN COMPROMIS

■ **L'appartenance**
C'est-à-dire un « vouloir être » commun, un « nous » clair.
■ **La participation** réelle active de chacun qui englobe l'histoire et les projets du couple.
■ **La co-responsabilité** dans la situation présente, dans ses aspects positifs autant que négatifs.

C. QUAND LE COMPROMIS EST-IL UTILE ?

■ Pour trouver plus rapidement une solution lorsque vous êtes pris par le temps.
■ Si vous ne vous sentez pas encore aptes à gérer votre différend par la coopération.
■ Quand la situation est très complexe, pour parvenir à un accord au moins temporaire sur tel ou tel point.
■ Quand l'enjeu de la discussion est insignifiant. Pour vos cinq ans de mariage, si vous voulez manger dans un restaurant vietnamien et que votre épouse préfère une pizzeria, pourquoi ne pas vous accorder sur un restaurant grec ?

D. LE COMPROMIS A DES AVANTAGES

■ A court terme il débloque la situation, ouvre une issue. Le litige de fond est certes laissé en suspens mais la réflexion va se poursuivre et d'autres solutions pourront être trouvées ultérieurement. On prend du recul, on se donne une chance de voir les choses différemment.
■ On gagne du temps et de l'énergie, il y a une diminution immédiate des tensions. L'ambiance se détend. Le compromis pourrait pour cette raison être qualifié de technique de *désamorçage* ou de ventilation : le climat se refroidit, l'air est ventilé, le thermomètre redescend, on laisse passer le gros de la tempête.

■ Aucun des partenaires n'a perdu la face, ne s'est renié, n'a cédé sur l'essentiel.
■ Le compromis est un essai de collaboration et en possède certains aspects positifs : chacun est partie prenante donc motivé, le dialogue joue son rôle, la difficulté est partagée et suscite la créativité, l'imagination, l'initiative. Il prélude d'ailleurs parfois à la coopération.

E. LE COMPROMIS PRÉSENTE DES INCONVÉNIENTS :

■ Il peut s'apparenter à l'évitement car c'est un non-approfondissement des causes réelles du différend.
■ C'est une *demi-mesure*, une solution relative qui risque de ne porter que sur un élément secondaire du désaccord. On s'est entendus sur un comportement mais la question fondamentale est-elle réglée ? Chacun est en droit d'estimer avoir perdu partiellement, donc d'être *frustré*. Il y a danger d'apparition de nouveaux affrontements qui se régleront par le sacrifice de l'un, la domination de l'autre ou l'évitement des deux côtés.
■ Lorsque le compromis devient la manière habituelle de gérer les querelles dans le couple, l'un des conjoints peut être amené à penser que l'autre est plus empressé à l'empêcher de gagner qu'à trouver réellement une solution. Il est tenté de le soupçonner de manipulation.
■ Si le compromis ne reste qu'au niveau de la parole et n'est pas suivi par le vécu, le malaise conjugal va se réveiller et s'aggraver.

V. LA COOPÉRATION

Avant de commencer un travail plus profond qui vise à utiliser la coopération, il est bon de s'interroger sur *les forces de cohésion* ou *de division* qui sont présentes au sein du couple.
Si un événement survient, hors de la famille ou à l'intérieur de celle-ci, à un moment où le couple est *trop fragilisé* par des *discordances,* c'est-à-dire un manque d'accord, d'harmonie dans

un certain nombre de domaines (*forces de division*), cela risque de conduire le couple à une crise grave.

Il est donc préférable que les conjoints en prennent conscience et travaillent plutôt à renforcer les *forces de cohésion* de leur couple, dont la principale est la suivante : la *volonté de rester ensemble coûte que coûte.*

Une fois les *forces de cohésion* renforcées, les époux pourront utiliser la coopération pour résoudre leur conflit.

La coopération est fondée sur l'idée double qu'un conflit :

- Est le symptôme d'un *problème à résoudre* plutôt qu'*une bataille à gagner* ; on va donc se consacrer à le résoudre, en sachant que la difficulté n'est d'ailleurs pas toujours là où le heurt se produit.
- Peut être traité de manière satisfaisante par les époux sans qu'aucun ait le sentiment d'avoir perdu. Au lieu de déterminer qui a tort, qui a raison, on met l'accent sur *la résolution d'un problème commun*, sans oublier toutefois que celui-ci n'est pas l'essentiel, mais que l'essentiel c'est *une personne, votre conjoint*.

Le processus complet de la résolution d'un conflit par la coopération comprend plusieurs étapes que nous énumérerons dans le prochain chapitre.

La coopération est utile quand ce qui est en jeu est trop grave pour qu'on se contente d'un compromis : décision d'un changement de travail, de domicile, d'avoir un autre enfant, de s'engager dans un domaine ou dans un autre (construction d'une maison).

Elle semble une méthode presque trop idéale et irréalisable mais les couples qui l'expérimentent savent qu'elle est efficace, sous certaines conditions que nous préciserons, et dans la mesure où l'on respecte les étapes successives du processus.

A. VOICI QUELQUES UNS DE SES NOMBREUX AVANTAGES

- Elle améliore la relation conjugale, on se sent plus proche, le conjoint n'est pas regardé comme un adversaire, mais on apprend à s'écouter, à se faire confiance, à discerner les besoins de l'autre, à le respecter.

■ Elle favorise la participation : chacun étant concerné par l'élaboration de la solution se sent écouté, reconnu, valorisé, motivé car partie prenante. La réflexion, l'imagination sont stimulées par le désir de résoudre un problème.

■ Le différend est réglé de manière nouvelle et équitable ; aucune décision n'a été imposée ni privilégiée ; la solution trouvée en commun s'avère souvent pertinente. Le blocage a de bonnes chances de ne pas resurgir, car on y a remédié de façon satisfaisante.

■ Les époux ont compris que les divergences peuvent être dépassées et qu'elles sont susceptibles d'entraîner un changement bénéfique ; ils ne les craignent plus et se sentent sécurisés et compétents pour en affronter d'autres.

■ Elle permet de s'affirmer et se découvrir soi-même, et de mieux se connaître mutuellement.

B. LA COOPÉRATION EST UNE VOIE DIFFICILE ET EXIGEANTE, UN SIGNE DE MATURITÉ PSYCHOLOGIQUE ET SPIRITUELLE

■ Elle requiert un changement de mentalité car on est habitué à aborder les affrontements avec l'idée qu'il doit y avoir, plus ou moins, un *dominé* et un *dominant*, et on voit la relation sous l'unique angle d'un rapport de forces.

■ Elle exige de la part de chacun de renoncer à user de son pouvoir. Tout être humain a un grand désir de puissance sur les autres, et cela se manifeste aussi dans le couple.

■ Chacun doit aussi être prêt à comprendre l'autre, à ne pas se croire seul à avoir raison, à être attentif à l'autre, à ses besoins et à ses droits, à manifester de la bonne volonté et de la bonne foi.

■ Il est parfois difficile de parvenir à une solution qui satisfasse chacun entièrement. On risque de revenir à un accord partiel.

- Elle ne convient pas à une divergence insignifiante, qu'il est préférable de régler par un compromis, l'évitement ou le sacrifice.
- La coopération demande du temps, de la persévérance, de la patience. C'est un investissement qui reçoit sa récompense à long terme puisque le litige est réglé et que la qualité de la relation conjugale est préservée et même améliorée.

[1] Cité par Bernard Besson dans *Traiter les conflits*, Chotard, 1989, livre qui a enrichi notre réflexion pour cette partie.
[2] Luc 22.25.
[3] Jacques 3.17.
[4] Jean 8.59.
[5] I Jean 3.18.
[6] Henri Blocher, avant-propos de l'ouvrage de John Murray, *Le divorce : les données bibliques*, Sator, 1992, p. 16. Italiques ajoutés par les auteurs.
[7] Patrick Estrade, *Le couple retrouvé, itinéraires pour une nouvelle vie conjugale*, Dangles, 1991.
[8] Jean 10.18.

CHAPITRE 16

LE PROCESSUS DE RÉSOLUTION D'UN CONFLIT CONJUGAL PAR LA COOPÉRATION

Six étapes sont nécessaires pour résoudre correctement un *conflit de besoins*, c'est-à-dire lorsque les besoins ou les attentes d'un des conjoints interfèrent avec les besoins de l'autre. Nous parlerons des oppositions de *valeurs* au chapitre suivant, car elles doivent être abordées différemment.
Ces six étapes devraient être suivies dans cet ordre[1] : (c'est la règle des 6 D, ou la règle décidée !)

1. **D**écider de traiter le problème
2. **D**éfinir le problème
3. **D**évelopper des solutions
4. **D**égager la meilleure
5. **D**resser un plan d'application
6. **D**iscerner si la solution est satisfaisante

I. PREMIÈRE ÉTAPE : DÉCIDER DE TRAITER LE PROBLÈME

Admettez tous les deux que vous vivez une situation conflictuelle et décidez, l'un et l'autre, que vous voulez y mettre fin. Cette phase est primordiale car le processus peut se voir stoppé dès le début si l'un des deux refuse de reconnaître qu'il y a désaccord ou, l'ayant admis, ne veut pas le résoudre. Il faut aussi renoncer à se justifier, soi-même ou ses comportements. Voici quelques conseils à ce stade :

- Convenez que la solution trouvée devra être

équitable pour vous deux et satisfaire les besoins et les sentiments mutuels.

■ Engagez-vous l'un et l'autre à ne pas user de votre pouvoir ; ceci concerne surtout celui qui le possède ou a l'habitude d'en abuser...

■ Choisissez ensemble un moment où vous ne serez pas dérangés, la recherche et l'évaluation des solutions pouvant prendre du temps. Plus ou moins consciemment, on a tendance à « saboter » ces tentatives de coopération.

II. DEUXIÈME ÉTAPE : DÉFINIR LE PROBLÈME

Prenez le temps nécessaire, ensemble, pour définir le malaise existant, identifier avec précision vos *besoins* et vos *sentiments*. Dressez séparément un inventaire des faits, des causes, des buts, des méthodes, des tensions psychologiques, des divergences intellectuelles qui constituent le nœud du conflit, puis échangez vos listes.

Recherchez ce qui en vous a été blessé au niveau de votre vécu, de vos émotions, laquelle de vos attentes a été déçue. Pensez pour vous, et ne pensez pas à la place de l'autre. Par exemple : « tu m'as dit, donc tu penses que... » ou « tu m'as fait telle chose, cela veut donc dire que tu... »

C'est ici qu'il est utile de se pencher sur les origines visibles, évidentes, ou plus profondes et cachées de votre mésentente. Voyez si vous pouvez y parvenir seuls, ou si vous auriez besoin de vous faire aider par un spécialiste qui, tel un miroir, vous aidera à mieux vous voir fonctionner en couple.

Assurez-vous avant de passer à la troisième étape que vous avez bien compris les *besoins* et les *sentiments* de l'autre, que celui-ci a bien saisi les vôtres, et que vous êtes d'accord sur la définition de ce qui vous oppose.

On peut à ce stade-là utiliser la *reformulation*, qui est un élément capital dans le dialogue ; elle vous aide à vérifier que vous avez bien saisi ce que l'autre vous a dit et à l'en assurer. Reformuler, c'est redire en d'autres termes, d'une manière plus concise et plus explicite ce que vous venez d'entendre : « Si je comprends bien, tu penses..., tu ressens..., en d'autres termes..., selon toi... »

III. TROISIÈME ÉTAPE : DÉVELOPPER DES SOLUTIONS

C'est la phase de la créativité où l'on se demande : « quelles sont les choses que nous pourrions faire ? ». On exprime le maximum d'idées sans jamais en rejeter une. Cette méthode de « brainstorming » ou « remue-méninges » se révèle constructive ; une solution est souvent trouvée parce que l'on a cessé de regarder la situation de manière rigide. On s'est ouvert à une manière de penser différente. C'est de « l'enfant en nous » que viendront souvent les meilleures idées. Cet « enfant en nous » est créatif, et les solutions imaginées seront souvent nouvelles et inattendues.

Entre l'impasse dans laquelle se trouvent les partenaires en désaccord et l'arrangement qu'ils vont élaborer, il n'y a souvent qu'un pas qui tient à l'invention d'une solution inédite. Selon Michel Fustier, « il y a toujours un endroit où le mur des discordes peut être franchi, il s'agit simplement d'emporter avec soi les échelles de l'imagination ». Kipling déjà disait : « Là où il y a une volonté, il y a un chemin. »

Quelques précautions sont nécessaires à cette étape :

- Chacun devrait être encouragé et se sentir libre de suggérer des solutions, même les plus irréalistes, sans peur d'être critiqué, ridiculisé, condamné d'avance.
- A ce stade, on se contente de recueillir les suggestions sans les juger ni les évaluer ni faire de commentaires si certaines semblent inacceptables. L'évaluation des idées ne viendra qu'ensuite.

IV. QUATRIÈME ÉTAPE : DÉGAGER LA MEILLEURE SOLUTION

C'est à présent le temps où vous allez estimer les suggestions,

les étudier de façon critique mais non agressive.
Posez-vous des questions comme : quels en sont les éventuels points faibles ? Ces solutions sont-elles équitables ? L'une d'elles paraît-elle plus aisée à appliquer que d'autres ? Avons-nous les moyens, le temps, de l'appliquer ?
Examinez chaque idée sous peine d'adopter, par lassitude, une suggestion qui sera médiocre ou irréalisable. L'élimination de solutions qui ne sont acceptables ni par l'un ni par l'autre conduit en général à en retenir une qui paraît satisfaisante à chacun. Si l'on n'est pas parvenu à s'entendre sur une solution, mieux vaut s'en tenir là, prendre du temps pour réfléchir et prier chacun de son côté, plutôt que de trouver un accord bancal. Là encore, l'aide d'un conseiller peut être utile.

V. CINQUIÈME ÉTAPE : DRESSER UN PLAN D'APPLICATION

Etablissez quelles sont les responsabilités de chacun dans l'application de la solution, qui va faire quoi, quand et comment. Ces précisions n'excluent pas la confiance mutuelle, mais indiquent clairement le rôle de chacun.

Ce schéma pourra aider les couples à situer leurs changements et leurs évolutions :

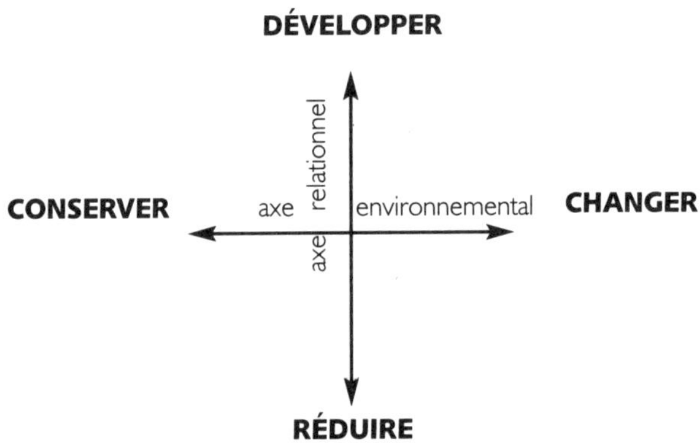

Sur l'axe vertical : dans leurs comportements et leurs *relations entre eux*, qu'est-ce que les conjoints vont *réduire* ou *développer* ? Par exemple, ils ont décidé de prendre un soir par semaine rien que pour eux.

Sur l'axe horizontal, qu'est-ce qu'ils vont *conserver* ou *changer* dans les *relations avec leur environnement* ? Par exemple, ils ont décidé de déménager plus près du lieu de travail de la femme afin d'avoir plus de temps disponible.

VI. SIXIÈME ÉTAPE : DISCERNER SI LA SOLUTION EST SATISFAISANTE

Il est bon de prendre la mesure de la satisfaction de chacun dans un délai assez court. Une telle évaluation fournira des renseignements qui conduiront éventuellement à modifier la solution initiale. Vous vous êtes peut-être engagés à faire une chose qui se révèle impossible à réaliser. La décision devra alors être réajustée.

Souvenons-nous que le processus de résolution des conflits est *progressif* et *indéfini* entre vous deux car vous évoluez sans cesse et les circonstances changent aussi. Mais avec un peu de pratique vous détecterez dans vos heurts quotidiens le signe que certains besoins ne sont pas comblés et vous y verrez une occasion d'enrichir vos relations.

[1] A lire sur ce sujet : Thomas Gordon, *La méthode Gordon expérimentée et vécue*, Belfond ; Michel Fustier, *Le conflit dans l'entreprise*, E.S.F., 1975 ; Bernard Besson, *Traiter les conflits*, Chotard, 1989.

CHAPITRE 17

LES CONFLITS DE VALEURS

Chaque conjoint possède son code moral, un ensemble de règles, de croyances, de convictions auxquelles il souscrit profondément.

Cet ensemble de règles est contenu dans *le Parent*, un des trois états du Moi selon l'analyse transactionnelle, les deux autres étant *l'Enfant* et *l'Adulte*[1].

Le Parent est l'état de l'appris, de l'imité, du reproduit. Il résulte des messages, des modèles, des expériences, de l'éducation, reçus de nos parents, nos éducateurs, etc. Il nous offre des convictions et des certitudes, des valeurs, des normes, des opinions, une morale.

Les risques de heurts sont nombreux, les époux ayant chacun leur propre code moral, même s'ils se réclament tous deux de la Bible, et à plus forte raison si l'un est chrétien, l'autre pas.

Comment gérer ces oppositions de valeurs, tout en restant fidèle à vos convictions ?

Plusieurs voies sont possibles :

■ Apprendre à vous accommoder des différences secondaires

Votre conjoint doit-il être semblable à vous en tous points pour que vous soyez capable de l'aimer ? Des divergences d'opinion apportent au contraire de la couleur et de la vie à votre relation et vous pouvez très bien *accepter* ses convictions sans les *approuver*. « Si je diffère de toi, loin de te léser, je t'augmente », disait Saint-Exupéry.

■ Changer, en modifiant votre propre système de valeurs

Vous pouvez réviser certaines de vos convictions, accepter de prendre en considération des idées nouvelles. L'évolution est une forme d'épanouissement personnel. Vous ne détenez peut-être pas la vérité universelle en matière de culture, de style de vie, de morale ! Ecoutez l'autre pour vous libérer vous-même.

■ **Demander à votre conjoint de modifier au moins son comportement, à défaut de ses valeurs, si vraiment celui-ci vous est inacceptable**.

Mais cette tentative se soldera peut-être par un échec, car chacun est extrêmement sensible dans ce domaine et considère ses valeurs comme des vérités éternelles et immuables. Vous risquez de détériorer votre relation amoureuse.

■ **Vivre vos valeurs en les expliquant à l'autre, et de façon à être un exemple pour lui.**

Cette voie est longue et difficile, les changements de valeurs ne se produisant souvent que par une évolution progressive. Armez-vous de patience !

Voici les deux faces de la même réalité :

L'exemple : Vivre selon ses principes, voilà sans doute le plus sûr moyen de donner à votre conjoint l'envie de les adopter. C'est ainsi que l'apôtre Pierre dit aux femmes mariées à un incroyant et donc dans une situation potentiellement conflictuelle : « ...qu'ils soient gagnés sans parole par la conduite de leur femme, en *voyant votre manière de vivre*. »

Le témoignage : Le témoin partage mais n'impose pas, il suggère mais n'insiste pas. Si votre témoignage est appuyé par votre vie, votre influence sur votre conjoint sera d'autant plus grande et vos paroles écoutées.

Le triangle ci-dessous illustre le fait que l'on peut tout à la fois affirmer ses convictions personnelles et respecter l'autre.

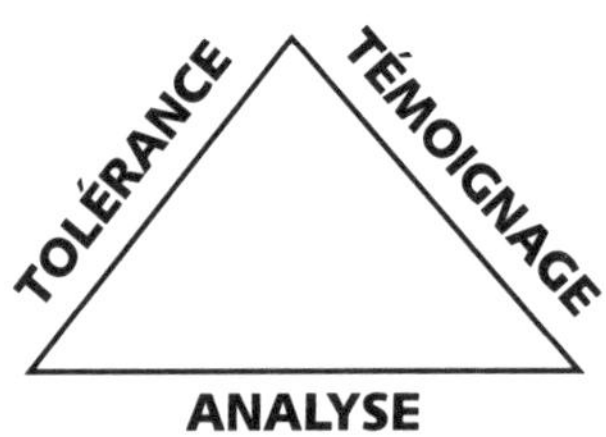

La *tolérance* me permet de le rencontrer dans sa différence.

Mon *témoignage* me permet d'être moi-même et d'affirmer ce que je crois.
L'*analyse* de ce que chacun pense permet l'évolution des deux partenaires.
Mais il faut sans doute accepter que certaines valeurs vous sépareront toujours malgré tout... C'est cela aussi, laisser l'autre être Sujet.

[1] Concernant les trois états du Moi (le Parent, l'Adulte et l'Enfant), se reporter au chapitre 5 de notre *Manuel de relation d'aide.*

CHAPITRE 18

OÙ TROUVER DE L'AIDE ?

Trop souvent, lorsque des conjoints vivent une mésentente grave, ils peuvent être tentés de ne chercher du secours que dans une approche spirituelle de leurs problèmes. C'est une fuite, une manière subtile de ne pas regarder courageusement en face leurs véritables difficultés.

Cette approche spiritualiste prend alors un caractère « magique », alors qu'il serait indispensable de traiter les problèmes en profondeur et en particulier d'en rechercher l'origine psychologique.

Si la prière est nécessaire, elle n'est *pas suffisante*. Martin Luther King, qui a lutté toute sa vie pour la paix, déclarait à ce sujet[1] :

« Dieu, qui nous a donné des intelligences pour penser et des corps pour travailler, irait à l'encontre de ses propres desseins s'il nous permettait d'obtenir par la prière ce qui peut nous venir par le travail et l'intelligence. La prière est *un accompagnement merveilleux* et nécessaire à nos faibles efforts, mais c'est *un substitut dangereux*. Lorsque Moïse entreprit de conduire les Israélites vers la Terre Promise, Dieu montra clairement qu'il ne ferait pas pour eux ce qu'ils pouvaient faire eux-mêmes. ' L'Eternel dit à Moïse : Parle aux enfants d'Israël et *qu'ils marchent* !' »

Parfois le couple va demander des conseils superficiels auprès de personnes certes pleines de bonnes intentions mais non compétentes pour l'aider efficacement à analyser les problèmes et trouver des solutions. Choisir délibérément de parler à quelqu'un d'incompétent peut être un indice du blocage que les conjoints éprouvent à l'idée de consulter un professionnel des problèmes de couple.

Nous aimerions dire un mot à ces personnes pleines de bonne

volonté. Lorsque des foyers qui leur sont proches sont en crise, elles éprouvent un tel malaise de les voir ainsi que leur désir le plus cher est de les aider à en sortir au plus vite. Elles pensent sincèrement bien agir, mais leurs tentatives, si bien intentionnées soient-elles, et leurs « bons conseils », si judicieux soient-ils, font en général plus de mal que de bien, pour la raison simple qu'*elles ne devraient pas intervenir* !

Rappelons que de Sauveteurs, ces personnes deviendront les Victimes de ceux qu'elles auront voulu aider, puis leurs Persécuteurs. Il vaut mieux qu'elles évitent le triangle dramatique !

A la question : « Chacun est-il appelé à être un réconciliateur des ménages qui vont mal ? », nous répondons : *non* ! Au risque d'en décevoir ou étonner plusieurs, nous affirmons que ce rôle doit être réservé à des personnes compétentes et formées spécifiquement pour cette tâche. On ne peut s'auto-proclamer « conseiller conjugal » si l'on n'a pas suivi une formation *approfondie*, *sérieuse* et *reconnue*. Ce qui est plus utile, et à la portée de chacun, c'est de prier pour ces conjoints en crise, et s'ils sont d'accord, de les inciter à consulter un professionnel.

Il arrive fréquemment que des époux qui s'affrontent recherchent un **arbitre**. Or pour pouvoir être arbitre, il faudrait avoir été prévu avant le conflit, reconnu par les deux partenaires, connaître toutes les règles du jeu et être présent continuellement « sur le terrain ». Par exemple, sur un terrain de football, l'arbitre prévu, reconnu, incarne et explique le règlement pendant le jeu. Il ne négocie rien, il applique un règlement. On comprend dès lors que personne n'est en mesure de jouer ce rôle d'arbitre auprès d'un couple ! Par ailleurs il est malsain pour des conjoints en désaccord de chercher un arbitre.

Un autre personnage peut proposer son aide : le **tiers**. Il est là « par hasard », pris en otage dans une position très ambiguë. Par exemple vous êtes invité à manger chez un couple, qui au cours du repas, vous prend à témoin de leurs problèmes. Ne tombez surtout pas dans le piège. Affirmez votre incompétence dans ce domaine et changez de conversation !

Chacun connaît cette comédie de Molière dans laquelle un per-

sonnage, témoin d'une scène de ménage, veut empêcher le mari de battre sa femme. Celle-ci se retourne contre l'apprenti médiateur en criant : « Et s'il me plaît, à moi, d'être battue ! »
Il est dommage que peu de foyers en difficulté fassent appel à un professionnel car son intervention s'avère souvent efficace, si au moins *trois des conditions* suivantes sont remplies :

■ *La précocité de la demande* : Si l'on attend trop, la somme des frustrations, des blessures, fait qu'une issue devient problématique. Malheureusement, la majorité des couples ne consultent que lorsqu'ils sont au bord de la rupture...

■ *La réalité du couple* : En effet un homme et une femme vivant ensemble ne remplissent pas forcément cette condition. En l'absence d'un minimum d'affinités réciproques, d'attaches communes, le conseiller ne peut utiliser comme moteur thérapeutique le dynamisme insuffisant de relations très peu investies. Il sera difficile de trouver des intérêts communs là où il n'y en a jamais eu.

■ *La volonté de réussir*, de reprendre et mener à bien la vie commune, même si cela implique des changements dans les habitudes. Chacun sera très attentif à ne pas saboter le travail de reconstruction du couple, consciemment ou non.

■ *Le sentiment de co-responsabilité* : Le plus souhaitable est bien sûr que la demande soit simultanée, le mari et la femme conscients de leur besoin d'aide (au moins pour leur couple qui va mal, si ce n'est pas pour eux personnellement) et s'accordant pour consulter un professionnel et lui faire confiance.

Dans la réalité, c'est le plus souvent la femme qui prend l'initiative de se faire aider. Il ne lui est pas difficile de confier ses états d'âme. L'homme, lui, hésite à parler de ses sentiments. L'idée de faire étalage de ses problèmes conjugaux représente une honte, une menace, une gêne. Il conduira sans complexe sa voiture chez le garagiste, appellera le réparateur pour la télévision en panne, mais si sa femme lui suggère de consulter un conseiller conjugal, la réponse typique sera : « Ah, non ! Nous sommes des adultes, assez grands pour régler cela nous-mêmes ! Qu'est-ce

que ce spécialiste nous apprendra que nous ne sachions déjà ? »
Que doit faire un conjoint qui désire consulter, si l'autre refuse ? Il lui sera toujours bénéfique de se faire aider, même seul. En effet la thérapie *systémique*[2] nous apprend qu'un couple est un système où les relations sont interactives.
Si un élément du *système-couple* « bouge », l'autre élément bougera *automatiquement*. En évoluant, celui qui se fait aider va faire « bouger » l'autre, parfois en positif, mais parfois en négatif. C'est pourquoi un soutien professionnel[3] est précieux pour accompagner tout changement.

[1] Martin Luther King, *La force d'aimer*, Casterman, 1963, p. 200.

[2] Quelques livres sur les thérapies systémiques : Augustus Napier, Carl Whitaker, *Le creuset familial*, Laffont, 1980 ; Virginia Satir, *Thérapie du couple et de la famille*, Epi, 1982 ; Edmond Marc et Dominique Picard, *L'école de Palo-Alto*, Retz, 1984 ; Mony Elkaïm, *Formations et pratiques en thérapie familiale*, E.S.F., 1997 ; Salvador Minuchin, *Familles en thérapie*, Erès, 1998.

[3] Les professionnels compétents pour aider un couple en difficulté sont les conseillers conjugaux et familiaux diplômés, les thérapeutes conjugaux, les psychothérapeutes, psychiatres ou psychologues, à condition qu'ils soient formés à la thérapie de couple, ainsi que les sexologues ou sexothérapeutes.

CONCLUSION

Si mes conflits de couple me pèsent parfois comme du *plomb*, j'ai la possibilité, par une sorte d'alchimie, de les transformer en *or*. Ils peuvent en effet m'aider à progresser dans mon processus d'individuation, c'est-à-dire à devenir Sujet. Paradoxalement, ce livre qui parle du *couple* nous conduit en fait à centrer notre attention sur *l'individu* !

Virginia Satir, célèbre thérapeute du couple et de la famille, disait : « D'où que l'on prenne les problèmes de l'individu, du couple ou de la famille, on arrive toujours à la question de **l'identité**. »

Cette question peut se formuler ainsi : « *Qui va me dire qui je suis ?* »

Mes problèmes conjugaux m'aident à découvrir davantage qui je suis, à me découvrir comme Sujet. Ils m'aident à *commencer* ou *poursuivre* ce processus d'*individuation.* En effet être Sujet, c'est un rapport à moi qui est également un rapport à mon conjoint.

« Adam *connut* Eve », dit Genèse 4.1. L'amour est connaissance, que l'on pourrait écrire *co-naissance*, naissance l'un à l'autre, naissance l'un par l'autre. Il est merveilleux que je naisse à moi-même en même temps que je nais à mon conjoint, que l'élan qui me pousse vers lui soit aussi celui qui m'amène vers moi-même.

La première fois qu'Adam parle de lui en *je*, c'est lorsque Dieu amène Eve vers lui : « Voici bien cette fois celle qui est os de *mes* os, chair de *ma* chair. Elle sera appelée femme *(isha)*, car elle a été prise de l'homme *(ish)*.[1] »

Le philosophe juif Levinas dit[2] que la parole de Jésus « *Aime ton prochain comme toi-même* » pourrait se lire[3] : « *Aime ton prochain, c'est toi-même* ». Cela veut dire que dans le couple, c'est l'amour de mon conjoint qui est moi-même ; en dépassant mon moi je trouve ma véritable identité, je me découvre Sujet.

L'*individuation* est l'accomplissement de la vie humaine, la réalisation du projet de vie d'un être humain, du vécu d'un sens individuel. Pendant toute mon existence, je me rapproche et je m'éloigne du cœur de mon être, dans un va-et-vient permanent. La Bible nous invite à plusieurs reprises à aller vers nous-mêmes[4].

En Genèse 12.1, Dieu appelle ainsi Abraham : « *Va pour toi* (ou : *Va vers toi*, en hébreu : *lekh lekha*) *de ta terre, de ton enfantement, de la maison de ton père, vers la terre que je te ferai voir* » (version Chouraqui). C'est parce que Abraham n'était pas encore parvenu à lui-même que Dieu l'appelle à aller vers lui-même.

La même expression se retrouve dans ce poème d'amour qu'est le Cantique des Cantiques. L'amant dit à l'amante : « *Lève-toi vers toi-même, ma compagne, ma belle et va vers toi-même* » (version Chouraqui, 2.10 et 13).

L'individuation n'est pas un état, mais un *processus*, consistant à :

■ Accepter mes manques, mes besoins non satisfaits, dont je vais devoir faire le deuil.

■ Parvenir à mettre en mots mon désir, qui me fait Sujet, qui me fait passer du *on* (ou *nous*) au *je*, car l'homme est un Sujet désirant, un être de désir.

■ Sortir du rapport de force dans lequel je suis habitué à vivre pour entrer dans un rapport d'amour (de moi-même et des autres).

■ Me dépouiller de ce qui est de l'ordre de *l'avoir* à l'égard des choses et des personnes pour entrer dans l'ordre de *l'être*, Sujet de mon désir, pour exister dans mon identité propre jamais achevée ni atteinte. Je ne suis jamais complètement Sujet, mais je tends vers, puisque *ce qui caractérise le Sujet*, c'est *le désir*.

■ Donner et surtout *me* donner, et cela, sans me perdre. Cela s'appelle sortir du stade oral pour entrer dans le stade génital, c'est-à-dire un stade de l'ordre de la création, qui procure sérénité et joie même dans la souffrance. On appelle aussi cela « l'accession à la fonction sentiment », pas le sentimental mais l'amour authentique.

Ainsi, dans le quotidien de ma vie de couple, mon conjoint me dit qui je suis.

Mais, selon F. Varillon, *il n'est de Sujet que du Verbe*[5], c'est-à-dire du Christ.
C'est pourquoi au-delà de mon mari, de ma femme, **seul le Christ, Verbe de Dieu, peut me dire qui je suis**.

[1] Genèse 2.23.
[2] Emmanuel Levinas, *Du Dieu qui vient à l'idée*, Vrin, 1982.
[3] Si on opère, dit-il, un changement imperceptible d'interprétation du texte hébreu.
[4] Voir *Le sacrifice interdit*, Marie Balmary, Grasset, 1986, p. 123 à 133.
[5] « Au commencement était le Verbe, et le Verbe était avec Dieu, et le Verbe était Dieu. » (Jean 1.1)

BIBLIOGRAPHIE

OUVRAGES GÉNÉRAUX

Alberoni Francesco, *« Je t'aime », Tout sur la passion amoureuse*, Plon, 1996.
Collectif, *Couples aujourd'hui, réflexion protestante*, Les Bergers et les Mages, 1983.
Collectif, *Le divorce est-il une fatalité ?*, Epi/DDB, 1992.
Grimm Robert, Ce *qu'aimer veut dire*, Cerf, 1981.
Mucchielli Roger, *Psychologie de la vie conjugale*, ESF, 1980.
Pasini Willy, *A quoi sert le couple ?*, Odile Jacob, 1996.
Quéré France, *L'amour, le couple*, Centurion, 1992.
Quéré France, *La famille*, Seuil, 1990.
Singly (de) François, *Le soi, le couple et la famille*, Nathan, 1996.
Sonet Denis, *Réussir notre couple*, Droguet-Ardant, 1987.
Tordjman Gilbert, *Le couple, les nouvelles règles du jeu*, Hachette, 1992.
Tordjman Gilbert, *Le couple, réalités et problèmes*, Hachette, 1981.
Willi J. *La relation de couple*, Delachaux et Niestlé, 1982.

CHAPITRE I : LES CONFLITS CONJUGAUX SONT INÉVITABLES

Freund Julien, *Sociologie du conflit*, PUF, 1983.
Oraison Marc, *Les conflits de l'existence, s'affronter et s'entendre*, Centurion, 1970.
Poujol Jacques et Claire, *Les conflits, origines, évolutions, dépassements*, Empreinte Temps Présent, 1989.

CHAPITRE 2 : LES ASPECTS POSITIFS ET NÉGATIFS DES CONFLITS DE COUPLE

Poujol Jacques et Claire, *Les conflits, origines, évolutions, dépassements*, Empreinte Temps Présent, 1989.
Rocheblave-Spenlé Anne-Marie, *Psychologie du conflit*, Editions Universitaires, 1970.

CHAPITRE 3 : L'ÉVOLUTION DU CONFLIT CONJUGAL

Fily Dominique, *Le temps des premières crises*, Nouvelle Cité, 1997.
Wright John, *La survie du couple* (questionnaires sur les chances de survie de son couple), Le Jour, 1990.

CHAPITRE 4 : ON MÉCONNAÎT LE FAIT QUE LES CONJOINTS SONT DIFFÉRENTS

Badinter Elisabeth, *L'un est l'autre, des relations entre homme et femme*, Odile Jacob, 1986.
Badinter Elisabeth, *XY, de l'identité masculine*, Odile Jacob, 1992.
Braconnier Alain, *Le sexe des émotions*, Odile Jacob, 1996.
Gray John, *Les hommes viennent de Mars, les femmes de Vénus*, J'ai lu, 1997.
Héritier Françoise, *Masculin/féminin, la pensée de la différence*, Odile Jacob, 1996.
Mead Margaret, *L'un et l'autre sexe. Le rôle de l'homme et de la femme dans la société*, Denoël, 1966.
Rocheblave-Spenlé Anne-Marie, *Les rôles masculins et féminins*, Editions Universitaires, 1970.
Touati Armand (sous la direction de), *Femmes et hommes, des origines aux relations d'aujourd'hui*, Hommes et perspectives, 1994.

CHAPITRE 5 : UNE MAUVAISE COMMUNICATION

Backus William, *Bien communiquer pour mieux vivre*, Empreinte Temps Présent, 1990.
Berne Eric, *Des jeux et des hommes*, Stock, 1975.
Casarjian Robin, *Comment peut-on pardonner ?*, Le jour, 1995.
Chalvin M.J. et D., *Vivre heureux en famille*, ESF, 1980.
Dermott Mc P., *Comment communiquer avec votre mari ? Comment communiquer avec votre femme ?*, Marabout, 1996.
Evans P., *L'agression verbale dans le couple*, Le courrier du livre, 1996.
Gordon Thomas, *La méthode Gordon expérimentée et vécue*, Belfond.
Robert-Nicoud Mireille, *Le mariage, épanouissement et frustrations*, Empreinte Temps Présent, 1990.
Rosenberg Kris, *Parle, je t'écoute. Aidez votre homme à sortir de son silence*, Le jour, 1996.
Smith Gregory White et Naifeh Steven, *Ces hommes qui ne communiquent pas*, Le jour, 1987.
Tannen D., *Décidément, tu ne me comprends pas !*, Laffont, 1993.
Tenenbaum Sylvie, *Bien gérer sa vie de couple*, Retz, 1989.
Van Pelt Nancy, *Vivez, communiquez*, Vie et Santé, 1997.

CHAPITRE 6 : LES PROBLÈMES SEXUELS

Alberoni Francesco, *L'érotisme*, Pocket, 1987.
Elia David (Docteur) et Waynberg Jacques (Docteur), *Guide pratique de la vie du couple* (pour adultes), Filipacchi, 1997.
Fuchs Eric, *Le désir et la tendresse*, Labor et Fides, 1979.
Gellman Charles (Docteur) et Tordjman Gilbert (Docteur), *L'homme et son plaisir*, Londreys, 1987.

Houghton John et Janet, *La sexualité dans le couple*, Empreinte Temps présent, 1997.
Masters William et Johnson Virginia, *Les réactions sexuelles*, Laffont, 1968.
Pasini Willy, *Le temps d'aimer*, Odile Jacob, 1997.
Tordjman Gilbert (Docteur) *Réalités et problèmes de la vie sexuelle, Le couple*, Hachette, 1980.
Tordjman Gilbert (Docteur), *La sexualité au fil de la vie*, Hachette, 1990.
Tremblay Réjean, *Couple, sexualité et société*, Payot 1993.
Weil Bonnie Eaker et Winter Ruth, *L'adultère est un péché qu'on pardonne*, Ed. de l'Homme, 1994.

CHAPITRE 7 : LES PROBLÈMES PSYCHOLOGIQUES DES CONJOINTS

Albert E., Chneweiss L., *L'anxiété au quotidien*, Odile Jacob, 1991.
André C., Légeron P., *La peur des autres* (les personnalités évitantes), Odile Jacob, 1995.
Backus William et Chapian Marie, *Changer vraiment pour mieux vivre*, Empreinte Temps présent, 1993.
Balint Michael, *Les voies de la régression* (les personnalités dépendantes), Payot, 1972.
Beattie Melody, *Comment vaincre la codépendance*, Pocket, 1993.
Chapsal Madeleine, *La jalousie*, Fayard, 1977.
Cottraux Jean et Blackburn Ivy, *Thérapies cognitives des troubles de la personnalité*, Masson, 1996.
Cottraux Jean, *Les thérapies cognitives (anxiété, dépression, obsessions et phobies, troubles de la personnalité et du comportement)*, Retz, 1992.
Cottraux Jean, *Obsessions et compulsions*, Odile Jacob, 1998.
Descombey Jean-Paul, *L'homme alcoolique*, Odile Jacob, 1998.
Gomez Henri, *La personne alcoolique*, Privat.

Grimm Robert, *Les couples non mariés*, Labor et Fides, 1985.
Hart Archibald, *Vaincre le stress* (les personnalités de type A), Empreinte Temps Présent, 1994.
Kernberg O., *La personnalité narcissique*, Privat, 1991.
Krestschmer Ernst, *Paranoïa et sensibilité*, PUF, 1963.
Lamagnère F., *Peurs, manies et idées fixes*, Retz, 1994.
Lelord François et André Christophe, *Comment gérer les personnalités difficiles*, Odile Jacob, 1996.
Minirth Franck et Meier Paul, *La dépression, comprendre et aider*, Empreinte Temps Présent, 1994.
Pierson Marie-Louise, *Guide des psychothérapies*, Bayard, 1993.
Poujol Jacques et Claire, *Manuel de relation d'aide*, Empreinte Temps Présent, 1998.
Trillat Etienne, *Histoire de l'hystérie*, Seghers, 1986.
Tschui Marlyse, *Les maladies psychiques, des troubles de l'humeur à la dépression*, Marabout, 1997.

CHAPITRE 8 :
DIVORCES, REMARIAGES, FAMILLES RECOMPOSÉES

Estrade Patrick, *L'amour retrouvé, itinéraires pour une nouvelle vie conjugale*, Dangles, 1991.
Garbar Claire, Théodore Francis, *Les familles mosaïque*, Nathan, 1991.
Malaval Catherine, Philippe Valérie, *Pères en solo : retrouver son enfant*, A. Carrière, 1994.
Poujol Jacques et Claire, *Le divorce, impasse ou dépassement*, Empreinte Temps Présent, 1990.
Smith Donna, *Mère par alliance. Comment vivre avec les enfants de son conjoint*, Nathan, 1993.
Van Cutsem Chantal, *La famille recomposée, entre défi et incertitude*, Erès, 1998.
Wallestein Judith, Kelly Joan, *Pour dépasser la crise du divorce*, Privat, 1989.

CHAPITRE 9 : LES CONFLITS LIÉS À L'ORGANISATION DE LA VIE QUOTIDIENNE

Brazelton T. Berry, *A ce soir*, Stock, 1986.
Cameron Julia et Bryan Marc, *L'argent apprivoisé, de la dépendance à la liberté d'être*, Dangles.
Finn André et Miranda Isabel, *Eve à la recherche d'un emploi*, E. d'Organisation, 1989.
Fitoussi Michèle, *Le ras-le-bol des superwomen*, Calmann-Lévy, 1987.
Kaufmann Jean-Claude, *Le cœur à l'ouvrage, Théorie de l'action ménagère*, Nathan, 1997.
Nabati Simone et Moussa, *Le père, à quoi ça sert ?, La valeur du triangle père-mère-enfant*, Jouvence, 1994.
Robert-Nicoud Mireille, *Le mariage, vie professionnelle et vie conjugale*, Empreinte Temps Présent, 1991.
Somerville Robert, *L'éthique du travail*, Sator, 1989.
Steinmann Marie-Odile, *Pour une harmonie du couple*, Alain Brêthes, 1994.

CHAPITRE 10 : LES PROCHES DU COUPLE

Attias-Donfut Claudine et Segalen Martin, *Grands-parents, la famille à travers les générations*, Odile Jacob, 1998.
Collange Christiane, *Moi, ta fille. Ce que les enfants grisonnants n'osent pas dire, ce que leurs vieux parents font semblant de ne pas entendre*, Fayard, 1990.
Collange Christiane, *Moi, ta mère*, Fayard, 1985.
Collectif, *Les grands-parents dans la dynamique de l'enfant*, ESF, 1982.
Cooper Rodney L., *La dynamique de l'amitié, vers de nouvelles relations*, EBV/Empreinte Temps Présent, 1998.
Dodson F. (Docteur), *Tout se joue avant six ans*, Marabout.
Dodson F. (Docteur), *Aimer sans tout permettre, le meilleur*

apprentissage de la discipline, Marabout, 1991.
Estrade Patrick, *Parents/enfants, pourquoi ça bloque ?*, Dangles.
Gordon Thomas, *Parents efficaces*, Marabout.
Royal Ségolène, *Le printemps des grands-parents, la nouvelle alliance des âges*, France Loisirs, 1987.

CHAPITRE II :
LES PÉRIODES CRITIQUES POUR LE COUPLE

Allais Claude et Danielle, *Couple en thérapie*, Retz.
Barbarin Georges, *La vie commence à cinquante ans, le meilleur de l'existence est encore devant vous*, Dangles, 1992.
Camdessus Brigitte (sous la direction de), *L'adoption, une aventure familiale*, ESF, 1995.
Conway Jim, *La vie s'arrête-t-elle à quarante ans ? L'homme et la crise de l'âge mûr*, EBV, 1989.
Elia David (Docteur), *Le bonheur à cinquante ans*, Laffont, 1997.
Fauré Christophe (Docteur), *Vivre auprès d'un proche très malade*, Albin Michel, 1998.
Fauré Christophe (Docteur), *Vivre le deuil au jour le jour*, Albin Michel, 1995.
Gardon C., *Parents d'un enfant handicapé*, Erès, 1996.
Herelle-Dupuy Evelyne, *Femmes au chômage*, Epi, 1994.
Linn Dennis et Matthew, Fabricant Sheila, *Le développement de l'homme en huit étapes*, DDB, 1992.
Millet Lucien, *La crise du milieu de la vie*, Masson, 1993.
Oswald Philippe, *Debout les pères !*, Fayard, 1996.
Pelletier Monique, *La ligne brisée* (témoignage sur l'hémiplégie de son mari), Flammarion, 1995.
Somerville Robert, *L'éthique du travail*, Sator, 1989.
Stern Daniel et Nadia, Freeland Alison, *La naissance d'une mère*, Odile Jacob, 1998.
Tordjman Gilbert (Docteur), *Les espaces de la vie de 17 à 33 ans*, Nathan, 1985.

CHAPITRE 12 :
LE POIDS DU PASSÉ

Bradshaw John, *Retrouver l'enfant en soi*, Le jour, 1992.
Corneau Guy, *N'y a-t-il pas d'amour heureux ? Comment les liens père-fille et mère-fils conditionnent nos amours*, Laffont, 1997.
Corneau Guy, *Père manquant, fils manqué*, E. de l'Homme, 1992.
Forward Susan, *Parents toxiques, comment échapper à leur emprise*, Stock, 1994.
Klein Mélanie et Joan Rivière, *L'amour et la haine*, Payot, 1968.
Nabati Moussa et Simone, *Le père, à quoi ça sert ? La valeur du triangle père-mère-enfant*, Jouvence, 1994.
Olivier Christiane, *Les enfants de Jocaste, l'empreinte de la mère*, Denoël, 1980.
Olivier Christiane, *Les filles d'Eve*, Denoël, 1990.
Olivier Christiane, *Les fils d'Oreste ou la question du père*, Flammarion, 1994.
Schierse Leonard Linda, *La relation père-fille*, le Jour, 1990.
Seamands David, *La guérison des souvenirs*, Empreinte Temps Présent, 1989.
Wright Norman, *Tel père, telle fille ? L'influence du père sur la personnalité de sa fille*, Trobisch, 1993.
Young Jeffrey et Klosko Janet, *Je réinvente ma vie*, E. de l'homme, 1995.

CHAPITRE 13 :
LA CRISE D'IDENTITÉ DU COUPLE MODERNE

Bourbon Busset Jacques (de), *L'amour durable*, Folio, 1969.
Castellan Yvonne, *Psychologie de la famille*, Privat, 1993.
Roussel Louis, *La famille incertaine*, Odile Jacob, 1989.
Sullerot Evelyne, *Le grand remue-ménage, la crise de la famille*, Fayard, 1997.
Sullerot Evelyne, *Pour le meilleur et sans le pire*, Fayard, 1984.

CHAPITRE 14 :
LES MYTHES DE L'AMOUR

David Christian, *L'état amoureux*, Payot, 1971.
Lacroix Xavier, *Les mirages de l'amour*, Bayard/Centurion, 1997.
Le Gall André et Simon Suzanne, *Les caractères et le bonheur conjugal*, PUF, 1965.
Quéré France, *La famille*, Seuil, 1990.
Rougemont Denis (de), *Les mythes de l'amour*, Gallimard, 1961.

CHAPITRE 15 :
LES DIVERSES RÉACTIONS POSSIBLES FACE À UN CONFLIT DE COUPLE

Besson Bernard, *Traiter les conflits*, Chotard, 1989.
Gulotta Guglielmo, *Comédies et drames du mariage, psychoguide illustré de la jungle conjugale*, ESF, 1985.

CHAPITRE 16 :
LE PROCESSUS DE RÉSOLUTION D'UN CONFLIT CONJUGAL PAR LA COOPÉRATION

Besson Bernard, *Traiter les conflits*, Chotard, 1989.
Bono Edward (de), *Conflits. Vers la médiation constructive*, InterEditions, 1988.
Bono Edward (de), *Six chapeaux pour penser*, InterEditions, 1987.
Gordon Thomas, *La méthode Gordon expérimentée et vécue*, Belfond.

CHAPITRE 17 :
LES CONFLITS DE VALEURS

Barral-Baron André, *Vivre ensemble avec nos conflits*, E. de l'Atelier, 1995.
Jacquard Albert, *Eloge de la différence*, Seuil, 1981.

Saint Paul Josiane (de), *Choisir sa vie : découvrir et réaliser ses valeurs et ses buts de vie avec la programmation-neuro-linguistique*, InterEditions, 1993.

CHAPITRE 18 : **OÙ TROUVER DE L'AIDE ?**

Elkaïm Mony, *Formation et pratiques en thérapie familiale*, ESF, 1997.
Elkaïm Mony (sous la direction de), *La thérapie familiale en changement*, les Empêcheurs de tourner en rond, 1994.
Haley Jay, Erickson Milton, *Changer les couples, conversation avec Milton Erickson*, ESF, 1990.
Lemaire J.G., *Les mots du couple*, Payot, 1998.
Marti Renée, *Le conseil conjugal, pourquoi, comment*, ESF, 1980.
Minuchin S., *Familles en thérapie*, Erès, 1998.
Satir Virginia, *Thérapie du couple et de la famille*, DDB, 1995.

TABLE DES MATIÈRES

IÈRE PARTIE
QUELQUES CARACTÉRISTIQUES DES CONFLITS CONJUGAUX

DEUXIÈME PARTIE
LES CAUSES VISIBLES, APPARENTES DES CONFLITS DE COUPLE ET LEURS REMÈDES